DMZ는
국경이 아니다

DMZ는
국경이 아니다

함광복 산문집

문학동네

서 문

……그해 여름.

막 확성기 전(戰)을 마친 DMZ는 적막했다. 비명에 가까운 고함이 그 고요를 깨기 시작했다. 나는 경악할 뻔했다. 팔매질을 해도 될 만큼 가까운 거리에서, 그것도 노골적인 도전의 표현으로 웃통을 벗어제친 인민군을 나는 본 일이 없다. 하물며 그는 욕설로 나를 협박하고 있었다. 그는 오랫동안 나를 관측하면서 어떤 행위를 해야 하는지 상부의 지시를 기다리고 있었던 것 같았다. 그 동안 내가 앉거나 멍하니 서 있을 때면 그는 나를 저격할 좋은 기회라고 생각했을 것이다.

그때 나도 그에게 살의를 느꼈었다. 그러나 지금 나는 그에게 가졌던 그런 감정을 참으로 미안하게 생각하고 있다. 그는 나만큼 좋은 처지가 못 될 것이다. 나도 어렵게 자랐지만 그의 성장과정이나 생활환경이 결코 내 경우보다 낫지 않았을 것이다. 더구나 그는 내 막내동생보다도 어린 나이일 것이다. 등을 보이는 것이 비겁하다고 생각한 나와 나를 협박한 그는 서로 다를 게 없었을 것이다.

그 북한 병사는 "너 무엇하는 작자냐"고 내게 물었다. 그날 고지의 우리 병사들은 난처한 사건을 유발한 한 민간인의 방문을 부담스러워했다. 그들도 말없이 '무엇하는 사람이냐'고 묻고 있었다.

나는 그걸 답변할 이유가 있다고 생각한다. DMZ는 우리 아버지 세대가 만들었지만 우리에게 떠맡겨졌고 지금 나도 그 책임을 당연한 듯 다음 세대에 전가하고 있다. 그곳에 아직 DMZ가 있는 데는 나도 분명히 책임이 있다. 그 북한 병사에게도 이 말은 들려주고 싶다.

이 책이 그에 대한 답변이다.

실향민 한영균씨의 고향 얘기 속에는 늘 금강산행 전기열차가 등장한다. 그의 얘기는 그림지도처럼 재미있다.

금강산 철교는 동구 밖에서 내를 건넜다. 누에고치 창고를 개조한 공회당은 마을의 유일한 시멘트 건물이다. 맞은편의 정미소와 제재소는 커다란 공터를 사이에 두고 왕겨와 톱밥을 내기하듯 내뿜으며 마주보고 있었다. 대가을 한창 방아를 찧을 때나 광주산맥에서 소나무가 내려올 때는 굉장했다. 발동기 소리에 마을이 온종일 파묻혀 김화소방소 오정 사이렌을 미처 듣지 못하기 일쑤였고, 그럴 땐 금강산행 열차도 꼭 무성영화처럼 들녘을 지나갔다.

신품종 볍씨 육우 137호로 모를 내는 광삼뜰은 해마다 풍년이었다. 늘 찰벼를 심는 유씨네 고논 한가운데는 언제나 물이 층층이 고여 있는 늪이 있었다. 논갈이하는 어미를 따라왔던 젖먹이 송아지가 헛디딘

6

발을 빼지 못하고 어미 보는 앞에서 빨려들어 죽었는데도 유씨네 마름머슴은 젖이 퉁퉁 불은 새끼 잃은 어미소를 하루 종일 쟁기질을 시켰다. 그날 밤 달아난 어미소를 사흘 만에 이십리 밖 남대천변에서 찾았는데 거기에 늪에 빠진 죽은 송아지가 함께 있었다는 등 그 늪의 전설은 슬프고 무시무시했다.

하필 동구 모퉁이에 늘 시커먼 산그림자가 들어앉아 있는 늪이어서 혼자 학교에서 돌아오는 아이들은 그곳을 달음박질해 지나왔다. 딸부자 황씨네는 늘 양구 면화를 심었고 목화밭에 듬성듬성 심는 배추는 아주 고소해 이웃들이 쌈거리로 얻어가곤 했다. 소출 많기로 이름난 금강태를 이 마을에서는 보리 이랑 사이에 심어 타작이 끝난 보리밭은 곧장 콩밭으로 변했다. 달구지 길로 쉬엄쉬엄 보리밭 언덕을 올라서 성황당 마루에 서면 멀리 금성 가는 길이 보였다.

광삼리는 비무장지대 한가운데 묻힌 마을이다. 휴전 이후 한씨조차 가본 적이 없는 잊혀진 마을이다.

DMZ 속엔 어느 날 갑자기 사람이 떠나버린 그런 마을들이 묻혀 있다. 철길과 신작로, 미처 캐낼 겨를이 없던 인삼밭이 그곳에 있으며, 옛 왕도의 성터와 사지 고인돌 학교터 교회터도 그곳에 묻혀 있다. 그곳은 그날 이후 그 마을에서는 한번도 재현돼본 적이 없는 그 마을의 말과 풍습마저 고스란히 묻혀 있는 문화의 무덤이다. 그리고 사람이 떠난 마을과 도로와 농경지 등을 자연이 어떻게 변화시키고 있으며, 인간의 간섭을 받지 않은 자연의 질서는 어떤 모양인지를 가르칠 생태학교실이다. 그곳이 지금 현대사의 유적이자 자연사적 문화유산으로 우리에게 다가서 있는 것이다.

그러나 DMZ는 한반도의 통일이 중요 정책목표가 되고 있는 이상

언젠가는 사라져버린다는 잠정성의 특성을 지니고 있다. 반드시 무너질 수밖에 없는 한시적 영역이다. 그 이전에 DMZ를 있는 그대로 그려내 남겨놓고 싶었다.

많은 사람들이 DMZ를 오해하고 있다. DMZ를 환상으로 보고 있는 것이다. DMZ의 속성을 이해하지 못하거나 경험하지 못한 사람일수록 DMZ를 곡해하는 경향이 있다. 그곳이 무인지대이고 오랫동안 방치된 야생의 땅이라는 사실을 너무 과장하고 있다.

특히 DMZ가 주고 있는 상호 불간섭과 비폭력의 상징적 의미 위에 상상을 가미해 정의해놓은 자연생태계 보고서라든가 그런 것을 근거로 꾸며지는 DMZ의 이용과 개발구상 등은 자칫 DMZ를 환상으로 오해하게 하기에 충분하다. 이런 보고서라든가 개발구상 등은 우선 DMZ의 인구밀도를 과소평가하는 실수를 하고 있다.

DMZ에 맞대어 있는 강원도 화천군 인구는 26,630명, 인구밀도는 27.1명이다. 그리고 모든 행정능력은 이 같은 인구활동을 소화할 수 있는 크기로 짜여져 있다. 그러나 그곳엔 수만 명의 군인이 상주하고 있으며 그들은 민간인보다 더 왕성한 인구활동을 하고 있다. 인구센서스는 DMZ의 이 같은 인구구성의 특성을 무시하고 있는 것이다.

군인의 주둔지는 곧 자연과의 싸움터다. 숲은 시계와 사계를 확보하는 데 장애물일 뿐더러 기습침투를 시도하는 자들의 좋은 은폐물이다. 원활한 보급 추진을 위해 고지에도 길을 내야 하며, 현대전의 가공할 만한 화력에 대비하기 위해서는 견고한 토목 건축학적인 기법을 모든 시설에 도입해야 한다. 군사작전이라는 것은 예외없이 자연을 응용하는 것들이며 크든 작든 반드시 자연파괴를 수반할 수밖에 없는 것들이다.

북한군은 더 적극적인 자연 응용 작전을 도입하고 있다. 그들은 주둔지 영농을 하거나 대규모 벌목장을 개설하는 등 식량과 연료를 현지조달하는 전술을 구사하고 있다. 더구나 그들이 쓰고 있는 화전영농법은 숲을 불태운다.

이 때문에 나는 '지구상에서 인간 간섭을 받지 않은 유일한 곳'이라든가, '자연의 보고' 따위의 DMZ 수식어에 늘 저항감을 느끼고 있다. DMZ에 대한 막연한 동경을 불식해야 한다는 필요를 느꼈다. 그런 부담감도 이 글쓰기를 부추겼다.

그러나 이 글을 쓰기 위해 수많은 고지를 오르내리면서 나는 상당한 혼란에 빠졌다.

DMZ는 분명히 국경이다. 그러나 그곳은 국경이 아니었다.

국경은 문화의 교차로이다. 마치 삼투막 같은 것이어서 쌍방의 문화가 상호 교류하는 속성을 지니고 있다. 그러나 DMZ에서는 이런 현상이 나타나지 않았다. 그곳으로 교류하는 것은 아무것도 없었다. DMZ는 국경이 갖춰야 할 요건조차 갖추지 못하는 아이러니를 또다른 특성으로 갖추고 있는 것이다. 오히려 이 같은 경직된 기능이 빚어놓은 독특한 DMZ권 문화가 철책선 남쪽에 펼쳐져 있었다.

해마다 전교생 절반 이상이 새 얼굴로 바뀌는 국민학교, 토박이가 없는 마을, 여자는 모두 사모님인 아파트촌, 아마존 백악관 등의 간판을 지고 있는 낮은 지붕의 한옥, 빨래방과 비디오방이 있는 산골마을, 아침마다 주임상사로 변신하는 여인숙집 아저씨, 경상도인지 전라도인지 출신이 구별되지 않는 말씨를 구사하는 중노인들이 많은 마을, 물고기에다 해방고기란 별난 이름을 붙였는가 하면 다슬기를 올뱅이 골뱅이 달팽이 딸패 등 어느 것으로 불러도 다 통하는 마을, 귀화식물 돼지풀을 가려움증을 일으킨다는 이유만으로 두드러기쑥이라고 명명한 마을, 그리고 대남선전방송 소리가 또렷하면 오늘 비가 온다는 등의 날씨점을 치는 그런 마을을 사람들은 잘 모른다. 그러나 DMZ는 수십 군데의 별난 마을들을 만들어놓았으며, 그곳에도 일상은 엄연히 존재하고 있다.

DMZ권은 이질의 자연환경과 각양각색의 문화요소들이 뒤섞이거나 버무려져 또다른 문화권을 형성한 한국판 멜팅 포트(Melting Pot)이다. 이 책 속의 글들은 결국 이들 문화권의 사건들을 주워 모아 옮겨놓은 것에 불과한 꼴이 되고 말았다.

아직 자연사적이나, 사회학적으로 또는 인류학적으로 접근해볼 만한 흥미있는 소재는 그대로 남아 있을 것 같다. 그러나 그대로 남겨놓기로 했다. 그건 내 몫이 아니다. 더 깊고 더 정확한 것은 전문가의 몫일 뿐더러 소중한 소재를 자칫 헤집어 망가뜨릴지도 모른다는 두려움이 자꾸 발목을 잡았기 때문이다.

북쪽엔 또다른 DMZ권 문화가 펼쳐져 있을 것이다.

북쪽의 누가 그것을 글과 사진으로 담아 이 책과 합해놓는다면 우린 서로 굉장한 감동으로 만날 수 있을 것이다.

나는 DMZ의 반쪽만 썼다.

1995년 7월

咸 光 福

DMZ 차 례

철새는 날아가고

"날자 날자 날자꾸나" 녹슨 철마도 날고 싶다

월정역의 녹슨 철마나 바라보고 돌아오는 DMZ 관광은 싱거울 때
가 많다. DMZ 가는 길은 잘 다듬어진 농경지 한가운데로 뚫려 있었
고, 지뢰표지판을 단 잡목숲은 거기서도 흔치 않아 아카시아밭 몇 군
데가 상징처럼 덩그러니 서 있었다.

그리고 불쑥 철책선 언덕이다. 평강고원까지 펼쳐진 긴장의 바다는
대형 유리창에 그려져 있었다. 철의 삼각지 전망대 매점에는 여느 관
광지처럼 효자손이나 부채 따위를 팔고 있었고 부모를 따라온 아이들
은 컵라면 그릇을 들고 버릇없이 뛰어다니고 있었다.

나선형 계단을 올라가면 영화관처럼 계단형 플래스틱 의자가 북쪽

일본 이즈미에서 월동한 두루미가 귀로에 철원 샘통리에 들르는 때는 3월. 이때 철원평야의 두루미떼는 1천 마리가 넘는다. 샘통에는 3백 마리가 월동한다.

을 향해 앉아 있고, 스크린 대신 전망창에 펼쳐진 DMZ 풍경은 언제나 움직이지 않았다. 그 무성영화 화면 옆에서 변사노릇을 하는 철원군청 파견 공무원은 수백 번 같은 얘기를 되풀이 하다 목이 쉬어 있었다.

　차라리 겨울 DMZ는 돌아올 때가 볼 만하다. 거긴 사람이 그어놓은 분단의 벌판이지만, 남쪽나라 북쪽나라 새들이 모여 만든 새들의 세상, 새들의 나라였다.

　"과우 과우, 캬우 캬우-" 또는 "과와한, 과와한"으로 들리기도 하는 소리는 큰기러기들이 퍼레이드를 하며 지르는 새들 나라의 언어다. 그 나라를 들여다보기 위해 새들의 언어를 이해할 것까지는 없다. 조금만 가슴을 열어놓으면 철원평야는 얼마든지 새들의 나라로 사람들을 안내하고 있었다.

그들은 한 미망인을 기다리고 있었다. 'SEOUL KOREA · 19930117 · KBTA', 그녀는 이 '암호문' 가락지를 발목에 끼고 곧 철원평야에 착륙할 것이다. 그녀는 러시아 연해주 프라모리 지방의 아름다운 호수 한카 호에서 올 것이며, 그녀를 식별하는 방법은 전혀 어렵지 않을 것이다. 우선 눈처럼 흰 피부와 우아한 자태로 미루어 한눈에 보아도 지적인 매력과 미모를 갖춘 상류사회 여인임을 알아차릴 수 있기 때문일 것이다.

그녀는 일부일처제가 엄격하게 존중되고 있는 그들 사회에서 과연 정절을 지키고 고고하게 살고 있는지, 긴 동반 여행중 불운의 사고로 사망한 지아비를 추모해 남편의 무덤을 찾아올 만큼 도덕성이 돋보이는지에 대한 그들 나라의 비밀을 간직하고 돌아올 것이다.

부부가 함께 거닐거나 귀여운 자녀를 거느리고 있을 무리 밖에서 한 마리 외두루미가 외롭게 서성거린다면 바로 그녀 과부 두루미일 것이다. '서울 코리아 · 19930117 · KBTA' 바로 그녀일 것이다.

93년 1월 17일 철원평야를 떠난 외두루미는 그해 겨울 돌아오지 않았다. 한국조류협회 철원지부 회원 수십 명이 DMZ 일대의 출입 허가를 얻어 석 달 동안이나 철원평야를 누볐지만 과부 두루미는 돌아오지 않았다. 지난 겨울부터 회원들은 다시 이 평야를 누비고 있다. 그러나 그녀는 역시 모습을 드러내지 않고 있다. 남편을 잃은 아내 두루미는 절개를 지켜 따라죽는다고 사람들은 믿고 있다. 철원평야의 사람들은 이젠 과연 그녀도 절사했을 것이라고 믿기 시작하고 있다.

과부 두루미는 92년 12월 철원 사방지리에서 남편과 사별했다. 인간이 살지 않는 눈덮인 들판에서 그녀는 이레 밤낮을 울부짖다 남편의 시신 옆에 지쳐 누웠다. 이 순애보를 군인들이 전해왔다.

수색중대 병사들은 벌판 끝에 한 마리 두루미가 우두커니 서 있는 것을 발견했다. 이틀 사흘 나흘 …… 이레째 되던 날 아침에도 두루미는 날지 않았다. 한 병사가 벙커 속으로 들어오며 "두루미는 지금 취침 중인 것 같다"고 말했다. 얼마 전까지도 서 있었으나 지금은 누워 있다는 것이다. 병사들은 DMZ의 변고를 조류협회에 통보했다.

한국조류협회 철원지부 회원들이 달려왔을 때 두루미는 눈을 감은 채 꾸룩꾸룩 울고 있었다. 아사 직전인 것 같았다. 또 한 마리의 두루미가 누워 있었다. 수컷이었다. 독수리에 찢긴 듯 처참한 상처를 입은 얼어붙은 주검이었다. 남편의 임종을 지키던 암두루미는 뭇 동물과 추위로부터 시신을 지키다 그 옆에 누워 죽음을 기다리고 있었던 것이다.

그녀는 서울로 긴급 후송됐다. 고단백의 미꾸라지 식이요법으로 두루미는 한 달 만에 건강을 되찾았다. 어느새 철원평야의 두루미떼는 고향 한카 호로 떠날 채비들을 서두르고 있었다. 조류협회 회원들은 이역에서 까닭 없이 남편을 사별한 이 '슬픈 여인'을 북쪽 하늘을 향해 떠나는 무리들에 어울려 고향으로 보내기로 했다. 사람들과 인연을 맺었던 기념으로 발목엔 'SEOUL KOREA · 19930117 · KBTA' 알루미늄 가락지로 멋을 냈다.

이날 이후 두루미 방사 사건은 철원평야의 설화가 됐다.

우리를 나온 두루미는 돌연 조류보호협회 김성만 회장 앞으로 다가섰다. 긴 부리로 서너 번 김회장의 손을 툭툭 쪼아댔다. 그는 한 달간 두루미 옆을 떠나지 않았던 사람이다.

이윽고 두루미는 날아오를 채비를 차렸다. 북서풍이 불어오는 방향을 향해 커다란 양팔을 벌리고 흔들흔들 서 있는 그 모습은 마치 비행기가 양력을 받기 위해 날개 플랩을 내렸다 올렸다 하며 프로펠러 동력을 전달받는 것 같았다. 드디어 내닫기 시작했다. 열 보, 열한 보, 열두 보…… 그리고 두 다리를 쭉 뻗으며 뛰어올랐다. 대부분 사람들은 이 커다란 몸집의 새가 날아오르기 위해서는 적어도 6~7m의 활주로가 필요하다는 사실을 이날 처음 알았을 것이다. 그러나 누구도 이 경이스러운 발견을 신기해하지 않았다.

그녀는 처절할 정도로 혼신을 다 쏟고 있었다.

두루미는 자신의 하늘을 함부로 소유하지 않았다. 비상한 그녀는 이백여 명이나 모인 눈길 위에서 다섯 바퀴나 선회했다. 그리고 까만 점이 되어 북쪽 하늘로 날아갔다.

최무영씨의 즉흥 송시가 낭송됐다. 보은의 나래짓, 그 여운이 남아 있는 그 자리에 시인은 망부가를 띄워보냈다.

　　오늘
　　얼어붙은 철원벌에서
　　목메인 망부가를 듣는다.

　　이레 낮
　　이레 밤을 지새워
　　하늘에 사무치고 땅을 울리던
　　뜨거운 울음 소리 듣는다.

　　삭풍보다 맵고
　　눈보라보다 치열한 정절로

망부의 시신을 지키며
이승과 저승의 문턱을 넘나들던
네 거룩한 사랑.

너 무어라 부를까
춘향이라 부르기엔
인간의 어휘가 너무 때묻고
열녀라 부르기엔
은장도 칼날보다 새푸른 너의 눈빛이
너무 애잔하구나.

오늘
다투고, 배신하고, 갈라서기를
삼시 세 때 밥먹듯 하는
썰렁한 사람들의 가슴마다에
따뜻한 불씨 하나 묻어놓고
우리 곁을 떠나는 너.

잘 가라
비록 남은 생애가
눈물과 한숨으로 얼룩진다 해도
산다는 것은 좋은 일
살아 있음은 하늘의 축복이므로.

　　　　잘살아라
　　　　그리고
　　　　부디 행복하여라.
　　　　행복하여라.

　철원 사방지리에는 두루미 무덤이 하나 있다. 미망인의 남편이 그곳에 묻혀 있다. 조류협회 회원들이 무덤을 만들고 비목 하나도 세웠다.
　김종식씨(한국조류협회 철원지회장)는 그날 철원을 떠난 '그녀'가 남편의 무덤가를 맴돌다 간 또다른 애잔한 비밀을 알고 있다.
　그해 1월 18일 김씨는 두루미 무덤가를 서성이고 있는 그녀를 발견했다. 김씨는 그녀를 방해하지 않았다. 이튿날에도 두루미는 무덤을 지켰다. 김씨가 사흘째 그 자리를 찾아갔을 때 두루미는 거기 없었다. 무덤가에 찍힌 발자국만 김씨의 가슴에 아리도록 박혀왔다.
　김씨와 조류협회 회원들이 이태째 철원벌판을 헤매며 외두루미를 기다리는 것은 처절하게 망부의 한을 그려내던 그 모습을 아직도 떨쳐버릴 수 없기 때문인지 모른다.

　정말 철원 DMZ는 '살아 있음은 하늘의 축복'임을 가르쳐주고 있었다. 여북하면 적색자료(Red Data Book)에까지 등재된 절종 위기의 새들, 그들도 그곳에 피신해 있었다. 그들은 끊임없이 둥우리를 헐어버리는 인간의 인내를 시험해보는 것 같기도 했고, 그 횡포에 저항하는 것 같기도 했다. 그런가 하면 '그래도 살아 있는 것은 하늘이 축복하는 것'이라며 분단의 벌판을 위로하는 것 같기도 했다.

국제조류보호협회(ICBP)는 남북한을 통틀어 지금 노랑부리백로, 황새, 저어새, 원앙사촌 가창오리, 붉은가슴흰죽지 호사비오리, 참수리, 흑두루미, 두루미, 재두루미, 알락뜸부기, 넓적부리도요, 뿔쇠오리, 쇠청다리도요사촌 검은머리갈매기팔색조 등 열일곱 종의 새들이 절종 위기라고 경고하고 있다. 어쩌자고 이들 가운데 다섯 종의 겨울새들이 오직 철원 벌판을 찾아들어 '하늘의 축복'으로 감동케 하고 있다.

손가락으로 셀 수 있는 정도라고 할 만큼 지구촌의 희귀조가 돼버린 두루미가 그렇고 흑두루미, 재두루미 그리고 남한엔 살고 있지도 않다는 호사비오리가 그렇다.

늦가을 기러기떼도 이미 동요처럼 그렇게 흔한 새가 아니다. 어떤 학자는 지구상에 2만 마리 정도가 살고 있다고 추정하며, 어떤 학자는 그만큼도 안 된다고 주장하고 있다. 그 절종 위기의 새들이 지금 철원 평야를 가득 메우고 있다. 지구촌 기러기가 다 모여들었다는 말은 결코 과장이 아니다. 탐조를 나온 학자들은 적어도 1만5천 마리는 될 것 같다며 감탄하곤 했다.

V자를 그리며 날아가는 날렵한 모습 때문에 기러기의 크기를 대개 때까치나 논병아리쯤으로 생각하지만 그건 오해이다. 큰기러기의 몸 길이는 76~89cm, 작은쇠기러기도 75cm나 된다.

기러기는 기러기목 오리과에 딸린 철새. 가을에 날아와 겨울을 나고 봄에 떠난다. 그들의 고향은 시베리아나 사할린 알래스카이며 심지어 북극 북부에 본적을 두고 있는 경우도 있다. 생김새도 달라 회색기러기, 쇠기러기, 흰이마기러기, 큰기러기, 흰기러기 등으로 나뉜다.

인간이 그렇듯이 그들도 종이 다르면 말이 다르다. "기러기떼 기럭 기럭"으로 시작되는 동요에 등장하는 기러기, 흔히 우리가 기러기라고 부르는 그 기러기는 쇠기러기. 그들은 늘 동요처럼 "끼룩—끼룩—" 소리를 지르며 날아간다.

투명하리만큼 엷은 회색 긴다리와 창백한 분홍색 부리를 하고 있는 회색기러기는 흔치 않은 기러기. 미려한 외모처럼 그들은 "과아한 과아한, 과아 과아" 하며 제법 품위있는 톤으로 속삭인다.

작은 몸집, 짧은 목, 흰 깃의 흰기러기는 전라남도와 경기도에서 한 번씩 채집 기록이 있는 진짜 희귀한 겨울새. "와, 우우, 과, 와, 우우" 하는 그들의 울음 소리를 듣는 것은 번식지인 북미의 툰드라 지방에서나 가능하다.

큰기러기는 큰 몸집처럼 말소리도 씩씩하다. "구구구구, 과우 과우, 카우 카우" 하며 머리 위를 지나 "과아한 과아한" 하는 여운을 남기며 사라진다.

그 기러기 나라에 요즘 신기한 일이 벌어졌다.

"와, 우우, 과, 와, 우우" 소리가 들리기 시작한 것이다. 흰기러기가 출현한 것이다. 날개 끝을 검정색으로 살짝 물들였을 뿐 고니처럼 흰색으로 치장한 한 백의의 진객이 지금 철원 벌판을 찾아와 겨울을 나고 있다. 강산 저수지에 진을 치고 있는 수천 마리의 쇠기러기떼에 섞여 "와 우우"를 외치고 있다.

쇠기러기떼는 가끔 퍼레이드를 벌였다. 포탄 세례를 너무 받아 지금도 봉우리가 녹아내리듯 사태밥이 흘러내리는 아이스크림고지를 돌아 다시 강산 저수지로 돌아오곤 했다. 그때마다 작은 몸집 짧은 목의 흰기러기는 날갯짓이 더 바빠 보였다. 하늘을 뒤덮은 회갈색 무리 속에 찍힌 하얀 점 하나는 외로웠으며 사투리 같은 그의 "와 우우"는 "와, 철원평야 살기 좋다. 사이좋게 지내자. 우우"를 연발하는 것 같았다.

길 잃은 철새, 그는 미조(迷鳥)가 틀림없었다. 그는 대륙을 횡단하는 대장정 중 난기류를 만났고, 어디론가 쏜살같이 떠내려가다가 남행하는 쇠기러기떼를 만났을 것이다. 흰기러기는 4년 전 그렇게 철원을 찾아왔을 것이다. 그리고 무리를 따라 북쪽으로 갔다가 또 무리에 섞여 해마다 찾아오는 게 틀림없어 보였다.

철원 벌판을 떠난 미망 두루미도 어디선가 흰기러기처럼 그렇게 살고 있을지 모른다. 기실 살아 있음은 하늘의 축복이기에……

철원 하늘에 찍힌 외로운 하얀 점 하나는 외두루미를 기다리는 사람들을 요즘 그렇게 위로하고 있었다.

머리 위를 지나가던 쇠기러기떼에서 외마디 "꽈아악" 소리가 들렸다. 그 소리는 순식간에 삼십여 마리가 지르는 합창으로 변했다. 그건 누군가 접근하고 있다는 경고음이다.

회색 논바닥이 벌떡 일어나는 것 같았다. 앞에서 뒤에서 옆에서도 그 경고음을 신호로 논이 솟아올랐다. 새떼들이었다. 두루미, 기러기, 청둥오리, 쇠오리 떼가 드넓은 벌판을 통째로 들고 하늘로 치솟았다.

그 벌판의 겨울은 온통 새들의 나라로 변했다.

'날자 날자 날자 한 번만 더 날자꾸나. 한 번만 더 날아보자꾸나.' 하늘과 맞닿은 평강고원을 날아오르듯 넘나들던 경원선은 지금 월정역에 잔해만 남겨놓고 끊겨 있다. 그곳에 주저앉은 철마는 겨울이면 날개를 달고 싶을 것이다.

저기 오리산이 보인다

　'독수리는 홀로 넓은 하늘을 난다'고 했던가. 과연 양구 두타연의 바위산에 떠 있던 한 마리 검독수리의 위용은 대단했다. 군인들이 81mm 박격포만하다고 입을 벌리게 했던 놈은 카메라를 들이대도 동요하지 않았다. 당당한 자세로 오히려 사람을 관측하다 '여기가 내 집'이라는 듯 유유히 바위 틈새로 사라졌다. 이튿날 신문들은 '천연기념물 제243호 검독수리의 서식처를 발견했다'고 대서특필했다. 87년 여름이었다.

　그토록 독수리는 그 상징성에 비해 익숙지 않은 맹금류이다. 그 독수리가 지금 철원평야에 무리를 지어 출현하고 있다.

　독수리는 알 세 개를 낳아 그 가운데 두 개를 부화, 한 마리만 잘 기른다는 말이 있다. 독수리 무리란 표현은 잘못된 것일지 모른다.

　그러나 94년 12월 한국조류협회 철원지부는 철원 사요리에서 먹이로 유인해 독수리 스물여덟 마리를 한자리로 불러모으는 데 성공했다.

　독수리 검독수리 흰꼬리수리 등 그들은 출신도 달랐으며 이름도 달랐다. 다만 러시아의 알린 산맥 바위산이나 중국 동북부에서 따뜻한 남쪽나라를 찾아왔거나 양구의 바위 구릉에서 드넓은 들판을 찾아 임시 이주를 한 것만은 똑같았다.

　독수리가 무리를 지어 날아온다는 것은 사실 상상할 수 없는 일이다. 그런데 어떻게 그런 일이 일어날 수 있는지를 설명하기 위해서는 철새들이 왜 철원평야를 자신들의 낙원으로 택했는지를 먼저 이해해야 한다.

　철의 삼각지에서 겨울을 난 DMZ 병사들이 풀지 못하는 수수께끼가 하나 있다. 무엇 때문인지 철새들은 철책선 북쪽을 싫어한다는 사실이다. 철의 삼각지에서 근무한 병사들이라면 적어도 두루미와 재두루미, 청둥오리와 기러기쯤은 식별할 만큼 눈이 트인다. 그러나 이 탐조(探鳥)의 자연학습장은 절대로 철책선 북쪽엔 펼쳐지지 않는다. 이따금 비무장지대 숲속에서 쇠오리 떼가 철책선을 넘어오지만 그들도 남쪽 들판을 한껏 돌아다니다 해질 무렵에야 마지못해 되돌아가는 것이다.

철새들이 남쪽 하늘을 더 좋아한다는 사실은 탐조 여행이나 철새 먹이 주기를 나온 어린이들에게 아주 좋은 반공교육 자료가 된다. "새들도 풍요롭고 자유스러운 남쪽나라를 더 좋아하나보죠?" 어린이들도 그게 동화 같은 이야기라는 것쯤은 안다. 그렇지만 대개 그 대목에서는 좋아라 박수를 쳤다.

그러나 그 수수께끼의 해답은 평강고원의 오리산(鴨山, 452.2m)에서 찾아야 한다.

제4기 화산 활동기이면 지금부터 약 27만 년 전이다. 추가령, 열곡내 두 곳에서 화산이 폭발했다. 평강 서남쪽 3km지점의 오리산과 검불랑역 4km 지점의 해발 680m의 무명고지가 분출구가 됐다. 오리산에서 분출한 용암은 점성이 묽었다. 11회나 폭발했으면서도 오리산은 겨우 지방 수준면에서 140m밖에 높아지지 않았다. 대신 묽은 용암은 한탄강 유로를 따라 96km를 흘러 문산까지 뒤덮었다. 철원 내포리의 샘통은 바로 이 지사적(地史的) 사건의 산물이다. 3천여 평에 이르는 이 늪은 엄밀히 따지면 아직도 땅속의 마그마로부터 영향을 받고 있는 경미한 온천이다.

바람막이가 없는 철원 벌판의 겨울 추위는 알아줄 만하다. 철원 사람들조차 "갑자기 철원이 추워졌다"지만 사실은 88년 1월 1일부터 철원 기상대가 기상 관측을 시작해 그 위력이 새삼스러워졌을 뿐 철원은 예부터 동토(凍土)라는 별명을 달고 있었다.

그러나 샘통은 한 번도 얼지 않았다. 오히려 영상 15도의 늦은 주변의 눈을 녹이며 미나리나 말풀을 돋게 했다. 양지리 한탄강까지 이어지는 6km의 실개천도 얼지 않았으며 따뜻한 물 속에서 왕성한 활동을 하는 플랑크톤을 잡아먹기 위해 미꾸리, 줄납자루는 겨울잠을 자지 않았다.

평강고원으로 이어지는 평원은 겨울사막과 다름없을 것이다. 철책선 남쪽 1km 지점에서 용출되는 '얼지 않는 샘'은 바로 겨울사막의 오아시스인 것이다. 이것이 철새가 철책선 남쪽을 찾아오는 첫번째 이유이다.

손으로 모를 심는다거나 낫으로 벼를 베는 일은 적어도 철원에서는 전설처럼 까마득한 일이다. 곡창 철원은 콤바인이 농사를 짓는 곳이다. 기계화 영농은 당연히 섬세함에서 떨어진다. DMZ 북쪽 김화 하소리 집단농장 같은 곳에서 갈걷이 뒤에 북한 병사들이 이삭줍기를 하는 것은 낯설지 않은 풍경이다. 그러나 철원평야에서는 콤바인을 뒤쫓으며 이삭을 주울 만큼 노동력이 풍부하지도 않을 뿐더러 그토록 궁핍하지도 않다.

결국 적색목록에 들어 있는 '국제조(國際鳥)'들이 한국의 '오대벼'와 샘통의 토종 미꾸리, 한탄강 특산 담수어 줄납자루를 먹고 겨울을 나는 셈이다.

민통선 일대를 출입하는 모든 민간인 차량들은 소지품을 검사받아야 한다. 방한모 속에 번득이는 눈을 감춘 DMZ Police(헌병)들에게 자동차 트렁크를 열어 보여야 한다. 카메라에 대한 병사들의 반응은 아주

민감하다. 군사시설을 카메라에 담는 것을 그들은 첩보 활동으로 간주하려 했다. 그러나 카메라를 통제하는 이면에는 철새 보호에 대한 섬세한 배려가 담겨 있는 듯했다. 새들은 자신이 단지 모델이 되고 있다는 사실을 알 턱이 없다. 무엇이든 자신을 겨누고 있는 것에 대해서는 죽느냐 사느냐 위협을 느낄 수밖에 없다. 이 때문에 카메라를 소지한 민간인은 민통선에 들어갈 수 없다. 엽총은 물론 공기총이라도 소지목적이 노골적인 살상 의도 외에 별다른 변명의 여지가 없는 경우면 역시 통제를 받아야 한다. 낚시가 훌륭한 조류 밀렵 도구라는 것쯤은 DMZ 병사들이 더 잘 안다. 낚싯대도 소지할 수 없는 품목인 것은 두말할 나위 없다. DMZ 병사들에게는 특명도 내려져 있다. "새를 잡는 사람을 잡으라"는 것이다. 포상휴가의 상품과 함께. DMZ 군인들은 국토방위의 또다른 개념을 지금 철원평야에서 배우고 있는 것이다.

새를 지키는 사람들은 또 있다. 그들은 새를 기다리는 사람들이기도 하다. 그리고 절종됐거나 절종돼가고 있는 철새를 찾아 헤매는 그들의 탐조여행은 마치 지구의 맥박을 재고 있는 것 같았다. 수십 년 만에 찾아온 진객을 어렵사리 찾아낼 때마다 아직 지구가 살아 있음을 확인하는 것 같았다.

한 쌍의 호사비오리가 발견된 것은 여전히 7년여째 철원평야 최고의 사건이 되고 있다. 비운의 호사비오리 부부는 주검으로 발견됐다. 88년 2월 한 주민은 철원군 토성면 남대천변에서 아주 진귀해 보이는 새 한 쌍이 죽어 있는 것을 발견했다. 새박사 원병오 교수는 이미 박제가 된 이 새들을 보는 순간 감격했다. 62년 만에 채집된 희귀조 중 희귀조인 것이다. 호사비오리는 1912년 4월 16일 함경북도에서 어린 수컷 두 마리가 채집된 것이 첫 기록이다(현재 미국 뉴욕 자연사 박물관에 소장). 두번째 세번째 기록은 1927년 11월 20일 서울에서 채집한 한 마리와 시장에서 구입한 어린 수컷 한 마리. 당시에도 얼마나 소중했던지 이왕직(李王職)박물관에 소장했다가 창경원 표본관을 거쳐 지금은 국립과학관에 옮겨져 있다.

호사비오리는 비오리와 비슷하다. 그러나 수컷은 머리와 목을 윤기나는 검초록 털로 치장하고 있다. 어깨 깃은 검은색이지만 등과 허리는 검은색과 흰색의 가로 무늬가 있다. 이 때문에 옆에서 보면 검은색 반달 무늬가 뚜렷하다. 암컷은 몸집이 작다. 윗가슴 옆가슴에 흰 털이 많아 더 다소곳해 보이는 것이다.

호사비오리는 시베리아의 싸오젠 알렌 산맥이 번식처이다. 최근엔 중국 동북부 지방에서도 번식하는 것이 확인됐으며 백두산 남사면 북한땅에도 적은 무리가 번식할 것이란 추정을 하는 학자들도 있다.

절종됐거나 우리나라에는 다시 찾아오지 않을 것 같던 이 새가 죽어서 발견된 것은 충격이다. 이 새가 어떻게 왜 죽은 채로 발견됐는지는 밝혀지지 않았다.

어떤 사람은 총에 맞아 죽었다고 말했으며 농약으로 독살됐다고 말하기도 했다. 박제로 변한 그 주검들이 어떻게 어디에 보관되고 있는지도 더 따져지지 않았다. 다만 죽은 부부의 후예들일 것 같은 또다른 호사비오리들을 남대천변에서 찾아내 카메라에 담음으로써 그 죽음을 위로하는 노력들이 이어졌다.

철원 동송읍의 김종식씨는 한국조류협회 철원지회장이라는 그의 직함이 말해주듯 새에 미친 사람이다. 그는 한 마리 재두루미인 양 회색 파커로 위장하고 희귀조, 호사비오리를 찾아 눈 덮인 철원평야를 헤맸다.

부부 새가 주검으로 발견된 이듬해 2월, 그는 남대천 갯버들숲에 웅크리고 앉아 낯선 새 일가의 한가로운 오후를 훔쳐보고 있었다. 몸집이 큰 한 마리의 옆구리엔 배 쪽으로 휘어들어간 반달무늬가 뚜렷했다. 더 눈부신 흰 털로 치장한 또다른 한 마리는 새끼를 거느리고 있었다. 김씨는 스틸 카메라로 호사비오리를 잡은 첫번째 사람이 됐다.

호사비오리는 국제조류보호회가 간행한 적색자료에서 북한지역 절종위기 조류로 분류된 새이다. 그 새는 62년 전 박제가 돼 마지막 모습을 보인 후 또 박제가 돼 나타났으나 김씨는 1년 만에 호사비오리가 이렇게 살아 있다는 '증명 사진'을 찍어낸 셈이다.

이번에는 ENG 카메라가 살아 움직이는 호사비오리를 잡아냈다. 춘천문화방송 전영재, 차주표가 엮어낸 드라마도 극적이다. 93년 12월 5일 데스크는 "더이상 시간과 기자재를 소비하지 말고 촬영 장비를 철수시키라"고 다그쳤다. 두 기자는 10월부터 한탄강 상류에 설치했던 캠프를 하루 후엔 철수키로 했다.

그러나 호사비오리는 그들의 마지막 시도를 무산시키지는 않았다. 오후 4시 암컷 두 마리와 수컷 한 마리가 바위 위에 고고한 자태를 내보이며 포즈를 취했다. 그러나 너무 멀었다. 호사비오리는 사람을 경계하고 있었다. 조금도 곁을 주려 하지 않았다. 취재팀은 머리 싸움을 하기로 했다. 모두들 돌아가는 것처럼 한 줄로 서서 멀어져 가다 차기자만 잽싸게 언덕 밑으로 사라졌다. 빈 들판에 긴 그림자를 그리며 일행이 멀어져가는 동안 차기자는 낮은 포복으로 한탄강 언덕에 접근했다. 수컷이 파인더 안으로 가득 들어왔다. 먼 하늘을 날아온 진객은 마침 석양에 몸을 씻고 있었다. 두 기자는 무비카메라로 호사비오리를 담은 최초의 사람이 됐다.

오직 카메라만으로 호사비오리를 잡은 김종식씨와 전기자 등에겐 공통점이 있다. 아직도 그 '진객'을 만났던 자리를 공개하지 않고 있다는 것이다. 종다리 집 하나를 맡아놓고 몰래 풀섶을 뒤져 회색 구슬 같은 알을 세어보는 아이 같았다. 그들은 마치 종다리 알의 뽀얀 피부에 말갛게 실핏줄이 맺히다 어느 날 노란 부리에 솜털투성이인 새끼들이 깨어날 때까지, 또 빈 둥우리만 남겨놓고 훌쩍 새끼들이 날아가버릴 때까지 동네 친구들이 알지 못하게 풀섶을 지키는 아이 같았다. 이런 사람들 때문에 지금 철원평야는 건강하다.

이것이 철새가 DMZ 너머 지척의 평강고원을 두고도 유독 남쪽나라로 찾아오는 마지막 이유이다.

정말 철원평야는 새들에게 '풍족하고 자유스러운 남쪽나라'가 되고 있는 것이다.

러시아 한카 호반을 떠난 두루미 일가는 북한의 영흥만을 지나면 한반도 한가운데 펼쳐져 있는 대평원 평강고원을 만날 것이다. "아! 저기 오리산이 보인다." 평원의 동쪽에 치우쳐 솟아 있는 오리산은 하늘에서 내려다볼 때가 더 선명하다. 대평원 끝에 직경 200m의 분화구가 마마 자국처럼 남아 있는 것이다. 이제 천천히 나래를 접으면 남쪽나라 철원평야이다.

강은 남으로 흐른다

DMZ의 강

'강을 따라 가다보면 바다에 이른다'고 했다. 그렇다. 한강은 강화 볼음도(乶音島)에서 서해를 만났다. 남과 북을 갈라놓은 경계에서 스스로 완충대가 되어 바다에 이르고 있었다. 경기도 연천군 백학면 고랑포리쯤에서 임진강은 한강을 만나기도 전에 비릿한 해조음을 맡고 있었다.

드넓은 초원이다. 산조풀 물억새 갈대밭 군락이다. 벌노랑이 벌사상자 갯개미취 사데풀, 소금기 먹은 염생 식물들이 갈대밭 틈새를 비집고 가득 솟아 있었다. 피 개피 나도냉이 개소시랑개비 개발나물 등 키 작은 풀들은 습지 식물이다. 그 틈새로 감자난이 얼굴을 내밀기도 했다.

염습지. 사람이 자연을 다스리지 않자 서해의 밀물은 슬쩍 강을 역류해 새로운 질서를 만들어놓고 있었다. 아무렇게나 팽개쳐진 묵논들은 지금 한창 천이(遷移)가 진행되며 그렇게 변해가고 있었다. 인간의 간섭이 중단된 40년 빈 벌판들이 DMZ의 강을 따라 바다로 가고 있다. 마치 이데올로기의 갈등이 찢어놓은 동서 249.4km의 깊은 생채기를 자연의 복원력으로 아물리려는 것처럼……

DMZ는 벨트이다. 한반도 허리에 걸쳐 있는 폭 4km의 완충의 띠이다. 그러나 '완충지대'란 낭만적인 단어는 적절치 못한 표현이다. 애시당초 휴전선은 팽팽한 힘의 균형이 빚어놓은 선이다. 두 다리를 버티고 마주 밀고 일어선 씨름판의 두 역사(力士)처럼 힘의 균형이 정지된 상태이다. 흡사 휴전선은 '시작' 구령이 떨어지는 찰나에 씨름판의 모습을 닮은 균형의 형국이다.

DMZ를 구획하고 있는 남북방한계선의 철책선이 흘러가는 두 개의 평행 라인은 끊임없이 버티고 있는 힘의 균형을 극명하게 묘사하고 있다. 작은 시내를 마주보고 섰거나 깊은 계곡을 사이에 두고 능선에 웅크리고 있고, 때론 넓은 개활지를 한 발짝 뒤로 물러서 산기슭에 은폐하고 있는 것이다.

이 때문에 두 개의 평행 라인 속에 갇힌 벨트는 뱀처럼 기어간다.

금강산 남강을 거슬러 올라가다 인제 가전리 계곡으로 처박히는가 하면 펀치볼 북사면 서희령으로 치달았다가 다시 문등리 골짜기로, 북한강을 횡단 금성천을 끼고 돌다 철원평야로, 임진강으로, 한강 하구 볼음도 앞에서 서해로 빠져드는 것이다.

휴전선이 주저앉은 그 자리에 세월도 정지해 있다. 그 옛날 인삼포라던 벌판은 갯버들밭이 돼 널브러져 있다. 사대풀 들판 언저리 미루나무 대열은 칡덩굴을 뒤집어쓰고 있고 늦가을 색깔 바랜 햇살에 희끗희끗 이어질 듯 끊긴 선은 옛 금강산 가던 길이다.

화전민의 딸이 손톱에 물들이던 봉숭아일까? 두어 평 물러앉은 구들장 뒤켠 장독대로 짐작되는 돌더미 옆에 봉숭아가 피어 있었다. 8월 왕쑥대는 봉숭아의 키를 넘었고 그 그늘에 눌린 봉숭아는 묽은 꽃잎에 난쟁이로 화훼도감에도 없는 변종이 되어버렸다.

금강산 전철은 끊겼는데, 세월이 정지된 DMZ를 남대천은 유유히 흐르고 있다. 벌판 한가운데를 가로지른 한줄 선으로 저 길을 따라가면 70km 밖에 금강이 기다린다.

'흰 저고리 검정 치마/입고 싶어 입었나/소화(昭和)가 죽었다니/반 몽상(半夢喪) 입었네……'

난데없는 이 메나리 가락은 북한강가에 묻혀 있었다. 일제시대가 언제인데 잠자듯 DMZ 속에 묻혀 있던 것을 문득 고향을 그리던 한 촌로가 기억해 알려졌다. 아낙네들이 이 가락을 부르다 주재소 순사에 발각돼 치도곤을 맞았다는데 전대미문의 아녀자 집단 폭행 사건은 어느 독립운동사에도 기록돼 있지 않다.

그 정지된 40년을 강과 시내가 헤집고 흐르고 있다. 마치 견고하게 응고된 띠를 용해해내려는 듯 수십 수백 갈래의 물줄기가 DMZ를 흐르고 있다. 약속처럼 모든 강은 북에서 남으로 흐르고 있다. 그리고 다시 모여 스스로 DMZ가 되어 바다로 빠져들고 있다.

남강(南江)은 동해로 흐르는 유일한 DMZ 강이다. 끊긴 453호 지방도가 넘어가는 인제 장승리~고성 신탄리 사이 삼재령은 고작 해발 600m가 채 못 된다. 태백산맥을 잘록하게 동여맨 낮고 짧은 분수령이 거기 숨어 있다는 사실조차 새롭다. 남쪽으로 달려오던 남강은 바로 이 삼재령에 부딪혀 정동으로 90도나 휘어진다.

이제부터 DMZ이다. 신탄(新炭) 고매성(古味城) 사비(沙飛) 신대(新垈) 등 이미 잊어버린 마을들의 갯버들 벌판을 휘감다가 옛 고성에서 200리(77.3km) 장정을 마감한다.

DMZ 턱밑인 인제 서화 사람들조차 장승(長承) 서희구는 이제 생소한 지명이다. 금강산맥 이포(伊布)에서 발원한 소양강(昭陽江)이 달려오다 DMZ 안에서 성내천을 만나는 곳이 서희구다. 성내천의 발원지는 서희리(西希里)이다. 그러나 가칠봉 전투의 텃밭이 됐던 서희리는 흔적조차 찾을 수 없다. 북한강 첫 수계 소양강은 가전리(加田里)를 지나면서 DMZ를 완전히 횡단한다.

양구 수입천(水入川)은 청송령(靑松嶺)에서 발원해 문등(文登) 건솔(乾率) 고방산(古方山) 송현(松峴) 장평(長坪) 현리(縣里) 금악(金岳)을 돌아 파로호로 유입되는 34.8km의 하천이다. 수입천을 이야기하자면 일제 때도 전등불을 켰다는 문등리를 들어야 한다.

그러나 배암, 양지말 하심포 등 기름진 옛 이름들은 지금 DMZ에 묻혀 있다. '단장의 능선'은 6·25 전쟁이 붙여준 이름이다. 남북으로 이어진 회한의 이 능선 동편 깎아지른 계곡 속에도 DMZ를 관통하며 강하나가 숨어 있다. 드렛골을 돌아 건솔리에서 수입천과 만나는 지류여서 지명을 따 사태천(沙汰川) 사태리계곡 등으로 불리지만 사실은 최근 작명한 새 이름이다.

금강천(金剛川)은 금강산이 빚어놓은 강이지만 DMZ에서는 지척의 북녘 강이다. 분수지리(分水池里) 오천(烏川) 고방(古方) 인패(印佩) 천리(泉里) 대정(大井) 등 이 강이 관류하는 마을들은 아직도 양구군이 미수복 지구로 '유보' 해놓고 있는 친밀한 이름들이다.

김화군 임남면 동천(洞川), 금천리(綿川里)는 87년 '물폭탄의 악몽'이 회상되는 곳이다. 금강산댐은 지금 북한강 본류가 합류하는 그곳에 세워지고 있다. 휴전선에서 북쪽으로 10km쯤이다. 물론 '대응댐'인 평화의 댐은 이 물줄기를 가로막아 휴전선 남쪽에 세워졌다.

금성천(金城川)은 35km의 긴 강이어서 규모에서는 다르지만 비무장지대를 동류해 북한강에 합류하는 모양이 인제 성내천과 흡사하다. 김화 잠간덕산에서 발원해 원동을 지나면서부터 동서쪽으로 방향을 틀어 노동(蘆洞) 세현(細峴) 등대(登大) 등을 DMZ 속에 묻는다.

북한강 수계가 중동부 DMZ의 강이라면 한탄강은 중부를 관류하는 큰 강이다. 체천 량천(凉川) 한여울 섬내 등 수많은 별명을 달고 있는 이 강은 복잡한 유로를 만들며 평강고원 추가령열곡 철원평야를 넘나들다 임진강에 합류한다.

횡성산은 태백산맥의 기점이다. 이 산에서 발원한 한탄강은 평강고원 동북방을 동서로 관류하며 평강과 김화의 경계를 이루다 남서로 방향을 바꿔 정연리(亭淵里)에서 남대천을 만난다. 옛 철원 김화 평강 군계가 맞닿는 삼각 지점이다. DMZ에서 발원지인 신정리(新井里)까지 36km, 그 하류 임진강 유역 남계리까지 76km, 총 112km의 장정에는 기기묘묘한 유로만큼이나 수많은 사연을 담고 있다.

DMZ는 분단 비극이 빚어놓은 상징물이자 실체이다. 마치 유적처럼 주저앉은 DMZ를 증언하는 한탄강 지류는 많다. 부소천 남대천(南大川) 자등천(自等川) 문수천(文殊川) 속계천(續溪川)이 과거처럼 지금도 그 자리를 흐르고 있다.

서부의 강 임진강은 장장 254km를 흘러 한강에 합류하는 동안 두 번이나 DMZ를 만난다. 함남 마식령에서 발원, 고미탄천을 받아 연천 합수리(合水里)에서 한탄 거탄천(車灘川)을 만나고 연천 백학에서 DMZ를 지나온 사미천, 사천을 담아 파주 석곶리(石串里)에서 다시 DMZ를 만나 한강으로 유입된다.

여기부터 한강은 DMZ 구역으로 들어간다. 그리고 볼음도를 만난다. 중춘(仲春) 홍어잡이가 끝나면 볼음도는 동짓달까지 새우 민어가 활황이다. 그러나 지금은 꽃게잡이 너덧 가구가 옛 어장을 지키고 있다.

사람이 떠난 서쪽 애기석위가 가득 돋은 해변가엔 엉뚱하게 86년에도 87년 8월에도 고란초가 발견되어 화제가 됐었다.

모든 길은 금강산으로 통한다

 백건우 윤정희 부부의 DMZ 여행은 그 사실만으로도 뉴스가 됐다. 춘천 리사이틀이 있던 93년 11월 23일 두 사람은 리허설 도중 돌연 몇 시간 동안을 잠적해버렸다.

 아산 OP에 올라 있었다. 레일 걷힌 금강산 전철이 DMZ를 횡단해 남대천 상류를 거슬러 올라가는 동안 북한땅의 속살이 훤히 들여다보이는 중부 전선의 한 고지이다. 백건우 부부의 즉흥 여행은 지방순회 연주 도중 TV에도 자주 비춰질 만큼 잘 알려져 있다. 음화(音畵) 접목을 시도하듯 틈만 나면 그림과 조각을 찾아다니는 그의 파리 일상도 잘 알려진 사실이다.

 겨울 DMZ는 온통 갈색이다. 무성한 수풀이 힘을 잃자 비로소 옛 마을과 길과 묵은 논의 두렁과 돌담들이 미답의 유적지처럼 사람이 살다 간 흔적을 드러내고 있다. 거친 스크래치 기법의 갈색 바탕 가로그림이다. 완숙한 연주가는 이 야생의 풍광과 남다른 감성으로 마주쳤을 것이다. 섬세한 예술가의 돌연한 DMZ 방문은 이 때문에 신선한 의외의 사건이 됐다.

 그러나 백씨 부부는 77년 7월 29일 북한의 납치 표적이 됐던 악몽이 있다. 유고슬라비아까지 갔다가 탈출한 사건은 아직도 극적 생환으로 묘사되고 있다. 아이러니컬하게 26년 후 그들은 북한땅을 DMZ를 사이에 두고 바라보았다. 이데올로기의 상처를 입었던 사람들. 백씨 부부의 DMZ 방문은 금강산 가는 전철을 어떤 감회로 바라보았을까 하는 화제로 줄곧 이어졌다. 백씨 부부는 굳이 금강산 가는 길을 찾아가지는 않았을 것이다. 또한 그럴 필요조차 없었을 것이다. 거기에서는 어디든 금강산 가는 길과 맞닿아 있다. 이맘때쯤이면 언제나 DMZ는 감췄던 수많은 길들을 드러내놓는다. 동해에서 철원평야까지 북으로 이어지다 끊긴 모든 길은 금강산으로 통하고 있었던 것이다.

금강산은 동경 128도 2분~128도 13분 북위 38도 34분~38도 47분 사이의 약 400km의 면적으로 펼쳐진 한반도 동쪽으로 치우친 산이다. 개편된 북한 행정구역으로는 고성(高城) 금강(金剛) 창도(昌道) 회양(淮陽) 통천군(通川郡)에 걸쳐 있다.

북한은 59~79년 백두 오가(五佳) 묘향 구월 금강 칠보 자모산 일대 75,000 정보를 자연 보호지구로 지정하면서도 금강산 자연 보호지구는 7,670정보밖에 책정하지 않았다. 또 평남 맹산의 곰솔 등 15개의 식물 보호지구, 강원도 판교군 양암산(陽岩山) 등 15개의 동물 보호지구, 함북 선봉군(구 옹기군) 알섬 등 6개 해조류 번식 보호지구를 지정하면서도 금강산 일대는 제외했다. 명성에 비해 금강산은 담겨 있는 자연의 내용이 빈약하다는 얘기가 된다. 그보다 오히려 명승지 유적 천연기념물이 많은 이 산 일대를 관광 개발 때문에 타 용도를 유보했을 가능성이 높다. 이미 북한의 금강산 개발은 81년 12월 외금강의 동석동-세존봉-천선대-구룡연-만불상을 잇는 순환 등산로를 확장하는 것으로 시작해 대대적인 파헤치기 작업이 끝났거나 진행중이다. 북한의 이러한 금강산 개발은 이를테면 하늘이 준 복으로 치부하고 있는 셈이다. 반면 우리의 금강은 통일 염원과 망향 향수의 대상이다. 이 때문에 금강산은 늘 상징의 산이다. 북으로 가는 DMZ의 모든 길이 금강으로 통하는 이유는 이 같은 상징성 때문에 때론 과장되고 있다.

초구역(草邱驛)은 동해로 실개천이 진입하는 DMZ 속에 묻혀 있다. 지금은 이름만 남은 동해북부선 양양 기점 아홉번째 역이다. 향로봉에서 동해로 흘러오는 능선을 따라오다 왼편 마지막 낮은 봉우리에 통일전망대가 있다. 북쪽으로 산모퉁이를 돌면 강정(江汀) 감호, 다시 왼편을 돌아 구선봉(九仙峰)을 빠져나가면 남강철교가 고성읍에 걸쳐 있다. 그리고 금강이다. 삼일포, 외금강, 장전, 남애, 고저, 흡곡역을 따라 안변으로 통하는 것이다. 강릉-원산을 잇는 7번 국도도 고성 통일전망대 앞에서 끊겼다. DMZ 너머 국도는 동해북부선보다 동해에 더 인접해 달려가고 있다.

인제가 금강산 길목이었다는 기록은 없다. 1920년 인제-서화(瑞和)간 도로확장 공사가 이뤄지고 26년부터 육인승 승합차가 하루 한 번씩 운행됐었지만 금강산행은 아니었다. 그러나 서화는 진짜 금강산의 턱밑이고 내·외금강으로 가는 쌍갈래 길이 숨어 있다. 가전리는 소양강과 성내천이 합류하는 곳이다. 그리고 사람이 살지 않는 DMZ이다. 453번 지방도는 돈평, 서희구, 송노령, 철내동 등 이름만 남은 DMZ 마을 앞을 지나 노루매기에서 잘록하게 태백산맥을 묶은 삼재령을 넘어가 남강을 만난다. 금강에서 발원해 신금강을 휘감아 다시 금강산 앞바다로 들어가는 남강은 신탄 고매성 등 DMZ 마을들을 감싸고 있다. 453번 도로는 이 마을들을 들락날락하며 금강을 따라가다 동해안 초구를 만난다. 동해북부선과 7번 국도가 DMZ 속에 주저앉은 고성 초입이다.

강은 길을 낸다고 했다. 가전에서 소양강 상류를 따라가면 이포리이다. 행정구역상 서화면의 미수복지구이지만 북한은 금강군에 편입시켰다. 서화-이포간은 가전에서 끊겼다. 그러나 장승-이포간은 회양으로 가는 옛 지름길이다.

양구군 동면 월운리(月雲里)에서 도솔산 돌산령을 넘어가는 깎아지른 비탈길은 지금 포장이 돼 있다. 이 길을 '금강산 가는 길'이라고 우기는 촌로는 방향 감각의 오해로 착각하고 있는 것 같았다. 오히려 이 길은 해안분지(펀치볼)로 처박혔다가 분지를 횡단해 동남쪽 서화로 향하고 있었다. 그러나 펀치볼엔 금강의 한 봉우리가 있었다. 가칠봉이다. DMZ 넘어 '스탈린고지' '김일성고지'를 마주보고 선 1,242m의 봉우리다. 당겨놓은 고무줄처럼 조마조마한 이 고지의 긴장을 그럴듯한 설명이 이완시키고 있었다. "금강산 봉우리를 다 세어봐도 일만이천 봉에 몇 개가 빠지더랍니다. 가칠봉은 일곱번째로 채운 금강산 봉우리란 말이오."

월운리 촌로는 경상도 억양이 그대로 남아 있었다. 수복지구를 찾아온 이주 1세대였다. 그들은 금강산을 그런 방법으로 가까이 두고 있었다. 정작 월운리에서 금강산 가는 길은 곧장 북쪽으로 뚫려 있다. 태백-양구-내금강-신고산으로 이어지는 국도 31호선이다. 이 국도 가운데 양구-한전(閑田)-도사(都沙)-지석(支石)-비득고개-비아(比雅)-사태-청송령-상소신(上小岬, 회양군 내금강면)-말휘(末輝) 간 76km는 이미 38년도에 뚫렸다.

문등리에서는 형석광이 터졌다. 말휘는 금강산 전철이 통과하는 역이다. 말휘-상소신-마비령-백현-문등을 잇는 형석 수송로가 트였다. 이 바람에 양구-내금강 길은 비아-사태-상소신, 비아-문등-상소신 두 갈래 길이 생겼다. 애를 끊어낸 비운의 전선 '단장의 능선'은 사태 문등 사이에 남북으로 길게 엎드려 있다. 그리고 그 북쪽 금강산 길목은 행정구역도 바뀌었다. 구 양구군 수입면은 북한 행정구역도엔 없다. 문등 백현리는 창도군으로 편입됐다.

화천(華川)에서는 주파리(注坡里)가 늘 낯설다. 주파령 넘어 금성천변이 옛 김화군 원남면(遠南面) 땅이었고 수복 후에는 철원군에 편입된 마을이다. 그러나 그보다 더 낯선 까닭은 대부분 민통선 북방지역이 개방되면서도 주파리는 민간인이 살지 않아 DMZ와 민통선 사이의 또 하나 완충대가 되고 있기 때문이다.

금성천변 남둔리(南屯里) '휘청나무뜰'은 휘청나무가 많았을 것이다. 그 탓일까? 동막골 다릿골 거리실 등 주파리의 옛 마을 사람 없는 들판은 온통 휘청거리는 나무 들판이다.

후동(後洞)을 돌아나오면 금성천 본류이다. 그리고 세현리이다. 흰바위산 아래 광대골 내성동 외성동 댓골 등을 안고 있던 세현리는 빈 마을이다. 용인(龍仁) 이(李)씨 교하(交河) 노(盧)씨가 대성을 이루던 옛 금성 제일부촌은 전혀 길들여지지 않은 모습으로 나자빠져 있다.

금성천을 거슬러 북쪽으로 가다 능동을 휘돌아 왼편으로 돌아서면 금성이다. 죽동(竹洞) 벌판에는 지금 집채보다 큰 글씨의 난데없는 입간판이 옛 금강산 길을 가로막고 서 있다 '민족적 대화 장벽을 없애자' 철원 월정역(月井驛)에 주저앉은 '달리고 싶은 鐵馬'는 화통이 없다. 경원선을 달리던 마지막 북행 열차는 월정역에 꼬리를 잘라놓고 DMZ를 넘어가버렸다.

DMZ 넘어 가곡역은 불과 7km 거리이다. 평강고원은 가곡 평강을 담고 하늘과 맞닿아 있다. 경원선은 그 하늘 끝을 돌아 학계(鶴溪) 이목(利木) 검불랑(劍拂浪) 성산(城山) 삼방협(三防陜) 신고산(新高山) 석왕사(釋王寺) 용지원(龍池院) 남산(南山) 안변(安邊) 배화(培花) 갈마(葛麻)를 지나 원산에 이른다. 월정에서 111.7km의 거리이다. 북한은 가곡-원산간을 '강원선'으로 이름을 바꿔놓았다. 이 철도가 철원 사람들에게 아직도 금강산 길로 남아 있는 것은 동해북부선을 안변(安邊)에서 만나기 때문이다. 철원이 외금강의 철도 관문 노릇을 한 셈이다.

한국전쟁의 전흔을 꼽으라면 그건 DMZ 자체만으로 충분하다. 그러나 DMZ 유적은 단연 금강산 전기 철도이다. 휴전선을 따라 동쪽으로 이어지다 김화역을 마지막으로 DMZ를 건너가기까지 무수한 금강산 전설을 노변에 묻어두고 있다. 구 평강군 남면 정연리에는 부서진 철교 녹슨 빔이 '끊어진 철길, 금강산까지 90km'란 안내판을 달고 있다. DMZ에 묻힌 간이역 유곡역으로 가던 철길이다. 언덕 위 육각형 흰 기둥이 받치고 선 현대판 누각은 칙칙한 주변 풍광과 밸런스가 맞지 않았다.

DMZ를 횡단하는 남대천변엔 삼광역이 묻혀 있다. 하소(消所) 행정(杏亭)으로 이어지는 남대천 벌판에 곧바로 그어진 금은 레일이 걷힌 전철로의 흔적이다. 북한 땅 하소리 집단 농장 뒤편 아심리(牙沈里)는 엉뚱한 '금강산 일화'가 만들어져 DMZ에 유행하고 있었다. "아침리에서 조반을 먹고 출발하면 하루 해 안에 금강산 관광을 하고 돌아올 수 있었답니다." 그러나 금강산 전철 28개 역 가운데 아침역은 없다.

금강산 전철

　정부가 밝힌 금강산전철 복원계획 구간은 구철원-금곡간 24.5m이다.
서요-동철원-동숭-양자-이길-정연-유곡 등 본역 3개 역, 간이역 4개
역이 이 구간 속에 포함된다. 김화 광삼 하소역은 DMZ에 있거나 인접해
있는 역이다. 항정 백양 금성 경파 화감 남창도 창도 기성 현리 화파 화계
오량 단발령 병무 내금강역은 북한땅이다.결국 전 구간 111.6m가운데
87.1km는 유보되는 셈이다.
　남북이 공동으로 이 계획에 깊은 관심을 갖고 있다 하더라도 북한 자
력으로 북한 전 구간을 복원하기는 현실적으로 어렵다는 전문가들의 지
적이다.
　이미 내금강-창도 구간 51.6km가 44년 10월 대동아전쟁의 군수물자
조달용으로 레일을 걷어내 폐쇄 기간이 50여 년에 이르고 있다.특히 이
구간은 화계에서 해발 1천m의 단발령까지 스위치 백 시설을 하는 등 고
도의 토목 및 철도 부설 기술이 도입됐었다.철춘(鐵春)철도주식회사가 이
철도를 부설한 목적은 창도의 풍부한 철을 철원을 경유 경원선을 통해 흥
남제련소로 수송하던 단순한 운송 수단용. 철원-창도 구간은 1921년도에
착수, 1926년에 완공, 1931년까지 기차를 운행했다. 그러나 1926년부
터 1931년까지 철도를 내금강까지 연장 부설하면서 그해 7월 1일부터
전 구간을 철도화했다. 당시 동력 공급처는 금강산 수력발전소. 북한강 상
류를 막아 통천 방면으로 역류시키는 유역변경식 발전 시스템으로
13,000kW의 전력을 생산했다. 창도군 임남리에 건설중인 금강산댐은 이
아이디어를 원용했는지 모른다. 이 철도는 36년도부터 금강산전기철도주
식회사가 운영하다 42년 1월 1일자 경성전기주식회사가 인수했으며 45
년 8월 15일 이후는 북한이 운영했다. 그러나 여객 · 화물 수요처인 서울
과 단절됨으로써 전철 이용은 미비했던 것으로 알려지고 있다. 37년도 기
준 여객 153.92명, 수화물 16.420매, 하물 10,423을 수송한 기록이 있
다. 당시 운행 횟수는 1일 8회, 요금은 7원50전(쌀 1가마 값).

지금은 신(新)종자 식민시대

생물 다양성 보존지구로 지정하자

DMZ는 환상이 아니다. 신문에 났던 대로 수십만 년 전 거대한 별똥이 떨어져 생겼다는 분지는 거기 없다. 야생마떼가 깃을 세우고 질주하지도 않는다.

12월 중순쯤이면 고성 남강을 거슬러오르는 연어떼를 몽둥이로 때려잡는다는 말도 믿을 수 없다. 대부분 철책 근무 병사들의 과장된 무용담이 만들어낸 그럴듯한 상상들이다. '반세기 동안 인적이 닿지 않았다'는 사실만으로도 DMZ는 그럴듯한 미확인 사실들을 무수히 생산해내고 있는 것이다. DMZ에 관한 연구 보고서, 심지어 신문 기사마저 어찌 그런 상상과 가능성에 구미를 맞춘 것 일색이었을까? DMZ 학

개느삼은 세계에서 단 세 곳에만 서식하는데 그 중 한 곳이 양구이다. 5~6월이면 노란 꽃을 피운다.

술조사는 4,5회나 진행됐다. 그러나 DMZ는 베일을 벗지 않았다.

　85년 7월 강원대 '민북(民北)지역 학술조사단' 은 고성 건봉령을 넘어 고진동 계곡으로 진입했다. 남강의 작은 지류가 시작되는 곳이다. 고지는 막 첫 장마를 치른 뒷자리였다. 그곳은 살점이 떨어져나간 속살을 다 드러내놓은 것처럼 벌거벗고 있었다. 비비추 한 포기가 연자색 꽃을 피우고 있었다. 흔해빠진 들꽃이다. 황토를 딛고 외롭게 서 있는 모습이 오히려 고결해 보였다.

　학자들이 낸 고진동 계곡의 DMZ 생태계 보고서는 '미답지의 첫 조사' 따위의 수식이 유난히 많았다. 식물 도감처럼 수십 종의 풀, 나무 이름을 열거했을 뿐 내용은 빈약했다. 학자들은 금강산 유점사 부근에 많이 자생하고 있는 금강초롱이 금강산과 남강을 사이에 두고 있는 건봉령에서도 발견되길 기대했을 것이다. 그러나 1911년 일본인 나카이가 금강산에서 채집한 그 꽃은 보고서에 없었다. 비비추가 무슨 희귀 식물인 양 사진으로 박혀 나왔다. 상상과 선입견을 앞세운 DMZ 학술조사는 '빈약한 자연'에 실망을 하고 돌아올 때가 많다. 고지는 함부로 담배꽁초조차 버릴 곳이 없다. DMZ 전 철책 주변은 티끌 하나 날리지 않을 만큼 잘 정돈돼 있기 때문이다. 주둔지의 청결이 군기와 긴장의 상징이 되고 있었다.

지리산 노고단이나 설악산 대청봉은 도로가 없다. 그러나 이동로와 보급로를 확보해야 하는 전선의 생리는 향로봉 가칠봉 대성산은 물론 모든 전방 봉우리에 도로를 끌어올렸다. 사주를 경계하는 초병에게 숲은 장애물이다. 전선에서 사계(射界)를 확보하기 위해 '장애물'을 제거하는 일은 이의가 있을 수 없다. '때묻지 않은 자연' '천연의 계곡' 등은 DMZ 정서에 맞지 않는다.

양구군 해안면은 '펀치볼'이란 지명이 더 친숙한 곳이다. 한때 세계에서 가장 큰 운석 분지로 알려져 세상을 놀라게 했던 펀치볼은 해안면(亥安面) 하나를 고스란히 직경 8km, 면적 59.6km²의 분지 속에 묻고 있다. 그리고 전역이 민간인 통제선 북방에 들어 있는 유일한 민북면(民北面)이다. 93년 12월 현재 해안면의 인구는 남자 922명, 여자 880명 총 1,802명으로 집계됐다. 직업별 인구 구성은 농업 1,553명, 상업 125명, 공무원 82명, 노동 등 기타 42명. 인구 밀도는 30.2명이다. 그러나 펀치볼의 실질 인구 밀도는 이보다 훨씬 높다. 인구 통계는 거주지 주민등록상의 숫자이다. 펀치볼의 인구는 DMZ 병사들이 포함돼 있지 않다. DMZ가 흐르고 있는 주변에는 사실상 통계에 잡히지 않는 높은 인구 밀도가 형성돼 있는 것이다. 휴전선 부근으로 병력을 전진 배치하고 있는 북방한계선 쪽은 더 높은 인구 밀도가 형성돼 있을 것이다.

고밀도의 상주 인구를 염두에 두지 않은 DMZ 자연은 이 때문에 환상일 때가 많다.

DMZ 너머 북쪽의 '버짐 먹은 산'은 낯설지 않은 풍경이다. 북한 병사들의 식량 자급 방법은 어지간한 구릉지나 골짜기면 어김없이 농장을 만들어놓았다. 군수품의 현지 조달. 그것은 자연의 이용밖에는 방법이 없다. DMZ의 자연은 반 세기 동안 그런 방법으로 이용돼왔다. 북쪽의 산이 더 볼품 없는 것은 자연을 유린하는 데 적극적인 방법들이 동원됐기 때문일 것이다.

DMZ 일대의 자연 생태계 조사는 지난 66~68년 한국 자연보존연구회(현 한국 자연보존협회)가 미국의 스미소니언 연구소와 공동으로 실시한 DMZ 인접 종합학술조사가 효시이다. 이어 74년 문공부 지원으로 재조사를 착수해 첫 보고서가 발간됐다. 73~74년에는 중앙대 생물조사단이 향로봉 대암산 대성산 백암산 일대를 답사했다. 강원대학이 강원도 지역 182km를 답사한 것은 10여 년 후인 85년 7월. 87년 6월에는 자연보호 중앙협의회가 3개 분야 17개 반으로 조사단을 편성, 민통선 북방지역 자원조사를 실시했다.

그러나 수차례 조사는 선언적 의미가 더 컸다. 빈약한 자연 답사 소감을 조규송 교수(전 강원대 대학원장, 생물학)가 털어놓았다.

"파괴된 자연을 확인했을 뿐입니다. 간혹 군 작전권 밖에 오랫동안 인간의 간섭을 받지 않은 곳도 있었으나 민북 개발 등의 파괴 위협을 받기는 마찬가지입니다."

DMZ 학술 조사에 참여했던 학자들은 대부분 이 같은 비슷한 소감을 갖고 있다. 학자들은 DMZ 학술 조사를 '로드 서치'라고 부르고 있다. 도로를 따라가거나 경비병의 안내를 받으며 일렬 종대로 걸어가면

서 곤충반은 채포망을 휘두르고 식물반은 길섶의 풀을 채집했다. 이 우스꽝스런 답사밖에는 뾰족한 방법이 없는 DMZ식 조사를 놓고 그들은 그렇게 불렀다. 이와 같이 극도로 제한된 조사 방법 때문에 DMZ는 기대만큼 자연 생태계가 밝혀지지 못했을 것이다.

그러나 최근 DMZ는 또다른 유혹으로 학자들을 부르고 있다. 냉전 종식 후에 맞는 돌풍은 바로 생물자원 전쟁이다. 이미 UR 협상을 통해 빈자원국들은 소태보다 쓴 생물 자원의 생리를 맛보고 있다. 생물자원 전쟁은 이미 예고된 수순을 거쳤다. 92년 6월 리우 환경회의에서 체결된 생물 다양성 협약이 그 실례이다. 미국의 국립 암연구소가 연간 25개국에서 4,500종의 약초를 들여와 제약 회사와 공급 계약을 맺고 재배하고 있다는 사실은 새로운 게 아니다. 또 제약 회사 직원들이 의사들과 함께 지구 구석구석을 누비며 약이 될 만한 식물을 찾고 있다는 사실도 이미 구문이다.

생각이 앞서가던 이들 국가들의 생물자원 수집 방법을 답습하기엔 이미 때가 늦었다. 모든 나라가 자국의 생물자원을 보호하기 위해 문을 꼭꼭 잠그고 있을 뿐더러 우리도 자원보호에 나서는 이 같은 노력에 협력하겠다고 이미 리우에서 서명까지 해놓았다.

우리의 생물자원은 없는 것일까?

문득 일부 학자들은 민통선 북방 지역 길가에 매달려 있는 빨간 역삼각형의 지뢰 표지판을 생각했는지 모른다. 가시처럼 돋힌 지뢰의 뇌관을 발견하듯 DMZ 길가의 지뢰 표지판은 방문자의 가슴을 찌르게 마련이다. 그러나 그곳에 갇힌 자연은 마음껏 자유를 구가하며 DMZ의 일부를 구성하고 있다. 철책 너머의 한정된 공간도 이제까지는 생태학자에게조차 '관광'의 대상이 됐었다. 지뢰 표지판 너머의 자연, 철책 너머의 자연은 사실 군인에게조차 공개되지 않았다. 4km의 거리를 두고 달리는 2개의 선은 자신의 견고함을 과시하듯 철저하게 자연을 유린하면서도 한편으로는 범접할 수 없는 자연을 숨겨놓고 있었던 셈이다. 이것이 DMZ의 두 얼굴이다.

DMZ를 생물자원의 연구 대상지로 만들자는 구체적인 제안은 엉뚱하게 재미 곤충학자가 주창했다. 91년 9월 30일 강원대에서 열린 '제2회 국제 곤충 심포지움'에는 미국 생물 다양성 연구센터 소장인 김계중(金啓中, 59, 펜실베니아 주립대) 박사가 참가했다. 그는 경제학자들의 진단을 인용, "미래의 가장 경제성 있는 자원은 생물자원"이라고 역설했다. 그 자원의 보고인 DMZ를 '생물 다양성 보존지구(Biodiversity Zone)'로 지정해 한국의 미래를 찾자고 주장했다. "DMZ의 생물 다양성 데이터는 세계적인 자료가 될 것"이라며 젊은 학자들의 분발을 촉구하기도 했다.

DMZ를 막연하게 반 세기 가까이 인간의 간섭이 없었던 땅으로 보는 것은 무리가 있다. DMZ는 전선이기 때문이다. 53년 7월 27일 오후 10시를 기해 한반도 전 전선에 총성이 멎었다. 그리고 대치선에서 피아간 2km를 물러섰다. 그 공간이 DMZ이다.

동해안 월비산에서 임진강에 이르기까지 DMZ의 긴 띠는 수없이 주인이 바뀌었던 점이지대이다. 말 그대로 초토화됐던 지역이다. 남대천변의 갯버들 벌판이나 '단장의 능선'에 펼쳐진 상수리나무 군락은 사실 전장(戰場) 생태계의 단면이다.

'오십년대의 재래식 전쟁터에 인간 간섭을 막았다면 어떤 변화가 일어날까'에 대한 해답이 거기에 있다. 또는 '오십년대 한반도 허리를 횡단하는 기다란 띠 속에 서식하던 동식물의 종은 어떤 것이었을까'

하는 해답이 DMZ 속에 묻혀 있다. 산업화 속에 하찮게 취급하던 우리의 종(種), 우리의 풀이 국지적으로 보존되고 있는 것이다.

이젠 환상에서 돌아온 학자들이 DMZ에 깊은 애정으로 다가서야 할 때인 것이다.

종자 식민시대

전선의 군인이 환각제에 오염돼 있다는 것은 상상조차 할 수 없는 일이다. 그러나 최근의 한 통계는 군인도 '그것'이 가능하다는 사실을 증명하고 말았다.

국방부는 지난 80년부터 10년간 현역병 620명, 방위병 230명 등 사병 850명을 대상으로 마약 유입 실태를 조사한 일이 있다. 이 조사에서 현역병 123명, 방위병 40명 등 163명이 대마초를 피우거나 본드 부탄가스를 흡입한 경험이 있는 것으로 나타났다. 사병 19%가 환각제 경험을 했다는 결론이다.

사회적으로 대마초나 히로뽕 등 마약류와 본드 등 향정신성 의약품 사용자는 90년대 들어 급증했다. 연령층도 낮아졌다. 그렇다면 약물 복용 경험이 있는 젊은이들의 입대 비율은 말할 것도 없이 더 높아졌을 것이다.

현역병이 마약류를 경험하고 있는지에 대해서는 아직 알려진 것이 없다. 군인이 마약류에 접촉한다는 것은 군의 규율을 전면 부정하는 것이나 다름없다. 그러나 DMZ 일대가 아주 쉽게 환각의 유혹에 노출돼 있다는 사실을 부인할 수는 없다.

어린 시절 우리는 바닷속처럼 짙푸른 삼(大麻)밭이나 밭둑, 담장가에 홀로 자라는 삼을 보며 자랐다. 이미 50여 년 전 사람은 떠났으나 아직도 그 밭둑이나 담장 언저리에서 대마가 야생에 동화돼 살아가고 있다는 사실을 유념해야 한다.

그 은근한 호기심을 자극하던 그 풀이 '바로 이거였구나.' 풀이름 서너 가지도 채 알지 못하는 도시의 젊은이들이 군 생활 중 야생 대마초를 처음 보았다고 고백하는 경우는 많다.

미국자리공 파동 때 한 학자는 "모두 뽑아내 절종시켜야 한다"고 엉뚱한 아이디어를 낸 적이 있다. 그렇다면 군 주둔 지역의 대마를 모조리 뽑아 없애야 한다는 주장도 나올 법하다. 그러나 반 세기 동안 자기 혼자 사는 법을 터득한 대마를 뽑아 치우는 정도로 절종시킨다는 발상은 자연을 너무 얕보는 행위이다. 그는 추위와 더위, 병해충, 다른 종족의 간섭을 이겨내고 혼자 사는 방법을 터득했다.

대마는 삼베 어망 포대 밧줄의 원료이다. 근성의 DMZ 대마는 엄격한 통제 속에 재배되는 삼척 정선의 대마보다 월등한 품질을 보장할는지 모른다. 재배 대마의 낮은 생산성이나 냉해 병해충의 취약성 때문에 품종 개량의 필요성이 제기됐다고 하자. DMZ 대마는 훌륭한 육종 대상이 되는 셈이다. 혹시 재배 대마가 토종이 아니라면 DMZ 일대에서 토종이 거의 확실한 50년 전 대마를 쉽게 구할 수 있는 셈이다.

'병사와 대마초'란 델리킷한 연상 작용이 급기야 'DMZ의 생물 다양성 보존' 문제로까지 발전시킨 것이다. "대마초를 뽑아 불살라버려야 한다"고 분개하던 DMZ 지휘관들은 이제 생각을 바꿔야 할 것이다. 유전자원 고갈을 한탄하던 학자들이 지금 DMZ의 다양한 생물상에 무릎을 치고 있기 때문이다.

세계는 지금 종자(種子)전쟁중이다. 종자자원 확보를 위한 선진국들 사이의 종자대전(種子大戰)이 보이지 않게 치러지면서 약소국들은 새로운 종자 식민시대를 맞고 있다.

리우 환경회의의 '생물 다양성 협약(Convention on Biological Diversity)'은 어느 한 국가가 갖고 있는 생물 유전 자원의 보유 권리를 인정한다는 내용이 골자이다. 그러나 이 협약이 발효되기 전에 미국 일본 캐나다 프랑스 등 선진국들은 이미 세계 각국의 동식물 자원을 확보, 독점하는 경쟁을 치열하게 치렀다.

동식물은 차세대의 식량과 약품자원이다. 생명공학 산업의 발달은 이미 이들 자원이 천연자원과 원유자원을 능가하고 있음을 밝혀놓고 있다. 씨앗이 당장에 경제 무기로 둔갑해버린 것이다. 품종 하나를 개량하거나 의약품 하나를 개발하자면 이젠 엄청난 로열티를 물고 나뭇잎이나 뿌리, 씨앗을 사와야 할 판이다. 우리 것으로 쓰면 되지 않느냐고 할 테지만 우리나라는 생각만큼 유전자원 부국이 아니다. 그나마 토종(土種)도 없다.

천연기념물이니 특산종이니 하는 것들은 대개 1945년 이전 일본인 학자들이 조사해 만들어놓은 것들이다. 사실 그들은 이미 그때 동식물 자원을 수탈하고 있었다. 그 뒷자리를 전쟁이 휩쓸었고 유전자원에 대한 인식이 부족한 정부는 양적 생산 위주의 영농 정책을 꾸준히 밀어붙여왔다. 학자들은 "그 동안 삼만 종의 토종이 멸종됐거나 사라져가고 있다"고 주장하고 있다. 잃어버린 우리의 토종 상당수가 지금 미국이나 일본의 시험포에서 자라고 있다. 우리도 종자 식민국이 돼버린 것이다.

산기슭이나 밭둑에 흔해빠졌던 개복숭아 개살구는 요즘 눈을 씻고 찾아봐도 없다. 그러나 검정 버짐을 뒤집어쓴 듯한 이 볼품없는 과일을 DMZ 병사들은 자주 만날 수 있다. "칡덩굴이 거대한 포장처럼 뒤덮인 나무 밑으로 들어갔더니 난데없이 익을 대로 익은 자두가 새빨갛게 떨어져 있었고, 놀랍게도 거긴 옛날 어떤 농가의 바깥 마당이었다"는 등의 얘기는 병사들이 꾸며낸 DMZ 무용담이 아니다. 키를 넘는 쑥대밭 속에 갓난아이 얼굴만한 꽃을 피운 '난쟁이 해바라기'나 장독대였던 듯 옹기 부스러기 몇 개가 흩어져 있는 돌 틈새에 두어 송이 꽃을 피운 핏기 없는 봉숭아도 감상적으로 꾸며낸 이야기가 아니다. 분명 거긴 사람이 살다 떠난 자리이다.

강원도 양구는 식물 분포구계상 남쪽 식물과 북쪽 식물이 서로 만나는 특징이 있는 흥미로운 지방이다. 이 때문인지 유난히 예부터 특산물이 많았다. 파로호변의 상무룡리는 육지면(陸地棉)의 최적지로 알려졌던 곳. 면화 수확기에는 암매상까지 몰려와 한 달 이상이나 성시를 이뤘다는 기록도 있다.

구 수입면 문등리, 방산면 건솔리는 조선시대부터 인삼 재배로 유명했던 곳이다. 방산면 장평리의 삼포동(蔘圃洞)이나 문등리의 상삼포(上蔘圃), 하삼포(下蔘圃)는 삼밭에서 유래한 지명이다. 일제 때는 대맥 우량 품종을 보급하기 위해 영월 육각종(寧越 六角種) 채종포를 만들기도 했다. '양구콩' 금강태(金剛太)는 품질이 우수하고 다수확성이어서 일제는 공출한 콩을 입선(粒選)해 일본으로 가져가기도 했다.(금강태는 현재 일본에서 재배되고 있다.) 물론 금강태 채종포도 만들어져 종자를 보급했다.

6·25 전까지 이 지방에서 재배하던 벼 품종은 육우 137호(중생종)와 육우 132호이다. 이 다수확 벼가 보급되기 전에는 전 지역에서 노인

도(老人稻)를 심었다. 서리가 일찍 내렸다 하면 이 만생종 벼농사는 패농하기 일쑤였다. 그러나 미질이 좋아 '양구 모래 한 말과 춘천 쌀 한 말을 안 바꾼다'는 말은 이 벼가 만들어냈고 일본 황궁에도 보냈다는 기록이 있다.

개복숭아나무가 서 있는 밭둑 언저리에서 콩 한 포기가 발견됐다면 그건 십중팔구 금강태일 것이다. DMZ가 밟고 지나가는 문등리와 지뢰지대의 건솔리 일대에는 그 옛날 인삼밭에서 날아온 씨앗들이 드넓은 장뇌밭을 이루고 있는 것은 아닐까? 그 속에 우리의 토종들이 들풀 속에 묻혀 살아가고 있는 것은 아닐까?

이론상 일년생인 벼나 콩이 대를 이으며 수십 년씩 목숨을 부지한다는 것은 불가능하다. 그러나 유전적 변이를 거쳐 혼자 살아가는 방법을 터득해 지금도 들풀처럼 살아가고 있을 콩 조 팥 밀 보리나 마치 궁노루처럼 변해버린 검정염소, 들개가 돼버린 발바리, 심지어 야생 고양이, 야생 집토끼, 야생 닭 등을 상상한다는 것은 어렵지 않다.

그런 상상을 현실화하듯 최근 인제 서화의 한 산간 묵논에서 벼를 훑어온 사건이 발생했다. 인제군 서화면 심적리(深積里)에는 사람이 살지 않는다. 1914년 다릿골 신촌 평촌 장바우를 병합, 한 행정구역을 만들었으나 6·25로 폐촌된 민통선 북방이자 철책선과 붙어 있는 마을이다. 서화리 전동진(66)씨가 우연히 이 마을을 찾아갔다가 잡초로 뒤덮인 묵논에서 자라는 벼포기를 발견했다. 그는 여문 벼 서 말 정도를 훑어왔다. 사오 년쯤 전의 늦은 가을이었다. 전씨는 원래 양양 갈천 사람이다. 서화가 수복되면서 이사를 온 농사밖에 모르는 사람이다. 그에게 씨앗은 아직 소중한 재산이다. 그는 그 신기한 벼를 부대에 담아 곳간 서까래에 매달아놓고 있다. 갈천에서 가져온 청찰(파란 좁쌀) 차조

질금콩 등과 함께 그 벼는 최초의 'DMZ 볍씨'로 대접을 받고 있는 것이다.

그 벼가 희망처럼 수십 년 묵논에서 자생해왔는지는 알 수 없다. 오히려 민통선 북방지역을 출입 영농하는 어떤 이가 흩어뿌림 방법으로 벼농사를 짓다가 어느 해 수확을 안 하자 혼자 겨울을 나고 그 이듬해 다시 싹을 틔운 'DMZ 2대'일 가능성이 더 크다. 어쨌든 서화에서 출현한 자생벼 사건은 DMZ 일대에 수많은 우리의 토종이 살아가고 있을 것이란 상상을 현실에 한 발짝 더 접근시키는 계기가 됐다.

'농사꾼은 죽을 때도 씨앗 자루를 베고 눕는다'는 말이 있다. 그러나 하루 아침에 텃밭이 전장(戰場)이 된 마당에 씨앗 자루를 메고 피난을 떠났을 사람은 드물다. 팽개친 씨앗 자루, 우리의 토종들이 그곳 DMZ에 남아 있기를 간절히 기대해보는 것이다. 이데올로기의 산물, 냉전의 산물인 DMZ가 엉뚱하게 우리의 생명공학 산업의 텃밭이 될지도 모른다.

장수하늘소를 찾아서

이외수의 중편 「장수하늘소」에서는 이 곤충이 환상의 벌레로 묘사됐다. 그 작품에서 장수하늘소는 이 땅에 없는 생물이다. 투명체 모형 피라밋 속에 들어 있던 '잃어버린 장수하늘소'가 요란한 날갯짓 소리로 떠올라 하늘 저편을 향해 날아가는 금빛 찬란한 모습을 그리며 이외수의 「장수하늘소」는 끝난다.

장수하늘소는 사실상 환상의 곤충이 돼버리고 말았다. 기록에는

DMZ는 새들의 낙원이다. 사람이 접근할 수 없는 지뢰밭에서 꿩떼가 한가롭게 모이를 쪼고 있다.

1939년 당시 춘천 중학생이던 박시동이 처음 발견해 학계에 알려졌다고 돼 있다. 그 후 서울 북한산에서 2마리, 춘천군 북산면 추전리에서 4마리가 채집됐다. 50년대 일이다.(경기도 소리봉, 강원도 소금강에서 채집된 예가 있는 것으로 기록된 보고서도 있다.)

장수하늘소는 천연기념물 218호이다. 그러나 그 희소성 때문에 춘천군 추전리는 '장수하늘소 발생지' 라는 사실 하나만으로 천연기념물 제75호로 지정됐었다. 그러나 지금 그 천연기념물 제75호는 소양호에 잠겨 있다. 하늘소 무리 중 크고 억센 턱을 자랑해 '장수' 칭호를 받은 문제의 하늘소도 더이상 나타나지 않았다. 이 때문에 73년 발생지로 지정됐던 천연기념물 제75호는 해제됐다. 장수하늘소도 잊어버린 곤충이 됐다.

사라져버린 장수하늘소가 DMZ에 살고 있다는 가설을 낸 것은 곤충학자들이었다. DMZ 부근의 자연 파괴를 가장 신랄하게 들춰내던 생태학자들이 그 환상의 곤충이 서식한다고 주장한 것은 의외였다. 그러나 그들은 금강산 어귀에서 무섭도록 짙푸른 서어나무숲을 발견한 것이다.

자작나무과의 낙엽교목인 이 나무를 가까이서 보면 울퉁불퉁 근육이 튀어나온 암회색 피부에 감탄하게 된다. 쓰다듬어보고 싶을 만큼 잘 단련된 서어나무 줄기는 바로 장수하늘소 유충이 살고 있는 애기보 같은 곳이다. 장수하늘소는 서어나무의 근육 속에서 유년기를 보낸 후 직경 1cm가량의 구멍을 내고 빠져나와 신갈나무로 옮겨간다. 신갈나무의 혹부리는 성충이 수액을 빨아먹고 살기에 안성맞춤인 것이다.

85년 7월 강원대 박규택 교수(곤충 분류학)는 고성 고진동 계곡에서 서어나무 대 군락지를 발견했다. 신갈나무와 함께 키재기를 하듯 늘어선 서어나무숲은 향로봉 북사면을 따라 짙푸르게 전개되고 있었다. 그러나 서어나무 고목에 뚫려 있을 장수하늘소 유충의 탈출구를 찾는 데는 실패했다. 역삼각형의 빨간 지뢰표지판이 매달린 철조망 너머의 관찰은 언제나 실패로 끝나게 마련이다. 더구나 오묘한 곤충 세계의 얼개를 찾는 일이 '로드 서치'에 불과한 이런 학술 조사로 불가능하다는 것은 당연하다. 그러나 곤충학자들은 적어도 금강산 남강 유역에 이 '환상의 곤충'이 서식할 가능성을 간직하고 돌아왔다.

"서어나무 숲속에 장수하늘소가 있다기에……"

곤충학자들의 주장은 호기심 많은 사람들을 여럿 실망시켰다. DMZ의 고진동 계곡은 함부로 갈 수가 없다. 그러나 서어나무 군락지는 인제 진동리(鎭東里)에도 있다. 우리나라 최대의 천연 활엽수림지인 원시림 마을이다. 온통 천연림으로 뒤덮인 진동리 강성동은 이미 반 세기 훨씬 이전에 민가가 사라진 골짜기이다. 서어나무숲은 점봉산 남사면을 타고 내려와 이 골짜기를 가득 메우고 있다.

진동분교는 전교생이 고작 6명이다. 이 가운데 3명이 구(舊)이장 최영엽(52)씨의 아들이다. 최씨의 아들들에겐 장수하늘소가 아주 흔해 빠진 곤충인 듯했다.

"개미귀신 반딧불 쇠똥구리 장수하늘소를 얼마든지 잡아올 수 있어요."

그러나 사흘 만에 다시 만난 원시림 아이들은 사슴벌레 한 마리를 손바닥에 받쳐들고 있었다. 두 팔을 뻗듯 전방을 향해 움직이는 긴 이빨의 위엄은 동심에게 곤충나라의 장수처럼 강렬한 인상이었을 것이다.

결국 장수하늘소는 찾지 못했다. 그러나 이 계곡을 연구한 학자들은 천연림 속에 얽혀 사는 종의 다양성에 대한 잠재의식을 간직하고 돌아왔다.

이 거칠고 세련되지 않은 진동리 풍광이 DMZ 일대에서는 낯설지 않다. 양구 비아리 건솔리 고방산리, 김화 주파리 광삼리는 원시림 마을 진동리를 너무 닮아 있다. 이 닮은꼴 풍경이 동서 250km에 걸쳐 펼쳐져 있는 것이다. 이 때문에 DMZ 일대에 다양한 동물이 서식하고 있을 것이란 잠재의식은 지워지지 않고 있다.

사실 동물과 얽힌 DMZ의 불가사의는 많다. 지난해 12월 14일 오후 4시 화천의 육군 이기자부대 공병대대에서는 기이한 독수리 사건이 일어났다. 연병장 미루나무에 날아와 앉은 거대한 독수리 한 마리는 웬일인지 맹조의 위엄이 없었다.

급기야 하늘의 왕자는 검은 색깔의 빨래처럼 늘어지더니 땅바닥으로 추락해버렸다. 이 어이없는 실수에는 초병도 넋을 잃고 말았다. 사흘 뒤인 17일 오후 3시 30분 3km쯤 떨어진 육군 용호부대 대대 연병장에 또 한 마리의 독수리가 출현했다. 비상력이 탁월한 이 동물은 원래 잘 걷지를 못한다. 그런데도 그는 걷고 있었다. 백주에 연병장 한가운데를 술 취한 듯 뒤뚱뒤뚱 걷고 있었다. 전혀 품위에 걸맞지 않는 행동거지였다. 그러다 달려간 병사의 포옹에 순순히 몸을 맡겨버렸다.(강원도 산림환경 연구원에 '입원' 했던 두 마리의 독수리는 그 후 철마가 주저앉은 철원 월정리에서 자연으로 되돌아갔다.)

임시 주치의가 됐던 수의사들은 이들이 극도의 영양실조로 탈진해 있었다고 진단했다. 아무르 강의 혹독한 추위를 피해 남하했던 이들에게 따뜻한 남쪽나라는 먹을 것이 없었던 것이다. 썩은 동물이나 새의 시체를 즐겨 찾아먹는 이들에게 DMZ 부근의 환경은 극도로 악화돼 있었는지 모른다. 그러나 주민들의 진단은 달랐다. 독극물을 먹고 죽은 꿩 따위를 주워먹고 2차 감염됐거나 적당히 마취만 되게 만든 신종 밀렵용 독극물을 먹고 취해 있었을 것이라고 주장했다. 그래서 '겁없이' 부대 연병장에서 활보했다는 것이다. 어쨌든 독수리의 출현은 우리나라에서 12년 만의 사건이다. 사상 첫 독수리 방사를 최북단 철도 단절 지점에서 했다는 사실도 상징성을 띤 DMZ의 이색 뉴스이다.

단장의 능선. 음산한 이 고지의 겨울철에 자유를 구가하고 있는 것은 단연 까마귀떼이다. 중동부 전선의 겨울은 온통 까마귀밭이다. 한때 까마귀가 정력제로 둔갑해 고가로 밀매될 때가 있었다. 중동부 전선의 험준한 전선 근무를 긍지 높은 추억으로 간직하고 있는 사람들은 그 지긋지긋한 까마귀떼를 떠올리고 빙긋이 웃었을 것이다. 까마귀 소리에 깨어 까마귀 소리가 잠들 때 취침을 했다고 해도 무리가 아니다.

"그게 보신조(補身鳥)인 줄 알았다면 그때 몇 마리 잡아보는 건데……" 따위의 때늦은 발상은 까마귀의 극악스러울 정도의 동족애를 모르는 경우이다.

전선 생리를 잘 모르는 한 지휘관이 부임했다. 적진을 몸으로 맞대고 있는 고지의 영웅은 치기가 발동했다. 0점 조종 사격 훈련이 있던 날 그는 느닷없이 병사의 소총을 뺏어들었다. 그리고 철책선에 주렁주렁 매달린 까마귀 한 마리를 '앉아 쏴' 자세로 보기좋게 명중시켰다. "까악, 까악!" 소리를 지르며 까마귀떼는 혼비백산 날아가버렸다. 그러나 지휘관이 자신의 경솔함을 뉘우치기까지는 오랜 시간이 걸리지 않았다. 날아갔던 까마귀떼가 돌아오기 시작했다. 북쪽에서, 남쪽에서 그리고 동서에서, 산 너머 까마귀 집단 마을에서도 날아오는 것 같았다. 삽시간에 하늘이 뒤덮였다. 그리고 '통곡' 하기 시작했다. 한여름밤 개구리 울음 소리를 증폭시켜 듣는다면 그건 분명 괴물의 소리일 것이다. 동료의 사체를 하늘에서 내려다보고 울부짖는 까마귀 소리는 공포감으로 엄습했다. 고지의 겨울은 대개 잿빛 하늘과 맞닿아 있다. 그런 날 까마귀떼의 '장례 의식' 을 목격한 것은 별로 유쾌하지 못한 기억이다. 요즘 고지의 병사들은 그런 '설화' 를 잘 모르고 있었다.

DMZ 최신 뉴스의 백미는 단연 두루미 이동 경로의 포착이다. 산림청은 최근 흑두루미(천연기념물 228호) 재두루미(203호)의 이동 경로를 밝혀냈다. 인공위성이 포착한 과학적인 근거와 함께. 일본 규슈 이즈미에서 월동한 이들은 2~4월 러시아 쪽으로 이동하는 동안 철원 판문점 근처에서 3일 정도를 경유하는 것으로 밝혀졌다. 이즈미를 떠난 두루미는 낙동강 을숙도에서 하루를 보내거나 그대로 떠나 철원평야를 제1 경유지로 삼는다. 다시 북한 영흥만 습지에서 휴식을 취한 뒤성진 길주를 거쳐 흑룡강성 삼강평원(三江平原), 심지어 시베리아 킨칸스키까지 날아가 여름을 보내는 것이다.

한반도를 종단하면서 굳이 철원 그것도 DMZ에서 오랫동안 머물다 가는 이유는 알 수 없다. 지구상에 하나밖에 없는 이 희한한 '국경'에서 그들도 까다로운 통과 수속을 밟을 리는 만무하다.

사실 DMZ 일대는 천연기념물의 전시장이다. 단편적인 조사만으로도 학자들은 줄줄이 천연기념물 목록을 열거해냈다. 곤충은 잡히는 것마다 신종이거나 미기록종이다. 남방계 식물의 북방 한계 분포지대, 북방계 식물의 남방 한계 분포지대, 바로 식물의 점이지대는 공교롭게 DMZ이다. 식물은 조수류와 곤충의 텃밭이다. 이 밭에 형성된 곤충의 세계는 흥미롭다.

단절과 긴장은 인간이 만들어내 스스로 겪고 있는 고통일 뿐이다. 오히려 곤충은 자신들의 질서와 조화로 이룬 완벽한 세계를 구축하고 있는 셈이다. 적어도 그곳엔 농약이 없다. 엄밀히 따지자면 농업은 자연 생태계의 질서를 인간의 방식대로 뜯어고치는 방해 공작이다. 이 인간의 간섭이 거기엔 없는 것이다.

87년 6월 박규택 교수(강원대)는 DMZ 관광에 불과했던 어설픈 조사만으로도 나방류에서만 아스콜드긴수염나방, 해안애기잎말이나방, 봉숭아순나방붙이, 반원무늬애기잎말이나방 등 종명이 확인된 9종, 종명도 확인되지 않고 알려진 적도 없는 6종 등 모두 15종의 미기록 종을 채집했다.

DMZ가 반 세기 동안 형성한 동물의 세계, 곤충의 세계는 말 그대로 미답지이다. 동유럽 국가들은 59년 이후 그들의 과학기술원(Academy of Science)이 중심이 돼 북한과 과학 협정을 체결, 북한 지역의 생물상 특히 곤충류를 비롯한 절족동물 조사를 해왔다. 헝가리는 지난 70년 이후 88년까지 12회에 걸쳐 17명의 학자가 북한을 다녀왔으며 92년에도 3개 조사반이 다녀왔다. 또 폴란드는 59년 이후 12회, 불가리아는 74년 이후 6회, 체코슬로바키아는 85, 87, 88년 연거푸 원정 탐사를 단행했다. 타의에 의한 것이긴 하지만 북한도 DMZ의 자연 환경 조사는 불모지로 방치해온 것이다.

금빛 날개를 번쩍이며 찬란한 모습으로 날아간 장수하늘소는 지금 DMZ 서어나무숲에서 평화롭게 살고 있을지 모른다. 이외수의 「장수하늘소」 속편을 이제 과학자들이 써야 할 차례다.

귀화식물 돼지풀

개느삼 또는 고삼 개미풀 너삼이라고도 부르는 키 작은 나무. 콩과에 속하는 이 낙엽활엽관목은 양구의 상징이다. 양구에서만 자라는 '양구특산종'이다. 5월에 피는 개느삼꽃은 탐스럽거나 소담스럽지는 않다. 오히려 조록싸리 같은 가는 줄기 끝 긴 꽃대에 어긋어긋 금박물을 묻혀놓은 듯 조잡스럽기까지 하다. 메마른 땅에 자생하는 습성조차도 품위를 평가절하당하고 있다. 그러나 개느삼은 그 희귀성 때문에 대단한 권위를 인정받고 있다. 개느삼은 1918년 5월 10일 일본인 이시도야가 함남 북청 동정(東井)공원에서 발견한 것이 첫 채집 기록이다. 이듬해 10월 10일 정태현(鄭台鉉, 1882~1971)과 아시가와에 의해 또 채집됐다. 한반도를 종횡무진 누비며 식물의 특산종들을 줄줄이 분류한 나카이 다케노선(1882~1952)은 개느삼을 약삼속(若蔘屬)의 신종이라고 인정하고 1923년 『동경 식물학 잡지』에 발표했다.

이창복(李昌福) 교수가 평남 맹산군 동면 대흥리에서 채집한 때는 1940년. 다시 양구 비봉산에서 발견된 것은 60년대. UN 고지 한전리 임당리에서도 이 희귀한 식물은 계속 발견됐다. 양구 한전국교는 개느삼 학교가 됐고 양구는 개느삼의 고장이 돼버렸다. 개느삼은 북청이 북한계(北限界) 분포지이고 양구가 남한계(南限界) 분포지인 셈이 된 것이다.

최근 이 희귀종은 강원대 이기의 교수 등에 의해 증식 방법이 연구됐다. 관상 사방용(沙防用)으로도 썩 어울리는 관목으로 알려지기도 했다. 그러나 자생 개느삼을 찾기는 여전히 어렵다. 양구 UN고지 - 도사리 - 임당리로 이어지는 라인은 54년 11월 17일 수복지구 행정권 이양에 따라 1차로 설정된 수복선(收復線)이다. 묘하게도 이 선은 현재 개느삼 자생지가 발견된 곳들의 연결선과 일치하고 있다. 개느삼은 이 선을 벗어나서 이제까지 한 그루도 발견되지 않았다.

수복선은 민간인 통제선을 의미한다. 전선(戰線)이 아주 가깝다는 뜻이다. 전쟁을 치러 빼앗은 땅이고 더이상 민간인을 북진시킬 수 없다는 뜻이 담긴 이 라인은 전화의 생채기가 그대로 남아 있는 곳이 많다. 큰 나무는 잘려나가고 군데군데 살점이 떨어진 모습을 어디서든지 발견할 수 있다. 개느삼은 모진 생명력으로 그 땅을 지키고 있는 것이다. 그러나 전쟁이 수탈한 자리는 쉽게 아물지 않고 있었다. 인간의 전쟁은 멎었는데도 '개느삼 동산'에는 끊임없이 생존 전쟁이 진행되고 있었다.

북미원산(北美原産), 『만주 식물 목록』에 따르면 만주에는 오래 전부터 있었던 풀, 메마른 땅을 즐겨 찾아다니며 '풀화분병'을 일으키는 가장 악질종, 그래서 소조차 먹지 않는 풀 그리고 6·25 전에는 잘 알려지지 않았던 풀. 바로 돼지풀이 전 산야를 뒤덮고 있다. 지난 85년 여름 민통선 북방 학술조사팀은 개느삼을 찾아헤매다 양구 한전리 뒷산 사태가 떨어진 절개지마다 가득 솟아 있는 이 볼품없는 1년초의 난데없는 군락에 고개를 갸웃거렸다.

그러나 이 풀은 DMZ 병사들에겐 오래 전부터 동고동락을 해온 친숙한 식물이다. 어려서는 코스모스의 가련한 모습을 닮아 자라다가 어느새 어른 키만큼 훌쩍 무성해지는 이 풀은 통통이 살이 오른 연두색 줄기와 잎에 기분 나쁘도록 긴 흰색 털을 가득 달고 있었다. 막사 주변에서도 자라고 진지 주변에도 자랐다. 작전 도로변에서도 뽀얀 먼지를 뒤집어쓰고 예외없이 집단으로 자라고 있었다. 8~9월엔 꽃을 피웠다. 꽃으로 보기엔 너무 느낌이 밋밋해서 고지의 메마른 풍경에나 어울리는 볼품없는 모양이다. 너무 흔하고 무성해서 각개전투나 침투훈련장의 좋은 은폐물이 됐으며 고향의 보리밭처럼 팔베개를 베고 누워 하늘을 쳐다보고 싶은 충동을 주던 풀이다.

그러나 꽃을 피울 때는 말썽을 일으켰다. 꽃가루가 묻은 피부엔 두드러기가 돋았다. 두드러기를 돋게 하는 쑥처럼 생긴 이름 없는 풀. 한 고참 병사가 이렇게 명명했을 것이다. "너, 쑥처럼 생겨 두드러기를 돋게 하는 풀, 너는 이제부터 '두드러기쑥' 이다."

돼지풀은 영명(英名) 'Hogweed' 에서 온 말이다. 시시하고 별볼일없는 귀찮은 잡초였기 때문일 것이다. 곧이곧대로 직역해버린 돼지풀은 그 모양새와는 전혀 어울리지 않는다. DMZ 병사들은 돼지풀을 잘 모른다. 그들은 여전히 돼지풀을 '두드러기쑥' 이라고 부른다.

군인들이 알레르기 반응을 보이고 있는 이 풀은 지금 건초열(乾草

熱, Hay-fever) 알레르기를 일으키며 DMZ 전역에 퍼져 있다. 고성에서 서해 볼음도에 이르기까지 단연 DMZ의 우점 식물이다. 돼지풀은 국화과의 1년초. 우리나라엔 돼지풀 외에 단풍잎돼지풀 둥근잎돼지풀이 있다. 그러나 원산지인 북미와 지중해 연안에는 20여 종이 분포하고 있다. DMZ 일대에 많이 분포하고 있는 것은 단풍잎돼지풀.

일본에서는 52년 정강현(靜剛縣) 청수항(淸水港)에서 이 단풍잎돼지풀이 첫 발견된 이래 급속도로 확산 69년엔 이미 혼슈 전역에 퍼졌다는 기록이 있다. 어느 장소이든 한번 침입하면 2~3년 내에 대군락을 이루는 게 특징이다. 일본에서도 돼지풀이 발견되자 "화분병의 원인이 되기 때문에 빨리 구제하는 것이 바람직하다"고 학자들이 주장했었다.

우리나라에는 이 돼지풀이 언제 어떻게 들어왔는지 기록이 없다. 겨우 80년대초 한 일간신문이 '이 독초를 빨리 구제해야 한다'고 대서특필하면서 사람들의 입에 오르내리기 시작했다.

이 풀이 전쟁을 막 치른 휴전선 일대에서 번져나가기 시작했다는 사실은 주목할 필요가 있다. '미군 워카에 묻어온 풀이 아닐까?' 그렇다. 그런 가정은 아주 설득력이 있다. 돼지풀이 좋아하는 땅은 하천변이나 나대지, 즉 대체로 영양이 빈약한 토지이다. DMZ 일대는 50~53년 미 군수물자가 집중적으로 투입되던 곳이다.

휴전회담이 진행되던 51~53년은 현재의 DMZ 일대에서 자연이 무차별로 유린되던 시기이다.

『만주 식물 목록』은 1925년 일본인 야마토리 이카이[山鳥一海]가 펴냈다. 기록은 이미 오래 전부터 만주 벌판에 돼지풀이 자생했다고 밝히고 있다. 중국은 6·25전쟁에 수십만 명을 동원했다. 돼지풀 씨는 중공군의 수레를 타고 남하했을 가능성도 있다.

번식력이 왕성한 돼지풀의 출현은 토착 생태계에 많은 변화를 일으켰을 것이 틀림없다. 돼지풀은 분명히 DMZ 식물 사회의 기득권을 밀어내고 있다. 나대지에서도 살아갈 수 있는 인내력을 바탕으로 드디어 '영주권'을 따낸 후 서서히 토착 생태계를 간섭하고 있는 것이다.

세계적으로 개느삼이 살고 있는 단 세 곳 중의 하나인 양구 한전리 뒷산은 물론 대암산 정상의 쥐손이풀 군락지까지 위협하고 있다. 이미 돼지풀은 구제될 수 있는 한계를 넘어섰다. 구제할 필요조차 없어졌다. 귀화한 달맞이꽃이나 망초 클로버가 슬쩍 자리를 밀고 들어와 '우리의 풀'이 된 것처럼 돼지풀도 어느새 확고하게 제 영역을 확보하고 있기 때문이다. 다만 꽃가루병을 일으킨다는 그 자체가 혐오스러울 뿐이다. 결국 이 달갑지 않은 '귀화초'는 인간의 자연 간섭이 어떤 '이상 생태계'를 빚어놓는가 하는 교훈을 남겨놓았다. 포탄과 군화가 간섭한 자연, 미군과 중공군 등 15,6개의 군대가 간섭했던 DMZ 자연의 오늘을 얘기해주고 있는 것이다.

어느 해 여름의 대우사 민들레밭은 차라리 생경스러웠다. 북의 김일성고지가 마주보고 선 고지, 단장의 능선 사이로 쑤셔박힌 음습한 골짜기가 내려다보이는 그 산에서 키 작은 그 꽃은 어울리지 않았다. 어쩌자고 동요 속의 그 꽃이 팽팽한 긴장의 틈새를 비집고 꽃을 피웠을까? 민들레는 바퀴살 같은 관모가 파라슈트처럼 바람에 날리며 멀리멀리 씨앗을 옮긴다. 높이 더 높이 날고 싶은 욕망 때문에 1,179m나 되는 대우산 정상까지 날아올라 왔을까? 그러나 어느 누구의 주머니 속에서 옮겨졌거나 짐짝 속에 슬쩍 편승한 경우가 아니면 그건 불가능한 일이다. 더구나 그렇게 높은 곳은 민들레가 살 데가 아니다. 이민 집단이 틀림없는 이들은 이미 수십 평은 될 만큼 넓은 밭을 일구며 그들 나름대로 독립 사회를 이루고 있었다. 그들도 이미 DMZ 생태계의 일원이다.

많은 과학자들이 지금 알량한 지식을 앞세워 DMZ 자연을 평화의 극치로만 상상하려 하고 있다. 그러나 거긴 아직 전쟁터이다. 사람들이 전쟁을 중지하자 전쟁이 간섭한 자연은 자기들끼리 복원하며 치열한 생존 전쟁을 하고 있는 것이다.

"아니, 이 벌판에 웬 난데없는 아카시아나무가 이토록 많지?" 주파리 벌판을 바라보며 이런 시시한 질문은 하지 말아야 한다.

이젠 DMZ 생태계를 다시 이해해야 한다.

멜팅 포트(Melting Pot)

펀치볼의 사람들

개펄에 떨어진 돌멩이는 그 자리에 작은 웅덩이 하나를 만들 것이다. 해안(亥安)분지를 지구에 떨어진 별똥이 만들어낸 웅덩이라고 한 발상은 참 재미있다. 수십억 년 전 우주를 떠돌던 외로운 꼬마 혹성 하나가 지구를 기웃거리다 무서운 흡인력에 빨려들면서 대륙 모퉁이에 빠져나온 작은 반도의 동쪽 귀퉁이에 처박혔다. 북위 38도 18분 동경 128도 7분의 해안분지가 그때 운석이 떨어져 파묻히며 생긴 웅덩이라고 주장한 학설은 갯벌에 생긴 작은 웅덩이처럼 설득력이 있다. 더구나 개펄에 빠진 돌멩이처럼 해안분지에도 지하 수백 미터 속에 적어도 직경 5백 미터나 되는 운석이 묻혀 있다는 주장은 이 분지를 더욱 신

해안분지는 별똥별이 떨어져 생긴 분지라는 학설이 나올 만큼 완벽한 둥근 원이다. 6 · 25 때 종군 기자들이 이 분지를 Punch Bowl(화채그릇)이라고 이름을 붙였다.

비롭게 하고 있다.

그러나 지난 80년 발표된 이 기막히게 그럴듯한 운석 분지설은 세상에 알려지기 무섭게 단숨에 무너져버렸다. 대기권으로 빨려들어온 떠돌이별 하나가 무참히 처박히며 남겨놓았을 지구의 생채기나 별똥의 파편은 발견되지 않았다. 게다가 분지 주변의 암석에 비해 분지 바닥의 암석층이 형편없이 무르다는 지질 구조가 밝혀지면서 이 분지는 오랜 세월 풍화로 깎인 차별 침식 구덩이라는 사실이 드러났다.

대암산(1,304m) 대우산(1,179m) 도솔산(1,148m)과 가칠봉, 달산령 등이 어깨동무를 하고 둘러선 모습은 동서로 약간 길쭉하게 찌그러지긴 했으나 거의 완벽한 원이다. 해발 400~450m 동서길이 8.5km 남북 7km

의 이 분지 바닥에는 작은 산과 시내 그리고 작은 평야와 구릉이 이어
지고 있다. 그 옛날 이 분지를 처음 발견한 사람들은 경이스러움 때문
에 범접이 두려웠을 것이다. 그러나 높은 산과 사막과 대양을 경험한
미국의 종군 기자들은 이 분지를 작고 섬세한 주방 용기에 비유했다.
수많은 사상자를 내던 도솔산 가칠봉 전투를 치르는 동안 그들은 시
인 같은 감성을 유감없이 발휘해 이 분지에 '펀치볼(Punch-Bowl)' 이란
이름을 붙였다.

화채 그릇이란 표현은 적절했다. 과연 펀치볼에 담긴 내용물은 화채
처럼 다양했다. 갖가지 과일 조각의 맛을 용해해 특유의 신선한 화채
맛을 뽑아내듯 해안분지는 별똥 웅덩이의 전설과 전쟁 무용담, 능선을
넘어오는 대남선전 확성기 소리, 개척민들의 팔도 사투리, 그리고 그들
의 땀냄새를 용해해내 '해안식 문화' 를 빚어내고 있었다.

해안의 DMZ 풍경엔 늘 구름 한 조각이 걸려 있었다. DMZ는 벌겋게
벗겨진 북쪽 능선을 구불구불 기어가며 하늘에 닿아 있었다. 해안면
소재지는 한 움큼 조약돌을 집어다놓은 것처럼 분지 바닥에 엎드려
있었다. DMZ를 넘어온 산록은 거침없이 이 작은 마을을 향해 쏟아져
내리며 갈퀴가 훑고 간 자리처럼 짙푸른 파도를 그리고 있었다. 드넓
은 고냉지 채소밭 바다다. 황톳길 몇 가닥이 무자비하게 산록을 찢어
놓으며 고지로 올라갔다. 그 길들이 억지로 능선의 긴장을 분지 속으
로 끌어들이는 것 같았다.

방치된 땅인가 하면 개척지처럼 개간되고 있었고 긴장과 단절의 현
장이면서도 분지 속은 평화로웠다. 선입견과 상상이 간단없이 깨져버
리는 해안분지의 인상은 언제나 '부조화' 란 표현이 가장 적절했다. 부
조화는 분지의 바닥에서 더 드러났다. 땔나무를 가득 실은 대형 트랙

터가 방금 지나간 2차선 아스팔트 도로변엔 역삼각형의 빨간 '지뢰' 표지판이 철조망에 매달려 있다. 면사무소 앞에 서 있는 중형 세단 뒷 선반에 얹혀 있는 땀 절은 새마을 모자, 달구지와 나란히 서 있는 콤바인과 트랙터, 손자를 업고 있는 파자마 바람의 할아버지, 그리고 차 배달을 나선 미니스커트 아가씨, 닭갈비집 유리창에 씌어 있는 '레스토랑' 간판, 노란 모자의 유치원 어린이들을 힘차게 앞서가는 철모 행렬, 차례상을 윗목에 차리는 집과 아랫목에 차리는 집, 경상도 말씨와 전라도 말씨의 정담, 바리케이드를 사이에 두고 갈 수 있는 곳과 없는 곳, 농장 인부를 적재함에 실은 농민차 세렉스와 땅굴 관광을 온 관광버스가 벌이는 추월 경쟁, 갓 개간한 농경지와 아직도 무문토기편이 쉴새없이 발견되는 청동기시대 취락지, 새벽 월드컵 축구 중계를 보면서 바람결처럼 듣는 대남 방송, 그리고 우리나라에서 가장 아름답고 최고의 시설이 될 것이라는 DMZ 턱밑에 새로 짓고 있는 해안국민학교…… 펀치볼은 지금 과거와 현재, 신식과 구식, 통제와 자유, 긴장과 이완이 혼재한 복잡한 내용물들을 담고 있다.

전쟁은 펀치볼이란 그럴듯한 말을 만들어내고 펀치볼은 DMZ를 만들어냈다. 그러나 DMZ는 거대한 화채 그릇 속에 온갖 잡다한 요소들을 쓸어담아 세월이란 촉매제로 용해해 해안식 문화를 생산해놓고 있다. 그 종군 기자들이 다시 찾아온다면 그들은 이 분지의 이름을 '멜팅 포트'(Melting Pot, 원래 '용광로'의 뜻이나 각기 다른 언어 사고 풍속 역사를 지닌 민족들이 모여 동화됨으로써 하나의 국가 국민을 형성한 뜻으로 풀이. 미국을 이르는 말로도 쓰인다)로 정정할 것이다. 기실 펀치볼은 40년 동안 끓어온 거대한 용광로이다.

해안분지는 분지 전체가 민통선 북방지역이다. 그리고 분지 하나가 해안면이다. 94년 6월말 현재 인구는 477가구(농가 396가구, 비농가 81가구) 1,802명. 논 1,765,500평, 밭 1,617,000평, 호당 경지면적은 8,541평이나 되고 있다. 집집마다 40마지기 이상 논을 부치며 밭은 나흘 갈이씩이나 되는 땅땅거리는 부자들의 마을이다. 아직도 잡초로 덮인 미개척 농지는 363만 평이나 된다. 나머지는 5,595ha의 산이다.

그러나 이 광활한 분지는 세 가지 없는 것이 있다. 과거가 없고 토박이가 없으며 사찰이 없다. 고려 때 해안분지의 이름은 번화. 해안면이 설치된 때는 조선시대 고종 32년인 1885년이다. 그러나 이 분지의 역사는 행정권이 수복된 54년 11월 17일부터 시작되고 있다.

해안에는 노인이 많다. 65세 이상 노인이 150명이나 돼 이미 생산 현장에서 정년한 인구가 8.3%를 차지하고 있다. 그러나 이들 가운데도 '그 옛날'을 증언할 수 있는 사람은 손가락으로 꼽을 정도다. 그들은 56년 4월 25일 160가구 965명이 첫 입주할 때 군용 작업복을 입고 들어와 황무지를 일구기 시작한 '민통선 1세대'들이다. 그들이 그해 광복절에 세운 '亥安再建之碑'는 최고의 유적이 돼 분지 한가운데 서 있다.

477가구 가운데 원주민 가구는 43가구. 이를테면 9%가 토박이인 셈이다.

한 학술조사단이 해안분지의 통혼권(通婚圈)을 조사한 일이 있다. 87년 6월 현재 해안면 현리 성인 남자 162명의 호적 기록으로 실시한 이 조사에는 89%가 해안분지 밖의 여인들과 결혼한 것으로 밝혀졌다. 통혼권은 인구분포, 생태적 환경, 시대·사회적 변화에 아주 민감하게 반응할 수밖에 없다. 따라서 해당 지역의 폐쇄성, 지리적 고립성은 물론 생활권이 어디까지 확대됐는지를 측정하는 바로미터다.

해안분지는 DMZ에 맞닿아 있는 민간인 통제구역일 뿐 아니라 준령을 넘어야 당도할 수 있는 고립지다. 분지의 남자들이 개척지의 동반자를 찾아 전국 각처를 배회했을 것이란 상상은 불가능하다. 수많은 애환의 해안 개척사에도 오색 테이프를 단 GMC트럭이 달산령이나 돌산령을 넘어왔다는 얘기 따위는 전해오지 않는다. 그 조사는 '호적 기록에 의해 조사됐다'고 밝히고 있다. 개척민들은 앞뒷집과 배필을 정했지만 피차 타향살이였다. 본적지가 달랐다. 애시당초 우리나라 농촌이 갖고 있는 원주민 중심의 동족 부락 구조가 깨져 있었던 것이다.

해안분지 만대리는 72년 4월 25일 100가구 476세대가 2차로 이 분지에 들어올 때 그 일부가 입주했던 재건촌이다. 서희령의 잘록한 허리 뒤로 북쪽의 높은 봉우리가 음흉스럽게 넘겨다보고 있는 이른바 '적가시지역'(敵可視地域)이다. 그럴듯한 기와집과 반듯한 농지가 개간된 '풍요로운 남한 농촌상'을 북쪽에 전하던 소위 '선전촌'이다.

만대리 도산천제(都山川祭)는 일제시대 때도 면장이 제주를 맡던 해안분지 최대의 동제(洞祭)였다. 그러나 선전촌 1세대들조차 이 동제를 아는 사람은 거의 없었고 음력 3월 3일과 9월 9일 성황제를 지냈다는 당나무와 제당 터도 분별조차 어려웠다. 그 옛날 두타사의 전신이 있었다는 절골은 대대 본부가 주둔한 뒤로 절골부대 터로 전해지고 있었다.

포연과 잡초의 황무지를 찾아왔던 파이어니어들에게는 진취적인 기독교가 생리에 맞았는지 모른다. 절은 없어도 기독교는 천주교 공소, 감리교회, 장로교회, 성결교회가 각기 십자가를 달고 있다.

지난 85년 해안분지에는 대관령 주민 35세대가 집단으로 이주해왔다. 그들은 산록의 낮은 구릉에 대관령식 영농법을 도입했다. 고냉지 채소와 감자 농사다. 제3기의 해안분지 개척민들인 셈이다.

해안은 해마다 온통 푸른 채소밭과 감자밭으로 변해갔다. 턱없이 노동력이 부족해지자 해마다 봄철이면 철새처럼 이동 인구가 불어난다. 양구군 동면 팔랑리에서 돌산령을 넘어 해안분지를 횡단해 인제군 서화면 서흥리로 이어지는 지방도는 지난해까지 2차선으로 말끔히 포장됐다. 아직도 검문소에서 주민등록증을 보이고 용건을 밝혀야 하는 이 분지에 아스팔트 도로를 낸 것은 순전히 펀치볼 전적지를 공개하기 위한 안보 관광용처럼 보였다.

그러나 봉고 버스는 고사하고 승용차조차 작업복 차림들이 가득 탄 일단의 대열이 돌산령을 넘고 있었다. 해안분지 속 배추밭 바다로 하루 품을 팔러 가는 사람들이다. 자동차까지 대절한 농장주들이 인제나 양구에서 사정사정해 모집해와 농장을 가꾸는 해안식 영농 방법이다.

지난해 해안분지는 여름이 추웠다. 냉해로 폭삭 주저앉은 논에서 아예 가을걷이가 어렵게 되자 해안 농민 26가구는 서울 인천 춘천으로 떠났다. 그리고 올봄 다시 돌아왔다. 배추밭은 계절 영농에서 힌트를 얻었을까? 그들은 대도시 공장에 계절 취업이라는 해안식 취업 방법을 고안해냈다.

태백산맥 한가운데가 움푹 꺼져들어간 해안분지는 동해에 태풍이 불면 길 잃은 갈매기떼가 날아오는 소동이 벌어진다는 얘기가 전설처럼 전해지고 있다. 그들도 사람만큼 지혜가 있다면 산비둘기나 메추라기 같은 모습으로 동화돼 이 분지에서 사는 방법을 배웠을 것이다.

군인의 거리 사방거리

　북쪽으로 가다 멈춘 마지막 마을, 사방거리는 생각보다 가까웠다. 오후 3시 20분 서울 상봉동 터미널을 떠난 강원운수 직행버스는 오후 6시 30분이 채 못 돼 이 전선의 도시에 도착했다.

　주파령 골짜기에서 군대 생활을 했던 역전의 용사들조차 사방거리 추억은 가물가물 멀기만 했다. 그러나 그 도시는 서울에서 불과 세 시간 거리에서 또다른 병사들의 추억을 만들며 그 자리에 있다. 막 도착한 오후 6시 30분 막차 손님은 낯선 도시에서 기대했던 여름 오후의 해방감을 송두리째 빼앗기게 마련이다.

　남북으로 움푹 파인 골짜기에 처박힌 볼품없는 마을 구조, 납작한 슬레이트 지붕과 현대식 건물의 부조화, 군용차와 뒤섞인 빨간 티코, 무엇보다 고속버스 터미널의 대합실처럼 출신지를 알 수 없는 각양각색의 억양에 압도당하게 마련이다. 불과 세 시간 거리의 사방거리는 그토록 '먼 도시'인 것이다.

　사방거리의 행정명칭은 강원도 화천군 상서면 산양1리와 산양2리. 두 마을 인구는 총 405세대 1,310명(남자 666명 여자 634명). 웬만한 면 소재지보다 큰 산촌 소도읍이다.

　왼쪽 골짜기를 따라가다 마현고개를 넘으면 옛 김화 땅. 오른쪽 주파령을 넘으면 금성천이다. 모두 금강산으로 통한다는 낭만을 지닌 길이지만 현재 사정은 다르다. 북쪽에서 올 수 있는 유일한 두 길이 만나는 삼거리여서 온통 촉각이 집중돼 있는 DMZ 턱밑의 마을이다.

　북측의 기계화부대가 내려올 수 있는 유일한 통로, 그것은 집중적인 화력 배치를 의미한다. 반대로 집중적인 포탄 세례를 받아야 한다는 운명적인 상황도 감수해야 함을 뜻한다. '서울 불바다' 파문 때도 그리고 김일성 사망 뉴스 직후에도 사방거리 사람들은 이 골짜기에 떨어지는 포탄이 4만 발이니 5만 발이니하는 고감도 농담을 하며 하루하루 보내기도 했다.

이 골짜기에 무엇 때문에 이토록 많은 사람들이 몰려와 사느냐고 물을 사람은 없다. 사방거리는 군인이 만들어낸 도시이다. 군인 경제가 굴러가는 군인 도시인 것이다. 사방거리의 경지 면적은 논 28ha, 밭 40ha. 논밭 204,000평을 34집에서 부치고 있다. 이들이 유일한 산업 인구이다. 나머지 237세대는 가정을 가진 군인과 그의 아내 자녀가 살고 있는 세대. 그리고 134세대는 군인 가족과 전선의 병사들이 쏟아놓은 군인 경제에 기대 사는 상인들이다.

이 기이한 인구 분포가 빚어놓는 사방거리 사건들은 재미있다. 산양국민학교는 재적생 198명의 비교적 큰 시골 학교이다. 이 학교는 특별히 육성하는 운동부가 없다. 축구든 배구든 팀을 짜 연습도 충분히 했는데, 소년체전 예선대회를 불과 며칠 앞두고 주전 몇 명이 전학을 가버리는 것이다. 축구든 배구든 그리고 노래든 그림이든 재능 있는 어린이는 많아도 상 타오는 아이는 많지 않다. 그럴 수밖에 없다. 연간 이 학교의 전출입 어린이는 100명선. 재적의 절반이 새 얼굴로 바뀌고 있다. 어린이들은 솜씨를 뽐내볼 기회가 없는 것이다.

상서면 총무계는 "우리만큼 주민등록 관리 업무가 많은 곳 있으면 나와보라"고 할 정도로 전출입 업무엔 혀를 내두르고 있다. 많게는 80~100건, 월 평균 50~60건의 전출입 인구가 발생하고 있다. 말할 것도 없이 사방거리인 산양1, 2리가 그 요인을 제공하고 있는 것이다. 타 읍면보다는 타 시군이, 그보다는 타 시도 전출입이 많은 것도 두드러진 특징이다. 경남 진해, 충남 연기 그리고 서울, 광주 순이다.

갓 이사 온 '뉴 페이스'를 찾아내는 일은 어렵지 않다. 티코 프라이드 엑셀 르망 등 그들이 이삿짐의 뒤를 따라 타고 온 소형 승용차는 아직도 차적을 옮기지 못해 경기 광주 경남의 번호판을 그대로 달고 있다. 이들은 십중팔구 사방거리의 신출내기들이다. 산양국교의 체육시간 해프닝은 늘 재미있다. 갓 전학 온 어린이들이 미처 새 체육복을 못 맞춰입고 체육시간을 맞을 경우 어린이들은 옛 학교의 유니폼을 입고 달리기를 할 수밖에 없다. 마치 자신이 경남이나 광주에서 뽑혀 온 대표이기나 한 것처럼.

사방거리는 주말을 맞기 위해 생긴 도시인지 모른다. 주말 휴업이 삶의 질을 재는 척도라고 하지만 사방거리에서는 이 같은 대도시 풍속이 통하지 않는다. 사방거리 경제는 주말에 돌아가기 때문이다.

군인들은 외출증을 들고 쏟아져나오고 군인이 된 아들을 보기 위해 달려오는 면회객의 승용차는 파포리 고갯길을 가득 메우고 있다. 토요일 오후 6시 30분, 서울 막차가 도착할 무렵이면 여관 여인숙은 이미 만원이다. 이때부터 이튿날 오후 3시 20분 서울행 막차가 떨어질 무렵까지 사방거리 인구는 세 배 이상 늘어난다.

사방거리엔 배꼽 노출의 초첨단 패션은 아직 도입되지 않은 듯했다. 그러나 주말에 밀려오는 도시의 풍물은 좁은 산촌 마을의 거리를 현란하게 바꿔놓고 있다. 무릎 위 몇 cm짜리 미니는 이미 철 지난 패션이다. 핫팬츠나 초미니, 덩달이시리즈의 최신판, 결혼을 발표한 인기 스타 고현정의 비하인드 스토리,『즐거운 사라』의 항소심 공방,『서른, 잔치는 끝났다』의 시인에게 쏟아지는 질문, 완전 알몸 연기로 공연이 중지된 연극「미란다」등 군인의 친구나 애인들이 쏟아놓는 도시 뉴스는 모두가 팔팔 뛰는 최신물들이다.

군인의 얘기는 늘 그게 그 얘기이다. 땀냄새 외엔 별 내용이 없는 그들의 얘기는 늘 세월을 헤는 내용일 뿐 새로울 게 없다. "김일성이 죽은 후 전선이 예상 밖으로 조용했다"는 등의 얘기조차도 이미 뉴스에서 보고 들어 전혀 새로울 게 없기 마련이다.

도시의 상큼한 패션과 마주선 군복은 잘 어울리지 않는다. 더구나 사복을 한 군인의 모습은 더 어울리지 않는다. 짧은 치마와 나란히 걷는 워카의 뭉툭한 모습도 잘 어울리지 않는다. 절도 있는 군인 말투는 더 어울리지 않는다. 이들 부조화들이 뒤범벅되는 사방거리 주말은 일 년 내내 주례 행사로 계속되고 있다. 잦은 인구 교류, 군가와 포성, 그리고 주말 면회 행렬이 생산해놓은 사방거리 문화는 독특하다.

"사방거리는 벙어리도 삼 년이면 말문이 트인다"는 말이 있다.

과연 즐비하게 내걸린 간판들의 '말의 성찬'은 사방거리 속설을 실감케 했다. 카페 '우산 속', 주점 '채플린', '참맛식당', '뉴월드게임방', '코만도 실내석궁'의 주인들은 꽤 감각이 있어 보였다. '은지다방', 다실 '지혜'는 외출 나온 군인들이 옛 클라스메이트나 여자 친구의 추억을 되살리도록 유혹하고 있었다.

육군 상사 출신 손삼규(64)씨는 '고향식당 여인숙'이란 묘한 간판을 달고 있었다. 한 집에서 식당도 하고 여인숙도 한다는 1가구 2업종의 집이란 표현이다. 51년 입대해 67년도에 사방거리에서 제대한 손씨는 고향 전주로 돌아가지 않았다. 당시 쌀 80가마 값인 244,100원을 퇴직금으로 받아 사방거리에 정착했으나 6·25 참전을 했던 노병은 생활 전선에서는 약했다. 자전거를 끌고 다니며 빵장수를 해서 번 돈으로 72년 36만원을 주고 산 초가를 70평짜리 여인숙과 식당으로 키웠다.

'고향식당 여인숙' 이란 어색한 간판을 붙였지만 손씨에게는 "여기가 내가 살다 묻힐 곳"이란 사무친 한이 담겨 있다. 천안 온양 상주 등 지명을 간판으로 붙인 상점 여인숙 식당집들도 옛 고향을 그리는 자신의 한을 사방거리에 옮겨다 놓은 손씨와 비슷한 사람들이다. 향우군장피복사, 북진상회, 칠성상회는 군인 피복에 묻어 있는 나프탈린처럼 물씬 군대 냄새가 풍겼다. 이들 주인의 고향은 철조망 울타리가 외부를 차단하고 있는 군 영내인 것이다. 대개 전직하는 하사관들은 청춘을 묻은 군대를 향수처럼 가슴에 담고 생업 터전에조차 그런 이름을 붙이고 한결같이 병사들의 대선배이자 DMZ 대부를 자처하며 살고 있었다.

DMZ 대부들의 몇 마디 말투만으로는 그들의 출생지가 경상도인지 전라도인지를 구별할 수 없다. 전국 각처에서 몰려든 병사들과 생활하면서 그들의 독특한 억양은 이미 변질돼버렸기 때문이다. 그들은 이제 사방거리식 말을 쓰고 있는 것이다. 수년 전까지만 해도 "545고지 8부 능선까지 가서 화목을 해다 난방을 했다든가 우기에 절단된 도로를 보수해달라고 상부 면담 요청을 했더니 군수와 참모급들이 즉시 방문해 처리했다는 등의 말이 사방거리에서는 별로 어색하지 않았다.

군 영내를 벗어난 군대 용어들이 사방거리에서는 일상 속에 스며들어 아무렇지 않게 통용되고 있었다. 먹다 남은 밥이란 뜻인 '잔반' (殘飯)은 아직도 '잔밥' '짠밥' 등으로 쓰일 뿐 제 이름을 찾아 쓰이는 경우가 드물다. 사방거리에서는 이 단어의 변형형의 극치인 '짬빵' 이 더 친밀하게 들렸다. 짬빵, 짬빵통은 옛날 군인들이 쓰던 말인데, 아직도 주민들은 "군부대에서 나오는 짬빵으로 돼지를 키운다"고 말했다.

부식(반찬)가게, 유선(전화)상으로, 추진(배달) 비용, '면에 용무(볼일)가 있어서' '확실히(틀림없이) 해', 통일화(농구화), 정신 불량, 취침(잠)자리, 시근(잠금)장치, 식수터(샘물터), 식염(소금), 반합(밥그릇), '군기가 빠져', 야간(밤)마실, 소등(불을 끔), 북괴(북한군), 3시(90도) 방향, 구보(달리기), 사회군번(주민등록번호), 세탁(빨래)비누, '감(이해)이 잡힙니까?', '군번(서열)순으로', 고지(산), '연락을 취해(연락해)', 근착거리(가까운 거리), '해당 밖이다(관심 없다)' ……, 심지어 50대의 한 남자는 "1종 업종이 사실상 괜찮은 장사"라고도 했다. 1종이란 쌀 등 주식을 가리키는 군 보급품 분류 번호다.

서울 경상도 전라도 충청도 그리고 강원도 말씨의 만남, 영내를 벗어난 군대 용어의 접목, 그 이질의 언어들을 숙성시킨 사방거리는 사방거리 말을 만들어내고 있었다. 사방거리는 DMZ가 빚어낸 또 하나의 '전선의 Melting Pot'인 것이다.

군인의 아내

군인의 명찰 위치는 오른쪽 가슴 주머니 뚜껑 재봉선 상단이다. 철책선 군인들은 왼쪽 가슴의 같은 위치에 검정 바탕 흰 글씨의 표식으로 자신들이 최전방의 군인임을 밝히고 있다. '민정 경찰'. 이 네 글자는 DMZ 병사들의 자부심이다. 주파리에서 만난 한 병사는 '민정경찰' 밑에 'DMZ Police'라고 새겨놓아 더 멋을 냈다. 이 DMZ 패션은 신참일수록 더 유행했다. 그들은 그 표식을 훈장처럼 달고 휴가를 갈 것이다. 그리고 약간씩 과장된 무용담으로 부모를 애태우게 하고 친구들을 즐겁게 만들어줄 것이다. 가뜩이나 마음을 조이는 후방의 부모들을 미의회 조사국(CRS)이 발표한 보고서 「한반도 위기, 1994」는 더욱 기가 막히게 하고 있다.

북한 남침의 최악의 현실 상황으로 그들은 현재 한두 개로 추정되는 '원시적' 핵무기를 DMZ 일대의 미확인 땅굴에 응용할 수 있다는 것이다. 핵무기를 땅굴에 배치했다가 폭발시키면 엄청난 분화구와 방사능 구름이 일게 되고 곧바로 DMZ의 한미 연합전선은 붕괴된다. 고농도 전자 방사는 무선 통신과 컴퓨터를 마비시키게 되고 대혼란의 상황을 뚫고 간단히 남하 루트를 개척하게 될 것이란 시나리오다. 이 자지러질 듯한 가상 앞에서 국민의 방패로 자신의 아들을 내보낸 부모의 가슴이 통탕대는 것은 너무도 당연하다.

철딱서니없는 무용담을 듣는 동안 그들은 하루빨리 병역 의무를 때우고 집으로 돌아와야 한다고 속으로 되뇌일 것이다. 그러나 빛나는 전역증을 기대할 수 없는 사람들도 있다. 직업군인의 아내와 자녀들이다.

장평리와 사방거리 적근동 육단리의 산비탈에 비집고 앉은 아파트촌은 주위 풍광과 전혀 어울리지 않는다고 느껴질 때가 많다. 손바닥만하게 하늘이 뚫린 계곡에 앉아 있는 이들 아파트는 대개 자연스럽게 흘러내려오는 산자락의 멋진 곡선을 차단하거나 실개천변에 무지막지한 콘크리트 구조물을 세운 어색한 모습이다.

이런 계곡들은 창바위골이라든가 새술막 등의 끈적끈적한 토속성 지명을 오래 전에 잃어버렸다. 대신 '독수리' '맥진' '승리' 등 아파트 옆구리에 새겨진 이름들을 대야 택시도 목적지까지 데려다준다. 아파트촌 주변에 형성된 작은 시가지는 커야 인구 500~600명의 마을 정도. 민간인이 더이상 북쪽으로 갈 수 없어서 모여앉은 마을 풍경은 그렇다.

'독수리아파트'는 전선의 남편을 따라온 아내와 가족들의 집이다. 대도시를 모방한 세트처럼 다닥다닥 붙어앉은 작은 시가지는 '독수리아파트' 촌 사람들의 소비처이다. 직업군인의 아내, 그 가운데도 전선을 지키고 있는 군인들의 아내들은 그런 골짜기에서 지금 DMZ에서 쏟아져내리는 긴장 기류를 받으며 살고 있다.

군인의 아내. 그들은 누구인가? 사람들은 그들을 이해하려는 인내력을 발휘하지 못한다. 더구나 지금은 한창 문민정서의 뭇매를 맞은 남편들의 처진 어깨에 기대 있는 사람들이다.

갓 전역한 예비역 병장은 이렇게 회고했다. 어느 날 친정에 기대 있던 만삭의 중대장 부인이 전방을 찾아왔다. 중대장은 자리를 비울 수 없는 급박한 상황. 민통선 검문소에 기다리고 있던 부인을 군인 가족촌의 한 여관으로 안내하도록 전령에게 부탁했다. 부인과 전령은 땅거미가 지는 비포장길을 나란히 걸어 마을 앞에 이르렀다. 마을 앞 작은 다리에서 부인은 전령에게 귀대할 것을 극구 종용했다. 족히 2km는 배웅했고 중대장 부인과 여관 입구를 서성거린다는 것도 부담스러웠다. 전령은 부인의 겸양을 받아들였다.

그러나 보고를 받은 중대장은 고개를 갸웃거렸다. 그는 "여관을 확인해봐!"하며 순찰 임무에 나섰다. 군인 가족촌에 단 한 개뿐인 여관은 영외 전화로 쉽게 연결됐다. 그러나 통 넓은 원피스를 입은 만삭의 부인, 퍼머넌트 머리에 가방을 든 여인은 그 여관에 없었다. 전령은 단숨에 2km를 내달아 마을을 뒤졌다. 6개의 여인숙 중 세번째 집. 전령은 산촌의 처마 낮은 전통 가옥을 개조한 여인숙 마당으로 들어선 후 숨을 돌릴 수 있었다. 회칠이 바랜 쓸쓸한 댓돌 위에 놓여 있는 굽 낮은 여자 구두 한 켤레는 9천원을 아끼고 있었다. 침대든 온돌이든 선택이 가능한 여관의 숙박비는 1만8천원, 여인숙은 9천원을 받고 있었다.

이런 얘기가 추호도 명예를 생명처럼 여기며 살고 있는 군인과 그 아내의 자존심을 건드려서는 안 된다. 그러나 명예로 치장된 군인의 뒷모습들이 이제는 알려져야 한다. 사창리에서 만난 한 여교사는 보통 사람과 다른 군인관을 갖고 있었다. 4학년 학기 중간에 전학 온 여자 어린이의 학부형은 육사를 나온 육군 중령. 부인도 명문 여대를 나온 인텔리였으나 어린이는 사회성이 부족했다. 똑똑하고 공부도 잘하는 편이었으나 친구들을 무시했고 수업 시간에 어디엔가 편지를 쓰다가 들키곤 했다. 대대장 부형을 둔 학급이란 이유로 학교에서도 기대를 했으나 어린이의 부모는 무관심한 듯했다. 교사는 문제아를 방관할 만큼 독존이 몸에 배 있을 그 가정을 방문했다. 13평짜리 관사 현관을 들어서는 순간 교사는 선입견이 와르르 무너지는 것을 느꼈다.

비키니 옷장 옆 두 개의 캐비닛은 농짝 대용인 듯했고 소설책 여성 잡지 몇 권이 꽂혀 있는 컬러 박스 위에는 부부의 결혼 사진이 앉아 있었다. 푸른 테이프 조각이 모서리에 붙은 TV에 시선이 머물자 부인은 "이사를 자주 다니다보니……" 하며 멋쩍어했다. 담임선생의 예기치 않은 방문 소식에 대대장이 달려왔다. 절도가 몸에 밴 당당한 체구와는 달리 "그 많은 스승 가운데 유독 국민학교 때 담임이 잊혀지지 않는다"는 그의 말투는 소박했다. 대대장은 "아이를 잘 부탁한다"거나 "장래 희망이 이렇다"는 등의 말도 하지 않았다. 불쑥 "방문 기념으로……"라며 신문지에 싼 양주병을 내놓고 총총히 부대로 돌아가 버렸다.

군납 인지가 붙은 PX용 국산 양주 베리나인골드는 칠천원짜리 가격표를 달고 있었다. 돈을 싸들고 승진과 보직을 구걸한다던 군인은 세상 물정을 너무 몰랐다. 소중한 선물을 가슴에 안고 돌아오며 여교사는 착잡한 마음을 가눌 수 없었다고 고백했다.

"보병 장교는 일선 지휘관 경력이 중요해요. 아빠는 전방 특명이 날 때마다 뛸 듯이 좋아했고 그럴 때마다 우리는 거기가 어딘지도 모르고 짐을 싸 쫓아가곤 했어요. 결혼 10년 동안 나는 일곱 번 이삿짐을 쌌고 딸아이는 다섯번째 전학을 왔어요."

관사 울타리를 돌아서며 중령의 부인이 들려준 얘기가 더 가슴을 짓눌렀다. 군인의 아내는 초급장교 시절에 몇 번 친구들을 만났던 것을 끝으로 더이상 만나지 않는다고 말했다. 친구나 선후배가 신문이나 TV에 얼굴이 비치는 때는 자신이 한없이 왜소해 보인다고도 말했다.

"국민을 위해 군인이 그 높은 산에 올라가 있고, 그 군인을 위해 그 가족이 희생하고 있다면 누군가 희생의 몫을 채워줘야 합니다." 여교사의 군인 가족관을 요약하면 그렇다. 그러나 군인의 아내를 이야기하기는 아직 일렀다. 산자락 몇 굽이를 더 돌아 사방거리나 육단리 다목리에 이르러야 그 모습들이 드러났다. 도시도 농촌도 아닌 묘한 구조의 '군인 마을들', 그곳엔 그들의 애환이, 희망이 그리고 '오늘'이 돌멩이처럼 굴러다니고 있었다.

"아니, 너 군기가 보통 든 게 아니구나!"

혹시 음식점에 들른 전방 면회객은 사병인 아들이 서비스를 하거나 주방일을 보는 아낙네에게 깍듯한 예의를 차리더라도 그런 식으로 당황하지 말아야 한다. 파포리나 사방거리에서 상관 부인들의 아르바이트는 상식이다. 때론 어젯밤 민박이나 여인숙 또는 닭갈비집에서 만났던 주인아저씨가 작대기 네 개 갈매기 세 개의 계급장을 단 백전노장으로 변신해 있을 때도 있다. 노후 보장이 분명치 않은 하사관들의 영외 부업도 생소하지 않다.

화천군 상서면 산양리는 실개천을 사이에 두고 1, 2리로 갈라져 있다. 단 한 군데 성한 난간이 없는 시멘트 다리를 건너면 북진상회 앞 공터. 가끔 훈련을 마치고 돌아오는 병사들에게 주민들이 농악을 울리며 막걸리나 커피를 따라주는 곳이다. 면회객들은 전방에서 달려오는 아들을 여기서 맞이하고 여기서 떠나보낸다. 군인 아파트는 그 만남과 이별의 광장 뒤편 산자락에 서 있다.

농가 주택은 눈을 씻고 보아도 열 채를 넘지 않는다. 그런데도 이 마을 인구는 274세대 899명(상서면 통계, 93년 12월 31일 현재)이나 됐다. 정작 시가지가 형성된 산양 2, 3리는 131세대 401명.

산양국민학교 어린이 회장 박민선(6년)양은 현역 박상사의 딸이다. 축구나 달리기로 날리는 남자 아이들도 대부분 아버지가 군인이다. 그럴 수밖에 없다. 이 학교 재적 198명 가운데 군인가족 자녀는 무려 71%, 병설 유치원은 재적 64명 가운데 군인이 아닌 직업을 가진 부모를 둔 어린이가 14명밖에 안 된다.

산양2리는 마을이 형성되지 않았다면 개울을 따라 2차선 도로 하나쯤을 낼 만한 좁은 골짜기이다. 이 때문에 성냥갑을 모로 세워놓은 듯한 2층집이든 처마 낮은 한옥이든 마을의 모든 집은 도로를 향해 얼굴을 맞대고 서 있다. 족히 3백여 미터에 이를 2열 종대의 집들은 한결같이 간판을 달고 있다.

우리장여관 은지다방 뉴월드게임방 문화여인숙 주점채플린 고려당 베이커리 유성전자오락실 바하음악학원 향우군장피복 은성당구장 고향식당여인숙 선혜옷집 광명비디오 환희TV사 또와식당 속성빨래방

주점우산속 천안슈퍼 코만도실내석궁…… 미용실 식육점 선물가게 약방 노래방 체육사 태권도체육관도 물론 있었고, 이런 간판들을 그려주기 위해 유리건재상은 간판사를 겸업하고 있었다.

DMZ 턱밑에 앉아 있는 이 마을은 과연 전선을 향해 끊임없이 에너지를 공급하고 있는 것처럼 보였다. 군인 아파트에서는 가정의 평화와 사랑을, 간판의 사열은 문명의 냄새를…… 군인의 아내들은 이 '파워 플랜트'에서 단연 주역이었다. 보험모집인 파출부에서 식당아줌마에 이르기까지 그들은 마을 경제를 요소요소에서 굴려가고 있었다.

산양2리에는 여인숙 8, 주점 18, 식당 48, 다방 9개가 성업중이다. 이 가운데 여인숙 주점 식당 다방 식육점 태권도장 등 10여 군데는 현역 군인이 주인이다. 제복을 벗고 부대 울타리 밖에 정착한 예비역이 주인인 곳도 35군데나 된다. 스무 평짜리 가게라면 대개 보증금 3백만원에 월세 30만~40만원. 어떤 이는 월세도 못 내 빚이 늘어나기도 하며 어떤 이는 아예 가게를 내 집으로 만들기 위해 집주인과 매매 흥정을 하고 있었다. 그렇게 사회에, 세태에 적응하고 있었다.

엊그제까지 차 배달을 하던 아가씨가 선임하사의 '사모님'으로 변신한 사건이 사방거리나 육단리에서는 뉴스감이 되지 못했다. 농촌 총각 문제보다도 더 심각한 노총각 군인 실태를 모르는 사람은 이 같은 뉴스를 논평할 자격이 없다. 문민 정서는 군대를 매력 없는 집단으로 몰아갔다. 관심마저 추락한 요즈음 군인이 사회를 비집고 볼 문틈은 더욱 좁아졌다. 그럴수록 전선은 '가정'이란 에너지가 더 필요해진 것인지 알 수 없다. 변변한 웨딩드레스조차 입지 못하고 부대장의 주례로 치르는 진중 결혼은 그래서 더 늘어나고 있는지 모른다.

군인 아파트에는 제법 승용차가 많았다. 입주 세대 절반이 승용차를 굴린다고 주민들은 말했다. 앙증맞은 파란색 티코에 앉아 있는 대위의 지휘관 견장은 위엄이 없어 보였다. 부서진 난간의 시멘트 다리를 막 지나가는 자주색 엘란트라는 도도한 표정의 젊은 여인이 몰고 있었다. 그러나 어쩔 셈인가? 티코의 대위가 가장 신속하게 임무에 임할 수 있는 최선책으로 교통 수단을 그렇게 선택했다면…… 서둘러 직장으로 달려가는 젊은 여인의 긴장한 표정이 도도하게만 보였다면…… DMZ의 팽팽한 균형이 화력만으로 유지될 수 없다고 믿는다면 군인과 그 가족의 이야기를 이젠 들어봐야 할 때이다.

'DMZ Police'의 무용담만으로는 DMZ를 이해할 수 없다.

북으로 간 예술인

이태준이 건너간 평강고원

상허 이태준(尙虛 李泰俊)이 94년 2월 14일 그를 동맹 휴교의 주모자로 제적시켰던 휘문고에서 명예 졸업장을 받았다. 북으로 간 그를 대신해 장조카 동진(62 상업.서울)씨가 뒤늦은 졸업장을 받아들였다.

"언젠가 직계 가족에게 전해주길 기대합니다." 장조카의 소감은 아주 간단했다.

그러나 대부분 사람들이 그렇게 믿고 있듯 그도 올해 만 90세가 되는 '상허가 세상을 떠났음'을 확신하고 있었다. 한편으로는 북쪽 어딘가에 장녀 소명(小明, 31년생) 장남 유백(有白, 32년생) 차녀 소남(34년생) 차남 유진(36년생) 막내딸 소현(40년생)이 생존해 있음을 확신하고 있

상허가 부모를 여의고 열살 때 오촌집들을 전전하며 다니던 용담마을 가는 길. 왼쪽으로
휜 철길은 금강산 철도이며 새로 관광용으로 복원해놓았다.

었다. 그는 장남 유백과 동갑이고 기실 상허의 직계들이 생존해 있다면 모두 한창 나이일 것이다.

휘문을 떠난 지 70년, 북으로 떠난 지는 꼭 2년이 모자라는 반세기이다. 최근 '상허 문학'에 대한 재평가 연구가 봇물같이 쏟아지는 것처럼 모교의 '복권 조치'도 단숨에 시공을 뛰어넘어 터지는 그에 관한 일련의 사건들이다. 정작 인생의 완성기인 40대 후반 이후에 대해서는 아무것도 아는 것이 없다. 그가 태어나고 자란 철원평야를 가로지른 DMZ 북쪽에 생애 후반기를 고스란히 묻어놓았기 때문이다.

최근 구월산 유격대의 참모장을 지낸 이경남(동화연구소장)씨가 공개한 '이태준 귀순 작전'의 6·25 비화는 40여 년이 넘는 묵은 얘기인데도 이 때문에 번쩍 귀가 트이는 뉴스로 와 닿는 것이다. 이 비화는 그가 6·25 때 문화공작대로 서울에 다시 왔던 사실과 9·28 수복 때 재월북하면서 자신이 북쪽 사람이 된 사실을 후회한 대목을 공개하고 있다. 또 구출 작전명도 그의 단편 「가마귀」의 이름을 딴 '가마귀작전'이다.

52년 10월 그는 평남 대동군 서포 근처 ㄱ자집 농가에 기거하고 있었다. 당시 상허의 직책은 문예총 부위원장. 이화여전 음악과를 졸업한 부인 이순옥(李順玉)은 평범한 촌부였다. 양덕(陽德)으로 약을 구하러 간 부인은 설사병으로 집에 돌아오지 못했다. 인민군대에 나간 맏아들 유백은 그렇다 치더라도 나머지 자녀들도 소개돼 있었다. 결국 첫 작전은 실패했다. 53년 5월 공작대원이 두번째 서포를 찾아갔을 때는 부인과 자녀가 한자리에 모여 있었다. 그러나 가방 하나를 들고 어디론가 불려나간 상허는 집에 돌아오지 않고 있었다. 이미 그해 3월부터 임화, 김남천, 이원조 등 월북 작가들이 붙들려가 혹독한 고문 수사를 받기 시작했으며 상허도 숙청 회오리에 휘말린 상황이었다.

'가마귀는 날아오고 싶어했지만 에미 가마귀가 병들어 다음 기회를 기다리기로 했습니다. 새끼 가마귀도 흩어져 있었습니다.'

서해 상취라도 작전본부로 애잔한 전문을 띄웠던 공작대원은 "상허는 미제 파커 만년필로 글을 쓰고 있었다"는 말을 전했다. 결국 상허는 그가 간 길을 돌아오지 못했다. 더구나 함경도 어디쯤에서 교정원노릇을 하다 30년 전쯤 사망했으리라는 것이 지배적인 견해들이다.

그가 없는 빈자리에서 그의 문학이 되살아나고 있다. '한국 단편의 완성자' '한국 문학의 금자탑' 등 그의 문학을 재조명하는 데는 아낌없는 찬사가 동원되고 있다.

그러나 한편으로는 통한의 역사가 한 문사의 생애를 어떻게 희롱하고 있는가를 대변하는 반증이기도 하다. 그가 태어나고 소년기를 보낸 철원 용담엘 가면 그의 생애를 유린한 세월의 흔적이 살점처럼 묻어난다. 그의 문학을 통틀어도 민통선이나 DMZ는 없다.

하지만 용담 밤가시마을 생가 터(철원읍 율리리 614)는 지금 민통선이 지나가고 있다. 민통선 초소를 막 넘어선 길목의 빈 밭이다.

장편 『제2의 운명』에서 그는 자기의 옛집을 '철원역에서 기차를 내려 철길로 약 5리 걸어'라고 가리켰다. 지금 그 철길은 없다. 벌판을 지나 평강고원으로 치닫던 경원선은 중강리쯤에서 휴전선이 끊어놓았다.

'궁예의 첩 용녀가 물이 귀한 동송에 한 동이 물을 길어오다가 도읍지 진산이 너무 작자 분통이 터졌다. 물동이를 내던지자 연못이 생겼다.' 민통선 입주민들은 용담의 전설에 흥미가 없었다. 마을 사람들은 그런 얘기는 B-29가 용담을 폭격할 때 다 사라졌다고 말했다.

'5 · 16 당시 강원도지사를 지낸 이규삼 장군이 자신의 출신지인 이 마을을 재건했다'는 사실을 신화처럼 간직하고 있었다. 정작 규삼씨는 상허의 6촌이다(장기 이씨 세보는 상허를 규덕으로 기록).

'상허의 철원'은 아무것도 없었다. 그를 만날 것 같은 작은 기대마 저 벌판을 가로지른 DMZ가 숨막히게 깔고 앉아버렸다. 철모 속에 감 춰진 번득이는 눈과 부동자세, 철책과 위장된 벙커는 DMZ의 상징이 다. 순간과 긴장이 DMZ의 생리이다. 이 벌판에서 한 문사의, 더구나 북 으로 간 예술인의 족적을 찾는 여유는 사치이다.

수필집 『무존록(無存錄)』에서 찾은 그의 철원 기행은 아주 자유스러 웠다. 안협(安峽) 오촌집 가는 길은 DMZ가 없었다. DMZ 가운데로 흐르 는 역곡천(驛谷川) 낚시는 여름 오후처럼 한껏 늘어졌다.

'산은 슬프다. 철원 용담이란 촌에서 안협 모시울이라는 촌까지 70 리 길은 내가 열살, 열한살 때 여러 차례 걸은 길이다. 산협길이라 산 넘어 물이요 물 건너 산인 데다 제일 큰 물더우내를 건너서 올라가기 시작하는 새수목고개는 올라가기 십 리, 내려가기 십 리의 큰 영이다. 그 영을 나는 여름철에 혼자도 몇 번 넘어보았다.'

10, 11세 때면 그의 삼남매가 부모를 여의고 용담과 안협의 오촌집 들을 전전하며 얹혀살 때이다.

안협은 지금 북철원 군청 소재지이고 모시울은 임진강 지류인 평안 천변의 작은 마을이다. 더우내는 더운물이 흘러 겨우내 얼지 않는다는 온천리 앞을 흐르는 개울, 새수목고개는 이 더우내를 건너 하창참리 (下倉站里)로 넘어가는 지루한 고개이다. 용담에서 더우내를 가자면 관 포에서 역곡천을 건너 사후동가단 반석을 지나 새수목에 이르는 동안 큰 산 두 개와 큰 내 두 개를 넘고 건너야 한다. 그 길은 이미 40여 년 전에 끊긴 길일 뿐더러 마을 이름을 되살리는 데도 여러 노인들의 오랜 기억들을 동원해야 한다.

역곡천은 산명리에서 발원해 대마리를 거쳐 강원도와 경기도 경계를 이루면서 연천 전곡을 관류해 임진강에서 합류하는 맑고 깨끗한 개울이다. 역곡천 낚시가 되든 말든 그는 상관하지 않았을 것이다. '동댕이가 까딱도 안 하는 때는 건너편 산에 자지러지는 매아미 소리나 들으면서 도회에 남기고 온 그리운 사람의 생각도 괜찮을 것'이었을 테니까.

용담의 오촌은 누구였을까. 뜻밖에도 그는 북으로 간 조카의 행적이 그의 명예에 거추장스러웠을 만큼 그의 생애에 무게가 실려 있다. 서울 성북동 248번지 상심루(서울지방 민속사료 제11호)는 상허가 철원의 당숙집을 뜯어 옮긴 것으로 알려지고 있다. 그 집이 상허 가계의 얽힌 매듭을 풀어줬다.

상허의 졸업장을 대신 받은 이동진씨는 칠촌. 또 이씨의 조부 봉하씨는 상허의 오촌이다. 그는 철원 율리리에 사립 봉명학교를 설립, 신교육과 독립 운동을 했던 선각자였으며 해방 후 월남해 서울에서 살다 63년 세상을 떠났다. 상허는 용담 오촌집에 살던 열한살 때 봉명학교에 입학했으며 이 학교 13회 졸업생이다.

용담의 오촌은 아직도 철원 지방의 애국 지사로 추앙되는 소몽 이봉하(笑夢 李鳳夏)로 밝혀진 것이다. 소몽은 통정대부 함흥증군(正三品)을 지낸 이호식의 장남으로 1887년생. 상허의 부친 창하는 호식의 동생 호정의 아들(1874년)로 이봉하와는 사촌간. 철원 공립 보통학교 교관 등을 역임한, 당시로서는 상당한 식자층이었다. 또 상허와는 육촌간인 소몽의 아들 규삼씨는 예비역 준장으로 예편했으며 5·16 당시에는 강원도지사를 역임했다.

상허가 비록 고아로 성장했지만 튼튼한 가계의 그늘에서 보호받고 있었다는 점만으로는 그의 북행이 쉽게 납득되지 않는다.

다만 최근 공개된 비화에서 상허가 밝힌 어처구니없는 월북 동기는 그의 생애를 쫓아다니던 표박과 낭만의 끊임없는 욕구와 무관하지 않았으리라는 추측을 낳게 하고 있다. 그의 일생은 끊임없는 여행길이었다. 개화당의 일원이었을 것으로 추측되는 상허의 부친은 쫓기고 있었다. 상허가 5세 때(1909년) 부친은 망명길에 올라 러시아령 블라디보스톡에 정착했으나 그해 8월 객사하고 말았다. 일가는 선편으로 귀국길에 올랐다. 그러나 상허의 모친 순흥씨는 배 안에서 둘째딸을 낳았다. 결국 함북 이진에 내려 소청(素淸)거리에 정착하게 됐다. 6세 때 겨울 안씨마저 죽자 삼남매는 용담의 오촌집으로 돌아왔다.

봉명학교를 졸업하고 간이 농업학교에 입학했으나 한 달 만에 그만두고 무작정 집을 나섰다. 14세 때이다. 원산과 평남북 지방을 2년간 방황하다 서울행, 배재학당에 합격하고도 입학금이 없어 등록을 못 하고 이듬해(21년 4월) 휘문고에 들어가 고학으로 수학, 4학년 때 동맹 휴교 주모자로 제적(24년 6월)되자 그해 가을 도일, 동경에서 처녀작 「오몽녀(五夢女)」를 집필 『조선문단』 등단(25년), 26년 4월 동경 상지대 예과 입학했으나 이듬해 11월 중퇴하고 귀국, 42년 제2회 '조선예술상'을 탔으나 절필하고 이듬해 용담에 칩거, 해방 이튿날 다시 상경, 그리고 이듬해 7월 월북, 그때 나이 42세. 숨가쁜 여정이었다.

38선을 넘은 그는 은율의 친구 홍보식의 집으로 찾아갔다. 홍보식은 휘문 동창이자 「왕자 호동」을 그의 사랑채에서 집필했을 만큼 막역한 사이. 그는 월북 동기를 털어놓았다. "남조선은 너무 혼란스러우니까 북조선은 과연 어떤지 살펴보고 싶었어. 때마침 정동의 소련 대사관에서 소련 여행 기회를 주선해줘 북조선도 보고 소련도 견문하고 싶어서……"

소련 여행을 하고 그는 은율로 또 돌아와 두 달간 「소련 기행」을 집필했다. 역시 파카 만년필로. 그때 이런 얘기를 했다고도 전해진다. "미군정 당국이 방미 문화인단을 주선했다면 나는 미국엘 먼저 갔을 것이다."

금학산은 상허의 작품 속에도 자주 등장한다. 용담에서는 동남쪽으로 학이 날개를 접고 앉듯 철원 벌판에 내려앉은 고고한 모습의 산이다. 상허는 자신을 낳은 이 산기슭으로 두 번은 돌아왔으나 세번째는 돌아올 수 없었다. 한 번은 부모를 잃고 고아가 돼 돌아왔고 또 한 번은 절필을 하고 돌아왔다. 세번째는 귀향을 하고 환생한 이태준 문학이 대신하고 있는 것일까.

금학산에서는 DMZ 너머로 역곡천과 더우내 모시울 가던 길 경원선 철길과 평강이 바라다보인다. 그의 작품이 해금되기 전엔 북쪽이 감제(瞰制)되는 이 고지는 그저 전략 요충으로만 평가됐다.

남대천에 묻힌 박수근의 그림 항아리

가장 한국적인 화가, 그래서 전설적 인물로 얘기되는 반 고흐나 폴 고갱과 비교되곤 하는 화가 박수근(朴壽根, 1914~1965). 그의 풍경에는 늘 나목이 서 있다. '길' '고목과 행인' '나무와 여인' '골목 안' 등 그의 마티에르 기법의 원근이 없는 풍경화 속에는 언제나 덩치 큰 나무가 잎도 피우지 않고 화폭 가득히 서 있다.

어떤 이들은 그 나무가 양구의 늙은 느티나무일 것이라고 말했다. 또는 제2의 고향이자 처가가 있던 김화군 금성의 십리장림(十里長林) 일 것이라고도 했다. 갈색과 재색이 주조인 그의 그림은 늘 공간이 어둡다. 과감하게 생략해버린 수많은 얘기들을 그는 어두운 공간 속에 묻어놓고 있었다. 그의 그림 앞에서 새삼 그의 단절된 과거가 머뭇머뭇 집착하는 것은 그의 생애도 그림처럼 묻어둔 공간이 많기 때문일 것이다.

사실 박수근 예술의 토양인 그의 젊은 시절 그림은 거의 남아 있지 않다. 29세 되던 해 이미 여덟번째 선전(鮮展)에 입선한 사람, 평양도청 서기 때는 동인 그룹 주호회(珠壺會)를 만들어 평양 화단을 주도했던 사람 그리고 크리스천이자 자유 사상가인 그가 공산치하의 금성 생활에서 그렸음직한 번민의 그림은 지금 없다. 춘천에서 그렸던 초기 몇 점 외엔…… 그의 예술세계를 거슬러가는 작업이 그의 남행길쯤에서 정지하는 것은 바로 이 때문이다. 그는 남으로 온 사람이고 그의 인생을 거슬러가다보면 바로 DMZ가 가로막고 있기 때문이다.

그러나 그의 초기 작품 수백 편이 지금 DMZ 어디쯤에서 잠자고 있다. 종이에 싼 그림은 항아리에 담겼으며 옹기 뚜껑은 진흙으로 밀봉됐다. 그리고 김화 남대천변 야산 기슭에 묻혀 40여 년을 숨을 죽이고 있다. 어쩌면 그 그림들은 완벽하게 보존돼 있을지 모른다. 52년 10월 부인 김복순(작고)씨는 8세 된 딸(仁淑)을 걸리고 4세 된 아들(成男)을 업은 채 시동생(元根) 부부와 함께 남대천을 건넜다. 그때 남행길에서 김씨는 남편의 분신이던 그림들을 항아리에 넣어 묻었던 것이다. 박수근의 자전적 소설 『朴壽根』(정현웅 著, 92)에서도 김씨는 "피난길에 금성과 남대천 사이 야산에 그림 항아리를 묻었다"고 증언했다.

그가 작고하기 한 해 전인 64년 미국인 여류 저널리스트 마가렛 밀러에게 팔아달라고 맡긴 그림들이 있다. 그림값은 호당 10달러.

그러나 지금 그의 그림값은 호당 1억원대를 호가한다. 가난한 화가는 초기에도 소품을 즐겨 그렸다. 20~30호의 소품들이라도 20~30억원짜리이다. 그 항아리가 온전히 남아 있다면 그건 수천억원짜리의 보물단지인 셈이다. 흔히 그를 '향토적 소박미와 영원한 진실미를 추구한 화가' '개성적인 화가 중에서 가장 개성적인 화가'로 지칭한다. 그 '보물단지'를 찾는다면 무엇보다도 우리는 디딜방아를 찧는 아낙네라든가 빨래를 하는 여인, 장날과 판잣집, 아이들과 할아버지 등 끈적끈적하게 되살아나는 잃었던 추억들을 만나게 될 것이다.

그가 부인을 작품의 모델로 자주 등장시켰던 것처럼 그의 그림 소재는 대부분 그의 옷깃에 스쳐갔던 인생 편린들이다. 그 보물단지 속에 담겨 있을 그의 생애를 찾아가자면 이미 잊고 있던 무수한 지명과 풍물, 그리고 사건들을 등장시켜야 한다.

박수근은 1914년 양구군 양구읍 정림리에서 태어났다. 지금 옛 월명리로 넘어가는 길목의 빈 집터에는 현대식 아파트가 송암천 건너 비봉산을 가로막고 서 있다. 유복했던 그의 가정이 파탄을 맞게 된 결정적 원인은 부친 박형지(朴亨智)의 광산 사업 실패이다. 그가 어느 광산에 투자했는지는 알 수 없다. 그러나 당시 양구 지방의 유일한 개발 광산은 수동면 문등리의 형석광이다. 정확하게 DMZ 한가운데 묻혀 있는 이 광산은 29년부터 본격 개발됐지만 사람들은 박형지가 이 광산의 개발 초기에 가산을 탕진했을 것으로 보고 있다.

박수근이 춘천 약사리(현 약사동)에서 노동판을 전전하며 그림을 그리고 있는 동안 부친은 내금강에서 노점 시계 수리점을 했다. 금성으로 이사해 명신당(明信堂) 시계점을 냈던 집은 금성우편소 맞은편의 초가. 금성우편소는 김화우편국의 하급 기관이지만 이미 1908년 우체소가 섰던 근대 체신 행정의 효시로 지목됐던 곳이다.

박수근은 40년 2월 10일 뒷집 처녀 김복순과 결혼했다. 금성감리교회에서 기독교식으로 가진 혼례의 주례는 한사연(韓士淵) 목사였다.

금성교회와 한목사를 이야기하자면 6·25와 함께 말살된 '북한 최후의 교회'와 순교, 그리고 한목사와 박수근 사이의 풀 수 없는 인연의 매듭을 들춰내야 한다.

평남 안주에서 태어난 한목사는 회양 창도 금성 평강 김화 장단 등에서 시무, 그의 목회 여정은 추가령 열곡대를 오르내리다 마감했다.

금성교회는 1914년에 이어 1929년에 재부임, 순교 직전까지 시무해 그의 손때가 구석구석 묻어 있던 교회다. 짚신을 즐겨 신던 그는 교인을 버리고 어찌 혼자 월남할 수 있느냐며 교회를 지키다 50년 10월 3일 원산 앞바다에서 순교했다. 네 사람씩 결박하여 수장시키는 끔찍한 살육이었다. 한목사는 50년 봄쯤 민주당 김화지역구 당수를 맡고 있었다. 그리고 박수근을 김화군 대의원, 부인을 금성면 대의원으로 출마시켜 당선시켰다. 공산당의 나라에서 민주당은 애초부터 들러리일 뿐더러 제거 표적임을 공개하는 것이었다. 박수근의 남행 결행의 직접적인 동기는 그가 늘 표적이 돼왔고 실제로 수배를 받고 있었기 때문이다.

금성역은 철원역 기점 열세번째 역이다. 금성 철교를 건너 백양 향정 하소 광삼을 지나면 김화이다. 박수근이 6·25가 터지자 홀로 남행했던 길이다. 그리고 2년 후 그의 부인이 남편을 찾아 뒤따랐던 그 길이다. 지금 그 길은 중부전선 아산 OP에서 손에 잡힐 듯 내려다보인다.

광삼역과 남대천 철교는 DMZ에 묻혀 있고, 북쪽 북방한계선의 겹겹이 쳐진 철책 너머로는 하소리 아침리가 속살까지 훤히 드러내놓고 있다. 거긴 적삼 자락에 배어나는 땀냄새같이 그의 그림 소재들이 묻혀 있는 곳이다. 그리고 그 어디쯤엔 그의 그림마저 항아리 속에 담겨 묻혀 있다.

그 '보물단지'를 묻은 박수근의 부인은 이미 79년 작고했다. 그의 가족 중 아무도 그림이 묻힌 자리를 아는 사람도 없다. 그러나 그 그림 항아리가 묻힌 장소를 어렴풋이 짐작하기는 어렵지 않다. 부인이 남행하던 52년 10월 전선은 현 휴전선과 대체로 일치해 있었다. 오성산을 거점으로 금성 일대에 주둔하고 있던 중공군은 제15군과 제111군 예하 4개 사단. 한국군 2사단이 주둔해 있던 저격 능선 일대에서 중공군은 통상적인 전선 배치대로 팔백 내지 구백 미터 앞에서 숨을 죽이고 있었다. 늦가을로 접어들자 오성산 기슭의 남대천 계곡은 음산한 음모로 팽팽히 긴장했다.

10월 17일은 소련혁명 기념일. 중공군은 이날을 기해 저격 능선 일대에 대대적인 기습 공격을 계획하고 있었다. 포로 교환 문제를 놓고 난항하던 휴전 협정은 끝내 결렬됐다. 한국 전선의 휴전 문제는 UN 총회라는 본무대에 올려지게 됐다. 이젠 서로 정치적으로 유리한 입장을 차지하려는 전략적 배려가 필요한 시점이었다. 팬플리트 미8군 사령관은 8일 클라크 유엔 사령관으로부터 모종의 재가를 받았다.

젠킨스 미 9사단장은 스미스 미 7사단장에게 김화 북쪽을 예의 주시하도록 명령했다. 전선은 저격 능선과 감봉리 일대의 삼각고지군으로 형성됐다. '쇼우다운' 작전으로 명명된 공격 명령은 드디어 14일 개시됐다. 적의 의표를 찌른 선제 공격이었다. 33번이나 고지의 주인이 바뀌던 이 전투는 42일간이나 지속돼 남대천이 얼어붙은 11월말에야 피차 소득 없이 끝났다. 박수근 부인의 남행길엔 남대천을 막 건너자마자 잠복중이던 미군에 붙들려 작전 상황실로 인도되는 대목이 있다. 꼬치꼬치 적정을 묻는 장교들에게 작전 지도를 가리키며 "여기엔 중공군이 많고 이쪽은 트럭 대열이 있는 것을 보았다"고 가르쳐주었다. 한 고급 장교가 실눈으로 건너다보다가 무어라고 낮은 목소리로 중얼거리자 한국인 통역관이 더 난처한 표정을 지었다. "부인, 이 사람들은 당신이 지도를 볼 줄 아는 사실을 의심하고 있습니다." 부인은 "나는 춘천고녀를 졸업한 금성에서는 엘리트 여성 중 한 사람이었으며 지도 보는 법은 지리 시간에 배웠다"고 말했다. 별 두 개를 단 장군이 큰 손으로 악수를 청했으며 막사가 떠나갈 듯한 큰 소리로 "이 부인과 가족을 피난민 수용소까지 특별 배려해 인도하라"고 지시했다.

그는 미 7사단장 스미스 소장이었을 것이다. 그녀의 남행 날짜를 아무도 기억하지 못하고 있다. 그러나 스미스 소장은 그녀를 만나기 전 쇼우다운 작전을 전개하지 않고 있었던 게 틀림없다. 그렇다면 10월 14일 이전이 남행일이다. 감봉리는 금성 남둔 방통 광삼을 거쳐 남대천을 건너자마자 만나는 옛 도보길의 김화 초입 마을이다. 그렇다면 박수근의 그림 항아리가 묻힌 곳은 남둔에서 광삼 사이의 야산이다. 거긴 지금 갈 수 없는 땅, DMZ의 심장부이다.

순교자

성지는 처참했다. 유지(遺址)라고 하기에는 허물고 부순 흔적이 너무도 뚜렷했다. 그대로 전쟁의 잔해라는 표현이 적절했다.

2층으로 오르는 계단조차 무너져내려 그 건물이 3층 돌집이었다는 흔적은 찾을 수 없었다. 철원제일감리교회는 나지막한 언덕에 기대 서쪽 하늘을 바라보며 그런 모습으로 서 있다.

교회로 올라가는 화강암 계단 스물네 칸은 별다른 의미가 있는 것 같지 않았다. 돌 틈새를 비집고 쑥부쟁이들이 노랗게 꽃을 피웠고, 아메리카 원산의 귀화식물 돼지풀이 우거져 계단을 따라 올라가며 양옆에 도열하고 있었다. '기독교 대한감리회 철원제일교회'란 현판만

100

온전했다. 처연한 벽체에 매달린 그 나무 현판에도 세월의 이끼가 끼어 있었다. 먹물로 음각된 글씨체는 옛날 면사무소 현판처럼 구식체였고 나뭇결마다 세월의 때가 묻어 있었다.

누군가 부서진 옛 예배당을 더듬어 붙여놓은 것일 테지만 그 현판도 어느새 유적이 돼버렸다.

민간인이 살지 않는 옛 철원읍 관전리의 노동당사 옆에 서 있는 제일교회는 그만큼 사람들 가슴속에 잊혀 있었다.

'1936년 부지 1,020평(3,372㎡)에 건평 198평(555㎡) 지하 1층, 지상 3층의 웅장한 성전'이었다는 안내 간판이 없었다면 이 성지는 을씨년스런 전장 폐허에 지나지 않았을 것이다. 더구나 이 터는 지하실 만행의 끔찍한 전설을 간직하고 있다. 전쟁중 인민군 병동이 됐던 이 교회는 양민 학살의 장소로도 이용됐다. 그들이 퇴각하면서 교회는 두 동강이 나면서 무너졌고 틀어박힌 지하실 입구의 돌 몇 덩이를 들어내자 문드러진 손끝을 치켜든 수십 구의 시체가 발견됐다는 것이다. 아우슈비츠의 가스실보다 더 경제적인 양민 학살방법, 간단하게 입구를 틀어막는 생매장 방법이 동원됐던 것이다. 하필이면 거긴 간절한 기도처인 교회 지하실이었다. 이 때문에 그 터는 종교 핍박의 산 증거물이 되기도 하고 때론 학살과 처형의 언덕, 두 얼굴로 각인되고 있다.

정작 DMZ의 성지순례처는 전 어운면(於雲面) 중강리(中江里) 남방한계선의 야트막한 산등성이에 있다. 필승교회이다. 71년 4월 박정희 전 대통령의 하사금으로 건립된 스무 평 규모의 대한민국 최북단 교회이다. 행정 구역이 철원군 동송읍 중강리이지만 민간인이 살지 않는 이 마을 교회에 민간인 신도는 없다.

금강산 가는 옛 길을 뒤편에 두고 앞으로는 DMZ 너머로 끝없이 전

무너져 내린 '철원제일감리교회'. 세월의 이끼 속에는 한국 기독교 피의 수난사가 묻혀 있다.

개되는 평강고원을 향해 서 있는 이 교회의 종탑은 다분히 상징적이
다. 북녘 동포들에게 복음을 전하기 위해 서 있는 교회 같았다. 인민군
병사들에게는 바로 가시거리에 서 있는 종교 구조물이며 집단 농장에
동원되는 북한 주민들도 이 교회에서 은은히 흘러나오는 종소리를 들
을 수 있을 것이다.

이런 상징성 때문에 철원 안보관광 코스에는 늘 필승교회가 포함돼
있다. 대부분 관광객들이 이 교회 좌측에 서 있는 전망대에 올라 철책
에 기대서 북쪽을 바라보고 있는 이 교회의 성스러운 모습에 감격하
곤 한다. 분명히 필승교회는 기독교 미답지를 향해 날아가려는 듯 몸
부림치는 안타까운 모습이다. 북녘 동포들의 선교 개척 사명으로 서
있는 모습이다.

그러나 필승교회를 성지 순례처로 정한 사람들조차 평강고원과 금강산 가는 길목에 수많은 교회들이 철원제일교회처럼 쑥대밭 속에 묻혀 있다는 사실을 잘 모른다. 그리고 수많은 교역자들이 그 교회들과 함께 순교했다는 사실을 잘 모른다.

옛 철원 김화 금성으로는 지금 DMZ가 지나가고 있다. 이 루트는 평강고원을 넘어 원산으로 가는 길목이자 남대천을 따라 금강산으로 가는 길이다. 이 길은 한국 기독교의 선교 루트이기도 했다. 그리고 이데올로기의 갈등 틈새에서 수많은 교역자들을 앗아간 순교 루트이기도 하다.

기독교 대한감리회 『서부연회수난사』(윤춘병 저)에 따르면 11명의 교역자가 이들 지방에서 순교하거나 북한으로 납치당했다고 기록하고 있다. 이 가운데 강종근 목사(철원제일교회, 42년 6월 3일 순교) 김윤옥 목사(철원제일교회, 46년 순교) 방승학 목사(시무교회, 49년 8월 18일)를 제외한 8명의 목회자가 50, 51년 사이 순교하거나 피랍된 것으로 밝혀졌다.

많은 사람들이 이들 교역자들의 죽음을 '순교'로 부르는 것을 부담스러워하는 것 같다. "그 많은 죽음들의 이유 가운데 유독 교역자들만 순교가 죽음의 이유였느냐"고 그들은 묻고 있는 것 같았다. 그건 철원제일교회 터가 교회 유적일 뿐 성지라고 부르는 사람이 없는 것과 같은 이유일 것이다.

김은국의 소설 『순교자』에는 열네 명의 목사가 등장한다. 이 중 열두 명은 하나님을 비난하면서 죽었으니 순교자라고 볼 수 없다. 살아남은 두 사람 중 한(韓)목사는 처형이 두려워 정신이 돌았고 신목사는 자신의 신념을 위해서 죽음을 두려워하지 않았다. 그러나 신목사도 자신이 말했듯이 하나님을 부인했다.

진정한 기독교 순교자는 아무도 없었다. 그러나 작가는 이 소설을 통틀어서 '기독교적 개념의 하나님을 믿지 않으면서 민중에게 희망을 주기 위해 십자가를 졌기 때문에 순교자로서의 그의 가치는 더 한층 높아지는 것'이라고 말하는 것 같았다고 『순교자』의 역자는 후기에서 말하고 있다.

DMZ가 흘러가는 철원 김화 금성 지구의 수많은 교회의 교역자들이 어떤 형태로 죽음을 맞았는지 충분한 기록이나 고증은 없다. 다만 그들 모두가 고통받고 있는 민중들과 함께 있었다는 사실과 능히 죽음을 피할 수 있는 길을 택하지 않았다는 공통점을 갖고 있었다. '민중에게 희망을 주기 위해 십자가를 진' 사실을 주목했던 김은국도 DMZ의 교역자들을 '순교자'로 부르고 싶었을 것이다.

공산당이 교역자들을 검거 납치하기 시작한 것은 이미 해방 직후부터다.

50년 6월 24일, 북한 전 지역에서는 목사 전도사 장로에 이르기까지 일대 검거령이 내렸다. 이미 우익 인사들은 거의 월남한 뒤였으나 교역자들은 그 자리에 있었다.

기록은 감리교단에서 체포된 교역자만도 8개 지역에서 50명에 이르렀다고 밝히고 있다. 이 가운데 46~50년 철원 김화 금성 지구에서 체포된 교역자는 김윤옥 서기훈 이도영 이운성 조춘일 한사연 방승학 장종식 김축수 김유해 등 10명이다.

김윤옥 목사는 평양내무서 복역중 해방 이듬해 사망했다. 방승학·김유해·유득신 목사, 이운성 전도사는 피랍돼 생사를 알 수 없다. 서기훈·조춘일·한사연·장종식·김축수 목사와 이도영 전도사는 총

살되거나 피살됐다. 공교롭게 국군이 38선을 돌파한 50년 9월 10일 이후였다. 후퇴하던 인민군 또는 정치보위부는 다급했던 것이다. 풀포기 돌부리 하나라도 그들의 선교 발부리에 채이지 않은 곳이 없었을 그 땅에서 그들은 순교했다.

1889년 미국인 선교사 해리 영이 갈말읍 지경리 박씨네 집 사랑방에서 첫 선교를 시작한 이래 신문화의 산실로 민족 사상의 발아처로 반공주의자들의 보루로 이어지던 '철원 기독교'는 거기서 막을 내렸다.

DMZ가 지나가는 민통선 북방 지역엔 지금 수많은 교회가 들어섰다. 그러나 서기훈 목사의 순교비가 그의 모교회인 장흥교회에 서 있을 뿐 순교자들을 알고 있거나 기억하는 교회는 드물었다.

젊은 목회자들은 '전승'이나 '계승'이라는 말보다 '개척'이라는 단어를 쓰는 것을 즐거워했다. 무너진 철원제일교회 터를 '성지'라고 하지 않는 것과 같은 이유일 것이다.

장방산의 노목사(老牧師)

장방산(長防山)은 낙엽송 동산이었다. 드넓은 철원평야의 밋밋한 풍경이 심심해서 광주산맥 어디쯤에서 한줌 흙을 떠다 엎어놓은 것처럼 그 산은 작았다. 울창한 낙엽송 밭이 그나마 산 높이를 오륙 미터 더 높여놓고 있었다.

인민군 1개 사단이 장흥뜰을 가로질러 패주하던 50년 10월 느닷없이 커다란 태극기가 게양됐었다는 장방산 마루에는 H자 모양의 하얀 기둥이 빛나고 있었다. 신발 바닥에 묻어나던 장방산 진흙처럼 장흥리 어디서나 묻어나는 이 마을 한의 역사를 고스란히 옮겨놓은 충혼비이다. 84년 11월 18일 '신한 청년회원 및 地方有志' 가 세운 이 비의 비문 속에 새겨진 '가신 님들' 은 무려 29명이나 됐다.

그러나 네 사람의 이름은 정으로 쪼여 지워져 있었다. 그 자국이 아직도 용서할 수 없는 분노와 한이 이 마을에 면면히 흐르고 있음을 말하고 있었다. 충혼비는 이 마을 2대 사건을 요약해놓았다.

"이 비는 西紀 1945年 8月 15日 광복 이후 김일성이 일인 독재 정치로 주민들에게 착취와 횡포를 일삼아서 이에 감리교회를 주축으로 신한청년회를 조직해서 항거하다가 체포되어 수명의 인사가 옥사를 하였고 서기 1950년 6월 25일에는 김일성과 그 앞잡이들이 전쟁을 일으켜서 닥치는 대로 양민을 학살하고 남침하다가 유엔군의 반격으로 인하여 패주하던 중 중공군의 개입으로 다시 남진하던 괴뢰 전초병 2개 소대와 서기 1950년 11월 22일 0시부터 주민들이 혼연일체가 되어 10시간에 걸친 격전 끝에 적병 12명을 사살하고 20여 정의 무기를 노획하는 데 성공하였으나 퇴로가 막혀 후퇴하지 못하고 그들과 끝까지 싸우다가 체포되어 총살을 당하였거나 옥사를 당하여서 혼신도 찾을 수 없이 무참하게 저 세상으로 가신 그분들의 영혼과 넋을 기리기 위하여 만들어진 충혼비입니다."

이 사건의 진원인 장흥교회는 충혼비와 지척의 거리에 서 있었다. '곰보돌' 로 지은 28평의 구 교회에 17평의 벽돌집을 이어붙인 장흥교회는 겉보기에 여느 농촌 교회와 다를 게 없었다. '故 서기훈 목사 순교 기념비' 는 교회 오른쪽 뜰에 서 있었다. 슬레이트 지붕의 낮은 목사관이 삽교천의 찬바람을 막아 동남향으로 열린 그 뜰은 아늑해 보였다. 은행나무 한 그루는 한낮의 뙤약볕을 가려 순교비에 그늘을 드리우고 있었다. 오석으로 세운 순교비는 짧은 비신이었지만 이수와 비좌를 갖출 만큼 정성이 깃들여 있었다.

서기훈 목사가 내무서로 끌려가기 전날 지었다는 시구 '死於當死非當死 生而求生不是生(죽을 때를 당해 죽는 것은 참죽음이 아니요 살면서 생을 구하는 것은 참생이 아니라)' 은 비신 오른쪽 면에 새겨져 있었다. 순교를 각오하면서도 어쩔 수 없었던 인간적인 고뇌를 말하는 것 같았다. 비신의 왼쪽 면에 새겨진 성경 두 구절이 전하는 메시지가 강렬했다.

'한 알의 밀알이 땅에 떨어져 죽지 아니하면 한 알 그대로 있고 죽으면 많은 열매를 맺느니라(요12 : 24)' '나를 믿는 자는 죽어도 살겠고 무릇 살아서 나를 믿는 자는 영원히 죽지 아니하리요(요: 25~26).'

충혼비에 남아 있던 '용서할 수 없는 분노' 는 순교비엔 흔적이 없었다.

철원군 동송읍 장흥리. 38선 이북인 이 마을은 한때 공산치하였고 지금은 휴전선을 머리 위에 이고 있는 '접적 마을' 이다. 이데올로기에 짓밟힌 이 마을의 역사를 충혼비는 이성적으로 표현하고 있었다. 그러나 같은 사건들을 이 마을 사람들은 순교비를 세워 하나님 사랑으로 용서하고 있었다.

감리교단의 첫 반공 희생 사건이자 장흥교회가 연루된 첫 순교 사건은 46년 8월에 일어났다. 사람들은 이 사건을 '장흥리 교회 사건' 또는 '신한 애국청년회 사건' 으로 기억했다. 사건의 진원지인 장흥교회는 이미 1920년 이 마을 고봉기씨 집에서 창립 예배를 드리며 세워진 철원제일교회의 자교회이다. 33인 민족 대표였던 신석구 목사를 비롯해 명관조 박경룡 목사 등이 담임하면서 민족교육이 뿌리를 내리고 있었다.

이시영 부통령은 멀지 않은 장래에 38선이 헐릴 것으로 판단하고 '38선이북관리국'을 극비리에 운영하고 있었다. 이부통령이 감리교인 김윤옥 목사(당시 34세)를 극비리에 만났다. 그는 상해 임시정부 상임이사를 지낸 일재 김병조 목사(1876~1947)의 아들. 부통령은 그에게 38선 이북 강원도 책임자로 반공공작을 해줄 것을 밀령했다. "당신 부친도 감리교 목사이면서 3·1운동을 주도하지 않았느냐. 이 일은 정치 차원이 아니라 민족의 일이요, 애국이다."

부통령의 강권에 김목사는 철원제일교회 부목사로 부임했다. 그리고 장흥감리교회 청년 30명으로 신한 애국청년회를 조직했다. '신한 애국청년회'란 이부통령이 만주에서 결성했던 독립 운동 단체에서 원용한 이름. 46년 3월이었다.

그러나 그해 8월 이 조직은 일망타진됐다. 김윤옥 목사(옥사)를 비롯해 장흥교회 박성배 장로(옥사) 정국한 장로(납치) 김창규 장로(납치) 이성해 장로(현 인천숭의교회 원로 목사) 박정배(당시 36세, 옥사) 김정필(당시 37세, 옥사) 정창화(당시 35세, 옥사) 등 장흥교회 청년들이 줄줄이 포승줄에 묶여갔다. 이들은 대부분 돌아오지 않았다.

김목사는 8년형을 받고 원산형무소를 거쳐 부친이 47년 옥사한 평양감방에서 복역하다 고문사한 것으로 전해지고 있다. 박성배는 8년, 박정배는 5년, 김정필 정창화는 15년을 언도받고 옥사했다. 이삼 년씩 형을 마치고 살아 돌아온 사람들은 모두 함경도 아오지탄광에서 강제노역을 했다.

장방산은 이 사건으로 장흥리 사람들의 한을 심기 시작했다.

장흥리교회의 두번째 사건이 터진 것은 50년 11월 23일. 10월 10일 철원읍에 백골부대가 진주했다는 소식이 전해지며 장흥리에는 '터졌다 38선, 만나보자 부모형제' '이승만 대통령 각하 만세' 등의 구호가 적힌 삐라가 뿌려졌다. 105가구 중 공산당원이 17가구(일부에서는 30가구로 주장)나 되던 마을은 치안이 유지되는 듯했다. 그러나 11월 8일 백골부대는 후퇴했다.

주민들도 포천까지 남하했다가 다시 북진하는 국군을 따라 16일 마을로 돌아왔다. 23일 새벽 마을에 급보가 전해졌다. 패주하던 인민군 1개 소대가 마을로 진입하고 있었다. 장병산에서 정규군과 농민들이 맞붙은 '대첩'이 벌어졌다. 17명을 사살하고 1명을 생포했다. 무기 20점도 수습했다. 이 전투의 주역들이 장흥리교회 청년들이었다. 그러나 전세는 또 바뀌었다. 주민들은 또 남하해야 했다.

경기도 포천군 관인면 냉정리는 장방산에서 남쪽으로 십릿길 남짓한 이웃마을. 마을 사람들을 둘러보던 장흥교회 서기훈 목사(당시 68세)는 "열 집이 마을을 떠나지 못했다"고 말했다. 서목사는 가족을 이끌고 한밤중 마을로 되돌아왔다. 내무서원의 섬짓섬짓한 방문과 끊임없는 폭격이 시작됐다. 열 집의 마을 주민들은 폭격을 피해 방공호에 은신해야 했고 내무서원을 피해 아궁이나 돌각 더미에 숨어야 했다. 서목사는 늘 새벽종을 쳤다. 노목사가 홀로 지키는 새벽 제단의 종소리를 들으며 방공호 속에 은신해 있던 마을 사람들은 아침을 알았다.

흰 두루마기에 지팡이를 짚은 노목사는 전장의 한가운데에 휩싸인 마을을 매일 심방했다. 달력과 시계가 있을 리 없는 은신처를 찾아다니며 날짜를 알려주었다. 지옥 같은 하루하루를 살아가는 그들에게 날짜를 세라고 일러주었다. 그건 손을 꼽아 희망의 날을 헤아리라는 충고였을 것이다.

노목사는 내무서원들에게도 당당했다. 50년 10월 인민군이 패주하던 어느 날 마을 청년들은 토마토 빨갱이 30명을 잡아다 공회당에 감금했다. 이미 두 사람이 처형됐으며 그들은 이미 지독한 죄과를 벗어날 상황이 아니었다. 허겁지겁 달려온 서목사는 청년들을 심하게 꾸짖었다. "나는 너희들을 떠나겠다"고 나무랐다. 내무서원들도 '원수를 사랑한' 노목사를 알고 있었다. 그러나 그들은 목사의 외아들 기택(현 인천 영화학교 교장)씨를 내놓으라고 요구했다. "목사의 아들을 어떻게 하진 않을 것 아니냐"던 그들은 외아들을 데려다 사요리의 한 창고에 가둬버렸다. 그리고 밤마다 불을 밝혀놓았다. 불빛은 폭격기의 좋은 표적이다. 그들은 목사의 아들을 그렇게 희생시키고 싶었다.

장흥리에 큰눈이 내렸다. 서목사가 기거하던 장흥뜰 끝 대교천변의 한 집사네 집에 이른 아침 내무서원이 찾아왔다.

"목사님, 가십시다."

눈 위에 찍힌 노목사가 짚고 간 지팡이 자리는 마을을 가로질러 장방산 마루에서 멈춰 있었다. 장흥교회 뜰안이 환히 내려다보이고 장흥리가 한눈에 들어오는 곳이다. 그리고 동송읍 사문안 골로 이어져 있었다. 거긴 아직도 철원 사람들이 "그곳으로 끌려간 후 살아온 사람이 없다"고 해 '불사환(死不還)'으로 고쳐 부르는 곳이다.

장흥교회 이금성(56) 장로는 소년 시절 어른들 사이에서 일어났던 장흥리 사건을 두 눈으로 똑똑히 본 장본인이자 부모 형제를 그 사건에 연루해 잃은 희생인이다.

만일에 당시 내무서원을 하던 그 사람들이 다시 마을에 찾아와 살겠다고 한다면 어떻게 하겠느냐는 질문은 의미가 없었다.

그날들을 증언하던 마지막 대목에 그는 "우린 그들이 찾아온다면 다 용서하고 함께 살 겁니다"라고 거칠 것 없이 쏟아놓았다. 한 알의 밀이 떨어져 죽은 후 맺은 많은 열매들이 장방산 기슭에 그리고 이웃에 먼 동네에 살고 있는 것 같았다.

충혼비 언저리는 정성스럽게 벌초를 해놓았다. 이장로는 "음력 7월 그믐날 김정필씨의 미망인이 왔다 가시더니 그분이 해놓은 것이 틀림없다"고 말했다.

김정필 그는 신한 애국청년회 섭외부장을 맡았던 장흥교회 교인이었다.

그날 금성교회는 종이 울리지 않았다

유독 금성 사람들은 金城을 '김성'으로 부른다. 김화에서 金化를 '금화'로 읽었다가는 당장에 '타동 사람'으로 탄로가 나 '김화'로 발음하도록 강요당하는 것과 같은 이치일 것이다.

그러나 '김성'은 김화읍에서도 낯선 이름이다. 미수복 지구로 행정구역 속에 포함시키며 우리땅이라고 주장하는 김화 사람들도 金城을 김성이라고 부르지 않는다. 김화읍 학사리 와수리 사곡리 어디서나 '김성'은 이북 사투리처럼 어색했다.

감봉리 앞 남대천을 가로지르며 지나간 DMZ가 불과 50리 밖 이웃 동네를 어느새 이렇게 멀게 했다. 그 때문인지 김화에서 만난 金城 사람들의 김성 추억은 어디다 내놓을 것조차 없는 병처럼 자신만 아는 가슴속 얘기가 돼 있었다.

"장질부사나 폐병을 앓고도 살아난 게 자랑거리가 될 수 없잖아요? 인공 치하에 넌덜머리를 내지 않고 월남한 사람이 있겠소? 누가 들어 줄 리 없는 할아버지 얘기를 자꾸 하면 뭣해. 그래서 혼자 가슴에 새겨 두고 사는 거죠."

김화교회 권사 한영순(64)씨는 순교사를 얘기할 때마다 커다란 바위처럼 반열에 오르던 금성교회 한사연 목사의 친손이다. 김화 부읍장까지 지내고 행정 서사를 하는 유지이지만 마을 사람들은 그의 할아버지 얘기를 흥미없어했다.

"박수근씨 알아요? 우리 도화 선생이었는데 '절구질하는 여인' 그림을 그리는 걸 옆에서 보았는데 그렇게 머리를 짜내며 고민할 수 없었어요. 월남해서 서울 창신동에 살던 그분을 한번 찾아갔는데 마침 그 때의 그림을 다시 그리잖겠어요. 울컥 가슴이 메어지며 김성이 그리워지고 할아버지가 그리워집디다. 박수근씨는 우리 할아버지가 주례를 섰고 부인 김학순씨네 집도 다 잘 아는 이웃이었을 뿐더러 우리 교회(금성교회)를 다녔지요."

느닷없이 박수근의 이야기를 꺼냈다. 말라 있던 그의 가슴에 '김성의 옛 추억'이 젖어드는 것 같았다.

'김성'의 낯선 어감처럼 영순씨가 홀로 간직하고 있는 금성교회 순교사는 고독했다.

그의 '김성 추억 증언대'는 멀지 않은 곳에 널려 있었다. 가루개 고개를 넘어서자 북쪽의 오성산은 덜컹 가슴이 내려앉도록 가깝게 서서 위압하고 있었다.

옛 김화읍은 그 산 아래 벌판에서 잠자고 있었다. "여기가 정치보위부 자리 저기가 인민위원, 김화역은 저쪽편……" 한씨의 통한만 껑충 껑충 벌판을 뛰어다녔다.

그가 원산으로 압송되던 조부를 마지막 본 정치보위부, 그리고 한 목사의 맏아들 문옥이 철사에 묶여 폭사당한 동굴, 막내아들 병옥이 공의로 동원됐다가 살해당한 인민병원이 있던 읍내리는 사람이 살지 않고 있었다. 옛 금성 가던 신작로에 햇볕만 쏟아져내렸다. 갯버들 숲 속에 숨어 있던 남대천은 덩달아 양철판처럼 반짝였다.

'짚신의 노목사'로 더 잘 알려졌던 한사연 목사가 순교할 당시 나이는 75세.

1875년 7월 18일 평남 안국군 용두면 운풍리에서 태어나 1907년 7월 기독교에 입교할 때까지 그의 삼십평생은 침 잘 놓고 약 잘 지으며 총 잘 놓기로 유명한 사람이었다. 고미탄은 송아지 한 마리를 끌고 들어가면 어미소로 키워 잡아먹어야 나올 수 있다는 첩첩산중. 부인 김해 김씨를 고미탄에 홀로 두고 그는 세상 밖으로 쏘다니다가 세례 교인이 되어 돌아왔다.

1909년 권서인이 되어 전도를 시작해, 11년 회양, 14년엔 금성구역에서 시무를 했으며 17년엔 남감리교회에서 전도사 직첩을 받았다. 다시 18년 장단읍, 20년 창도 구역에서 시무했으며 21년엔 사녕 구역장, 22년에 남감리교회에서 목사 안수를 받았다. 24년엔 평강 구역장 26년엔 협성신학교(감신대 전신)를 졸업하고 29년엔 금성 구역에 재차 부임했으며 42년 1월부터 김화 창도 금성 3교회 감리사로 시무하다 8·15 해방을 맞았다. 그리고 50년 6월 24일 늦은 밤 내무서원에 납치돼 그해 10월 3일쯤 원산 앞바다에서 수장, 순교했다.

그의 목회 인생에는 장보라는 금성부호가 늘 등장한다.

한목사가 기미년 만세사건에 연루돼 서대문 형무소에 복역하는 등 일제에 의해 두 번씩 옥살이를 하는 동안 장보라는 늘 힘있는 동조자가 돼줬다. 그리고 소위 교회에 '독립 헌금'을 만들어 상해임시정부에 독립 기금을 보내거나 신사참배 거부 예배를 드릴 때도 그는 말없는 지지자가 돼줬다.

그러나 일제가 떠나자 그의 태도는 이상하게 변해 있었다. 해방 직후 금성 지역자치 위원장은 한목사의 맏아들 문옥씨가 맡았다. 장보라는 경찰조직을 장악했다. 이때부터 장보라는 대중 앞에서 스스로 그의 참모습을 드러냈다. 그는 연해주파에서 독립운동에 가담했고, 드디어 공산당원임을 표방했다.

"모두먹기패(공산주의)는 안 된다"는 한목사의 설교는 장보라의 이론과 번번이 충돌했다.

48년 11월 3일 38선 이북에서 최초의 선거가 치러졌다. 공산당의 절대적인 힘의 평정을 이루기 위해 치른 이 선거는 반공주의자는 물론 마르크스 레닌의 이론을 신봉하지 않는 기독교도들을 박해하기 시작하는 신호탄이 됐다.

내무서는 금성의 유지들을 제거하기 시작했다. 기독교인들은 '이중생활을 하는 사람'으로 부르기 시작했다. 고등 중학교에서는 이중 생활을 하는 사람들의 자녀들을 방과후 따로 모아 두 시간씩 사상 교육을 시키기도 했다. 물론 한목사 교회의 교인 자녀들이었다.

어느 날 밤 금성 읍내에서는 문옥씨를 비롯해 사상이 의심스럽다고 인정된 마을 사람들이 모두 내무서에 연행되는 사건이 일어났다. 한목사는 "너희들이 드디어 마각을 드러냈다"며 흥분한 군중들의 앞줄에 서서 항의했다. 장보라의 집은 이날 밤 투옥된 이들의 가족과 이웃들에 의해 쑥밭이 돼버렸다. 그러나 장보라는 기다렸다는 듯이 평양과 원산에 전화를 걸어놓고 뒷문으로 빠져나가 잠적했다. 이튿날 새벽 2시 창도 쪽에서 금강산 철도를 미끄러져 내려온 임시 열차에서는 2개 소대의 무장 군인들이 내렸다. 장보라는 다시 내무서로 돌아왔고 금성의 젊은이들은 이날 이후 대거 38선을 넘어 월남했다.

한목사의 가족사는 이때부터 참담하게 쓰여지기 시작했다. 한목사는 슬하에 문옥 명옥(영순씨의 부친) 상옥 병옥 등 네 형제와 끝으로 외동딸 만옥을 두었다. 그는 자식들을 관리로 키우지 않았다. 일제의 긴 터널을 지나면서 '이 시대에 살아남을 수 있는 남자는 농사꾼과 의사밖에 없다'는 사실을 터득한 듯하다. 그는 젊은 사람들에게 늘 농사꾼이 되든가 의학을 공부하라고 가르쳤다. 그의 아들들도 맏이와 둘째는 농사꾼이, 셋째 넷째는 세브란스를 나와 내과의가 돼 상옥씨는 창도에서 병옥씨는 통구에서 개업했다. 그러나 한목사는 공산 치하에서는 농사꾼이든 의사이든 기독교도는 살아남을 수 없다는 사실은 몰랐던 것 같았다.

그의 입버릇처럼 그는 자식들보다 먼저 순교로 하늘나라의 부름을 받았다. 6·25 전날 밤이었다. 이미 금강산 전기 철도로 수많은 탱크 대포가 김화 철원으로 실려간 뒤인 금성은 며칠째 무섭도록 적막감이 감돌았다. 막 잠자리에 든 한목사를 누군가 불러 깨웠다. 회의가 있다고 했다. 공산당은 회의를 좋아했다. 한목사는 사나이를 따라 집을 나섰다. 자정을 한 시간여 앞둔 늦은 밤이었다.

전쟁이 나던 날 금성교회의 주일 종은 울리지 않았다. 한목사는 간밤에 돌아오지 않았다. 평양은 전쟁 전날 밤 일제히 교회 지도자들의 검거령을 내렸던 것이다. 그날 멎은 교회종은 더이상 새벽을 알리지 않았다. 금성의 스산한 새벽 거리는 대신 흉흉한 소식들이 굴러다녔다. 누가 붙들려갔고, 누군 밀고를 당했다는 등 교인들의 아침은 늘 두려웠다.

한목사의 막내아들 병옥씨는 병원을 빼앗겼다. 프락치 한 명이 긴 간호원 세 명이 김화인민위원 공의로 동원됐다. 영순씨는 김화고급인민중학교에 다니고 있었다. 7월말쯤 고급중학생들은 전선에 동원되기 위해 김화인민병원에서 신체 검사를 받으라는 통지를 받아놓고 불안한 나날을 보내고 있었다.

우연히 김화정치보위부 울타리 옆을 지나가던 영순씨는 낯익은 노인이 동아줄에 묶여 가는 모습을 보았다. 스무 명 남짓 돼 보이는 기다란 줄 속에 있는 우람한 체구의 백발 노인은 할아버지가 틀림없었다.

"할아버지!"

일제 트럭 위로 끌려 올라가던 한목사는 고개를 돌렸다. 그리고 강도상에서 설교하던 때의 그 목소리보다 더 큰 소리로 외쳤다.

"영순아, 네가 이제 증인이다. 증인이다."

그 말을 남기고 한목사는 끌려갔다. 그해 10월 영순씨는 쑥고개 칠성정에서 철사에 묶여 총살당한 시체 더미를 뒤져 막내작은아버지 병옥씨의 주검을 찾아냈으며 한껏 이삭이 늘어진 조밭 사이에 그를 묻었다. 표식으로 돌맹이 하나와 삼촌의 구두 두 짝을 무덤 위에 올려놓았다. 이미 죽음이 목전에 와 있음을 느낀 한목사 가계는 뿔뿔이 헤어졌다.

훗날 영순씨는 국군 6사단에 편입돼 금성 전투에 참가했다. 마을 사람들이 들려준 한목사의 가계는 싹도 없이 무너져버린 듯 참담했다.

장남 문옥은 김화읍 생창굴 속에 묶여 폭사당했으며 둘째 명옥은 월남, 셋째 상옥은 원산으로 끌려간 뒤였다. 해주교회 사모로 시집간 만옥의 소식도 깜깜했다.

영순씨는 남쪽에서 휴전을 맞았다.

고향을 지척에 두고도 갈 수 없는 금성 사람들끼리 연말 모임을 갖던 날이다. 신시욱(작고)씨라는 사람이 한목사를 안다고 했다. 그는 원산 앞바다에서 네 사람씩 묶여 다리에 돌을 달고 수장되기 직전에 탈출한 사람이다. 신씨는 한목사가 그렇게 세상을 떠났다고 전해줬다. 50년 10월 3일쯤을 신씨는 그날로 기억했다.

영순씨는 그날을 잊지 않지만 기일로 지키지는 않는다. 할아버지 한목사는 "하나님이 부른 날을 기일로 지키지 말라"고 늘 가르쳤다. "그 기쁜 날을 슬퍼해서는 안 된다"고 말해왔다.

김화에서는 한영순씨나 옛날 금성교회를 다녔던 '김성 사람'들 중엔 제사를 지내지 않는 집들이 있다고 요즘도 이상하게 여긴다.

흰등줄쥐는 매일
바이러스 화장을 한다

전선에 창궐한 광견병

추락하는 독수리는 상상이 잘 안 된다. 미친 오소리가 발바리를 공격했다는 사실도 다분히 만화적이다. 그러나 일곱 마리의 독수리가 추락했으며 오소리에 물린 개는 미쳐 날뛰었다. 지난 겨울 DMZ 일대에서 진행되고 있는 불가사의 2제이다.

떨어진 독수리는 모두 썩은 고기도 먹어치우는 '청소용' 독수리였다. 어쨌든 겨울철 북쪽에서 날아오는 이 대형 철새가 발견된 것 자체가 12년 만의 기이한 사건일 뿐더러 거대한 몸집의 위용을 포기하고 모두 추한 꼴로 나타났다는 사실도 고개를 갸웃거리게 하는 부분이다.

광견병은 아직 종식을 선언한 병은 아니다. 그러나 지난 87년 이래

118

단 한 차례도 발생하지 않았다. 제22종 법정 전염병인 이 병은 국제수역학회(OAI)에 막 종식을 보고하려던 찰나였다.

지난 겨울 독수리 사태와 광견병 발생은 전문가들마저 "가히 폭발적"이라는 표현을 썼다.

독수리가 떨어진 양구-화천-철원-연천, 광견병이 발생한 화천-철원-연천 라인은 아주 유사한 점이 있다. 이 라인이 민통선을 넘나들며 대개 DMZ와 일정한 거리를 유지한 채 이어진다는 점이다. DMZ 남쪽 최초의 민간인 거주 지역들인 것이다.

민통선 주민은 물론 군인들도 긴장하지 않을 수 없었다. 그로 인해 DMZ 일대에 거대한 바이러스 감염대가 형성된 것이 아닌가 하는 불길한 생각에 휩싸였던 것이다. 또한 DMZ 내에 언젠가 폭발할지 모르는 바이러스군이 잠재해 있을 수 있다는 가정도 가능해진 것이다. 그 같은 가정은 상당히 오래 전부터 수의학자들 사이에서 거론됐다.

한때 민통선 일대에서 우폐역으로 소가 자주 죽었다. 우폐역에 걸린 한우의 혈청 조사를 하는 가운데 휴전선 일대에 대한 중점적인 확대 조사의 필요성이 제기됐다. 그러나 이 델리킷한 조사는 크게 진척되지 않았다. DMZ에 관한 어떤 정보도 민간인이 소유해서는 안 된다는 시각이 이런 류의 조사를 압박했기 때문이다.

일곱 마리의 독수리는 모두 원기를 회복하여 자연으로 돌아갔다. 도 산림환경 연구원이 보호해 방사한 독수리가 네 마리, 조류협회 철원군 지부가 보호하다 방사한 것이 세 마리이다.

원인은 한결같이 굶주려 탈진했다는 것이다. "먹이사슬이 끊기자 덩치 큰 새가 그만 굶어죽을 뻔하다 구출됐다"고 간단하게 해석해버렸다. 그렇다면 왜 휴전선 독수리만 굶었을까? 행동 반경이 수십 킬로

굶주려 양구에 추락한 독수리. DMZ 일대가 바이러스에 감염되었다는 불길한 징후로 읽혀진다.

미터나 되는 이 날개 큰 동물이 왜 같은 시기에 같은 장소에서 동시다 발적으로 추락하는 추태를 부렸을까?

　83년 12월 화천에서 잡힌 독수리 두 마리는 한 가족인 것으로 보였 다. 14일 오후 3시 40분 화천군 사내면 사창리 모부대변 미루나무에 암 갈색에 흰 부리를 한 독수리 한 마리가 날아와 앉았다. 그는 초조해 보 였다. '하늘의 왕자' 같은 위엄이 없어 보였다. 갑자기 중심을 잃고 흔 들거리다가 그대로 땅바닥으로 추락해버렸다. 부대를 방문한 예기치 않았던 '외빈'을 관찰하던 초병은 "마치 나뭇가지에 걸어놓은 검은 색깔 빨래가 떨어지는 것 같았다"고 어이없어했다.

　사흘 후인 17일 오후 3시 30분쯤 사창리에서 3km쯤 떨어진 삼일 2 리. 무심코 창밖을 내다보던 부대장은 불시 부대 방문자의 방자한 태 도에 입을 다물지 못했다. 연병장 한가운데를 뒤뚱뒤뚱 걸어오고 있는 거대한 독수리는 흡사 뒷짐을 지고 오만을 떠는 취객의 모습 그것이었다. 덥수룩한 흰 수염 달린 얼굴을 좌우로 흔들며 "누구 없느냐"는 듯한 태도였다. 군인들에게 붙들린 독수리 두 마리는 각각 닭고기와 생태 대접을 받았다. 그리고는 각자 군용 지프차와 화천군청 코란도를 번갈아 타고 춘천의 산림환경 연구소로 후송됐다.

독수리 소동이 삽시간에 알려지자 주민들은 "독수리 두 마리가 날아왔는데 남편이 먼저 병들어 죽은 줄 알고 아내가 그 뒤를 뒤따르려 한 것 같다"고 말했다. 그러나 두루미처럼 독수리도 절사(節死)를 한다는 기록이나 고사는 없다.

철원평야에서 출현한 독수리는 더 극적이다.

94년 1월 26일 오후 2시 철원읍 사방지리에서 날아가던 독수리가 DMZ 철책선에 부딪히며 추락했다. 이틀 후인 28일 오후 2시 30분 연천군 신서면 백석동에서는 부대 정문 앞을 서성대다 붙들렀다. 이튿날 오후 1시 철원읍 화지리 간선도로를 자동차를 몰고 가던 화지5리 이장은 어처구니없는 장면을 목격했다. 커다란 독수리 한 마리가 마치 교통 정리를 하듯 삼거리 한가운데를 서성이고 있었다. 번쩍 들어 차에 태우자 그는 얌전한 아이처럼 앉아 있었다.

세 마리는 조류협회 철원군 지부 김종식씨 등이 마련한 임시 우리에 보호돼 하루 1만2천원어치의 닭고기와 생선을 먹어치웠다. 독수리 우리 주변엔 '독수리가 간질에 특효'라는 소문이 나돌아 조류협회 회원들이 20여 일간 밤잠을 설치기도 했다.

같은 해 2월 20일 민통선 북방 구철원역에서 보호되던 세 마리의 독수리가 날아간 후 더이상 추락하는 독수리는 나타나지 않았다. 배고픈 독수리는 더이상 없는 것인지, 아니면 끊긴 먹이사슬이 이어진 것인지? 굶주려 죽는 야생동물이 있다면 그건 자연도태란 방법을 빌린 생태계의 오묘한 섭리이다. 그러나 무더기로 떨어진 독수리떼가 모두 먹을 것이 없어 기력을 잃었다는 설명은 설득력이 없다.

DMZ 자연계에 이상이 생긴 것 같은 음산한 뉴스가 또 날아왔다. 오소리 한 마리가 발바리에게 물려 죽었는데 그 의기양양하던 개가 미쳐버린 것이다. 그리고 여덟살 난 이웃집 아들과 옆집 개 두 마리를 물어버리고 달아나더니 죽어버렸다. 93년 9월 철원군 동송읍 오지1리에서 발생한 일이다. 오지리는 DMZ의 턱밑이다. 18일 오후 5시쯤 이웃집 어린이와 이웃집 개 두 마리를 연거푸 물고 달아난 발바리는 이틀 후 폐사체로 발견됐다. 10월 7일 가축위생연구소의 병성 감정 결과는 진성광견병.

병인 루트가 중점 조사됐다. 조사팀은 이 발바리가 8월 18일 밤 오소리와 싸운 사실을 확인했다. 19일 아침 발바리 주인 김씨는 놀라운 광경을 목격했다. 8년생 발바리가 철사도 끊어버리는 이빨을 가진 오소리를 잡아놓은 것이다. 용감한 발바리는 간밤의 싸움이 처절했을 텐데도 큰 상처가 없었다. 일방적인 승부가 확실했다. 대견했다. 그러나 조사팀은 그날 밤 발바리의 무용담을 듣는 순간 광견병인의 루트를 가정해낼 수 있었다.

'오소리는 광견병을 앓고 있었으며 극도로 건강이 악화된 상태에서 개를 공격하다 역습을 당했다. 발바리가 우세한 일방적인 싸움이었지만 개도 물렸을 것이다. 이때 공수병원균인 래비즈 바이러스(Rabies Virus)가 오소리의 타액에 묻어 개에 전염됐으며 1개월간 잠복기를 거쳐 발병했을 것이다.'

오소리는 어디서 공수병 바이러스에 전염됐을까? DMZ와 민통선 일대의 야생지역이 의심스러웠다. 그곳은 사실상 야생동물들이 간섭 없이 살아가는 곳일 뿐더러 모든 포유동물은 문제의 바이러스를 보유할 수 있기 때문이다.

94년 들어 첫 광견병은 경기도 연천에서 발생했다. 2월 12일이다. 이튿날은 철원 문혜리에서, 3일 후인 15일은 화천 마현리, 20일은 철원 와수리, 25일은 문혜리에서 또 광견병이 발생했다. 26일 동송읍 장흥2리에서 30대 여자가, 27일은 이웃 마을 이평리에서 50대 여자와 30대 남자가 기르던 자기집 개에게 물렸다고 신고했다.

폭발적 추세다.

화천 마현리에서 연천까지 광견병 발생 지점을 연결한 이 라인 배후에는 야생동물의 서식 밀도가 높은 DMZ가 기어가고 있다. DMZ 야생동물이 광견병을 옮겼다는 개연성이 또다시 제기됐다. 마현리 사건은 이 같은 개연성과 추측을 아주 견고하게 뒷받침했다.

15일 오전 9시 이 마을 적근동 군인 관사에서 아홉살 난 어린이가 두살짜리 발바리에게 눈 언저리를 물렸다. 이날 오후 한두시 사이 놈은 다시 군인 가족 두 사람에게 달려들며 다리를 물었다. 군인들이 달려와 개를 사살해버렸다. 가검물에서도 물론 광견병 양성 반응으로 판정됐다.

적근동은 군인 아파트촌. 최전방의 이 군인 가족촌은 사실상 일반인 출입이 통제돼왔다. 배후는 1,074m의 대성산, 1,073m의 적근산이 솟아 있는 광주산맥의 연봉들이다. 북쪽으로는 북진능선 등 DMZ 능선들이 흘러가고 있다. 군인들은 너구리 오소리 등을 마을 주변에서 발견하는 것은 어렵지 않은 일이라고 말했다.

급기야 정부는 "휴전선 부근의 민간인 통제선 완화로 광견병에 걸린 야생동물과 가축 간의 접촉 기회가 높아지면서 이 병이 널리 번진 것으로 추정한다"고 입장을 밝혔다.

광견병에 걸린 야생동물, 그것은 오소리와 너구리만을 지칭하는 것은 아니다. 모든 온혈동물, 모든 포유류가 이 병에 걸릴 수 있다. 살쾡이 여우 고라니 노루 궁노루 들쥐는 물론 꿩 올빼미까지…… 그리고 예리한 이빨을 공격용으로 쓰는 모든 야생동물은 공포의 바이러스를 전염할 수 있다.

광견병 바이러스는 신경조직을 아주 좋아한다. 신경조직에 침투한 바이러스는 척추를 통해 뇌로 치닫는다. 이때까지는 잠복기. 광견병 백신은 이때까지만 통한다. 바이러스가 뇌에 도달하면 발병기. 동물은 미치기 시작하며 이때부터 동물의 침에서 바이러스가 섞여 나오면 다른 동물을 노리는 것이다. 일단 미친 동물은 살아남을 수 없다. 사람도 예외가 아니다.

최근의 광견병 사태가 야생동물에서 비롯됐다면 지금 DMZ의 동물 사회에 대한 상상은 참혹하다. 미친 너구리가 너구리를 물고, 너구리가 오소리를, 오소리는 고라니를 공격하고 있을 것이다. 물 줄 모르는 노루는 혼자 신음하다 억울하게 죽어갈 것이다.

북한은 국제수역학회의 미보고국이다.

문득 지난해 8월 북한을 탈출한 전 인민군 중위 임영선의 증언이 뇌리를 스친다. 그는 "전선의 인민군은 지금 '이·옴과의 전쟁'을 치르고 있다"고 말했다. 이와 옴이 창궐하던 시대는 우리도 광견병이 있었다. 짐승의 돌림병에 관한 어떤 보고도 할 의무가 없는 북한엔 지금 광견병이 창궐하고 있는지도 모른다.

너구리나 오소리는 잡초에 묻힌 시멘트 말뚝을 무서워하지 않으며 그 뒤에 새겨진 '군사분계선'이란 희미한 글자를 읽지 않는다. 야생의

등줄쥐는 매일 침을 묻혀 얼굴을 닦고 온몸을 마사지하는 습성이 있다. 한탄바이러스로
화장을 하고 길을 나서는 셈이다.

그 평화가 래비즈 바이러스를 매개한다는 가정은 지금 DMZ에는 또
다른 바이러스도 잠재해 있다는 가정을 낳을 수밖에 없다.

한탄강에서 발견한 한탄바이러스

  판문점에서 휴전회담이 계속되고 있는 동안 전선은 소강상태에 들
어가 있었다. 평강고원 턱밑에 형성된 전선은 전진도 후퇴도 하지 않
았다. 철의 삼각지는 엎치락뒤치락하며 사상자만 쌓여갔다. 유례를 찾
아볼 수 없는 '제한 공격'이라는 전술은 근거리 고지 쟁탈전을 하며
엄청난 소모전을 강요했다.
  51년 7월 10일 첫 휴전회담이 개성에서 열린 이래 만 2년 17일 만에
휴전을 성사시켰지만 UN군은 엄청난 대가를 치렀다. 그 중엔 억울한
죽음도 많았다. 고작 한탄강변의 개활지를 수색하거나 들쥐들이 오줌

을 싸놓고 달아난 풀더미에 코를 박고 매복을 했을 정도인데도 앓거나 죽어갔다. 교전 사실이 없는 병사들이 죽어가는 이상한 희생이었다. 몸살감기처럼 오한을 하다 갑자기 혈압이 뚝 떨어지고 다시 오심 구토 딸꾹질을 하다 쇼크를 일으키고 죽거나 최소한 3주, 길게는 3개월 정도를 앓다 회복되기도 했다. 최첨단을 자랑하던 미 야전 병원의 어떤 치료도 듣지 않았다.

미 군의관들의 공식집계로는 51년 가을부터 53년 7월까지 이 병을 앓은 병사는 3천여 명. 고지 쟁탈전 이면에 무서운 속도로 전염되면서 전력 낭비를 하고 있는 이 괴질을 규명하기 위해 많은 미국 의학자들이 날아왔다.

이와 유사한 괴질은 과거 소련연방의 극동지방에서도 나타났었다. 1930년대 이 병을 신증후출혈열(腎症候出血熱)이라고 보고했던 구소련 학자는 이미 1913년쯤도 비슷한 괴질이 있었다고 기술했다. 40년대는 만주에서 나타나 '송고열(Songo fever)'이라는 이름으로, 한국전 직후에는 스칸디나비아에서 그리고 60년대는 일본에서도 나타났다. 모두 UN군 병사들이 앓고 있는 괴질과 임상 증세, 병리학적 소견이나 역학적 양상이 아주 유사했다.

미국 학자들은 한국전쟁 기간을 포함, 거의 10년 동안 한국에 존재하는 각종 전염병에 대한 혈청학적 조사를 시행했다. 결국 그 증세대로 '한국형 출혈열'이라는 이름을 붙여놓았을 뿐 아무것도 찾아내지 못하고 돌아갔다.

전쟁은 끝났으나 이 질병은 사라지지 않았다. 철의 삼각지 일대에서 수많은 군인을 괴롭히다가 70년대 이후엔 농민들을 괴롭히기 시작했다. 매년 수백 명이 한국형 출혈열에 시달렸다.

어떤 사람은 중국 군대가 대륙에서 묻혀와 오염시킨 '귀화병'이라고 했다. 또는 시체더미로 뒤덮인 백마고지에서 기온 습도가 맞아떨어지면서 알 수 없는 생화학적 반응을 일으켜 생긴 지구상 신종병이라고도 했다.

지난 76년 고려대 미생물학교실 이호왕 교수는 끈질기게 그 실체를 드러내지 않던 한국형 출혈열의 병원 항원을 들판을 마구 쏘다니는 등줄쥐의 폐조직에서 발견해냈다. 그리고 '코리아 항원'이라고 명명했다. 병원체와 자연계 숙주를 발견해냈고 혈청학적 진단을 할 수 있는 오랜 숙제를 풀어낸 것이다. 또한 구소련 만주 핀란드 스웨덴 덴마크 일본에서 출현하던 출혈열의 병원체가 한국형 출혈열의 병원체와 같다는 사실도 밝혀냈다.

드디어 81년 지구상에는 우리나라 최초로 한국의 지명을 딴 바이러스 하나가 등장했다. 이 교수는 한국형 출혈열의 병원체를 '한탄바이러스(Hantaan virus)'로 등록했다. 최근에는 한탄바이러스에 대한 항체 양성자들이 그리스 인도 가봉 중앙아프리카공화국 알래스카 볼리비아에서도 증명돼 이 바이러스가 전세계에 분포돼 있음을 밝혀냈다. 지구 구석구석에서 슬금슬금 촌락들을 휩쓸고 다니던 괴질, 통상 유행성 출혈열이라고 부르는 이 병의 정체를 밝혀내는 데는 이 같은 곡절이 숨어 있었다.

유행성 출혈열 때문에 가을 들일이 걱정스런 사람들은 요즘 보건소에서 '한타박스'를 맞는다. 한타박스는 이호왕 교수팀, 목암연구소, 녹십자가 89년 공동 개발에 성공한 유행성 출혈열 예방 백신이다. 이 백신의 항체 양전율은 99%. 주사 한 대로 그해 가을을 걱정 없이 보낼 수 있다. 더구나 일정 기간 추가 접종할 경우 일생 면역이 생겨, 사망률

7%를 기록하고 있는 유행성 출혈열에 대한 두려움은 이제 크게 줄어든 것이다.

유행성 출혈열 환자 발생 수치는 정확히 집계되지 않았다. 그러나 지난 88년 6월호 대한의학협회지의 통계에 따르면 85년 697명, 86년 706명, 87년 701명으로 집계되고 있다. 물론 이 같은 숫자가 유행성 출혈열로 의심돼 입원한 환자 중에서 혈청 진단을 통해 확인한 것이기 때문에 실제 환자 수는 이보다 더 많을 것이다.

한타박스가 시판되기 시작한 90년 가을 이후는 과연 예방 백신이 크게 공헌한 탓인지 이 병이 그렇게 세인의 관심을 끌지 못하고 있다.

해마다 추수철이면 으레껏 유행성 출혈열 주의보가 전국에 떨어진다. 그러나 웬일인지 최근엔 이 병이 발병했다거나 얼마나 많은 환자가 발생했다는 등의 내용이 밝혀지지 않고 있다. 한탄바이러스를 우리나라 학자가 찾아내 금자탑을 세웠는데도 이 병에 대한 그럴듯한 후속 보고서도 나오지 않고 있다. 콜레라 페스트 폐결핵 등 한 시대와 함께 가버린 '구식 질환'처럼 유행성 출혈열도 한물간 병이 돼 학자들에게조차도 흥미없는 병으로 취급되는 건지 모를 일이다.

그러나 상황은 그렇게 편안하게 전개되지 않고 있다.

퍼스널 미사일까지 갖춘 최첨단 현대전 장비로 무장한 병사가 부시맨 스타일의 활을 든 원주민에게 붙잡힌 경우처럼 도무지 이해할 수 없는 구식 질병이 요즘 DMZ 일대에 출현해 병사들이나 인근 주민들을 당황케 하고 있다.

DMZ의 93년은 광견병의 해였다. 연천 철원 김화 화천의 DMZ 인접 지역에서 줄줄이 광견병이 폭발했다. 이미 종식선언 직전에 있던 이 병의 백신을 생산하는 제약회사의 생산 능력은 크지 않았다. 이들 지역에서 예방 백신 확보 소동이 빚어진 것은 두말할 나위 없다. 이변인 줄 알았던 이 병의 출현은 올해 또 연천 철원에서 재현됐다. 이제 광견병이 이 땅에서 사라진 후진국병이라고 할 사람은 아무도 없게 됐다.

더 어처구니없는 일이 지난 여름 역시 DMZ에 인접해 있는 파주 김포에서 일어났다. 보사부는 군인 5명 민간인 2명이 말라리아에 감염된 사실을 확인했다. 말라리아의 집단 발병은 27년 만의 일이다.

말라리아는 학질모기가 매개하는 원충(原蟲) 감염증이다. 이 병을 앓고 있는 사람의 피를 빨아먹은 학질모기가 종충을 또 사람에게 매개하는 병이다. 보건 당국의 관계자들은 이미 사라졌던 이 재래식 질병이 북쪽에서 바람을 타고 DMZ를 건너온 학질모기가 감염시켰다는 추정에 누구도 이의를 달지 않고 있다.

오소리와 싸운 8년생 발바리가 광견병을 일으킨 사실을 놓고 "야생동물들이 북쪽의 광견병을 남쪽으로 매개했다"고 보는 경우와 같았다.

휴전선의 전망대에 오는 사람마다 DMZ를 바라보는 감회는 대개 비슷하다. 분단의 현장이지만 남도 북도 간섭하지 못하는 거대한 자연의 띠는 너무도 평화롭다는 것이다. 그러나 너울너울 넘어오는 대남 선전 방송의 이북 사투리 속엔 늘 스트레이트성 독설이 실려 있게 마련이다. 그 독설을 쏘아대는 곳은 예외없이 위장된 벙커와 산기슭을 벌거벗겨놓은 수백 갈래의 길 그리고 남쪽만큼이나 견고하거나 더 폭이 두터운 5중 철책의 풍경이다. 나무 들풀 반짝이는 시냇물 등 모두가 자연스러운 그 벌판에 숨어 있는 DMZ의 내용물들이 비로소 눈에 띄게 되는 것이다. DMZ의 감상법엔 평화의 감상에서 긴장의 현장으로 반전되는 그 절차가 있게 마련이다.

최근 DMZ의 내용물에 미처 생각지 않았던 사실이 추가됐다. 바이러스 잠재 의식이다. DMZ의 자연 생태계가 북쪽의 바이러스를 남쪽으로 매개하고 있다거나 바이러스에 감염된 DMZ를 상상할 수 있다는 사실이다.

이미 광견병이나 말라리아가 그 어떤 경계 태세나 방책으로도 막을 수 없다는 사실이 입증됐다. 광견병은 비단 개만 앓는 병이 아니다. 상대를 물어뜯을 수 있는 포유동물은 모두 광견병을 옮길 수 있다. 몹쓸 병을 앓는 몇몇 무법자들이 지금 DMZ 동물 세계의 질서를 깨뜨리며 돌아다니고 있을지 모른다. 학질모기떼도 박쥐 다람쥐 오소리 고라니 등을 물어뜯으며 말라리아 원충을 매개하고 있을지 모른다.

한탄바이러스를 옮기고 다니는 동물은 등줄쥐(Apodemus agrarius). 유행성 출혈열이 발생한 지역에서는 여지없이 등줄쥐가 발견됐다. 한탄강 유역에 서식하는 9종의 들쥐 가운데 85%가 등줄쥐다. 한국에 서식하는 대표적인 들쥐가 그 무서운 병을 옮기고 다니는 것이다. 등줄쥐는 폐장 속에 간직하고 있던 한탄바이러스를 침으로 대변으로 오줌으로 배설해놓는다.

등줄쥐는 세수를 좋아한다. 고양이처럼 앞발에 침을 발라 매일 앙증스런 화장을 한다. 입으로 잘근잘근 씹거나 침 묻힌 발로 온몸을 마사지하는 것도 잊지 않는다. 한탄바이러스로 온몸을 치장하고 길을 나서는 셈이다. 이 무리들의 배설법은 단정치 못하다. 담배 2갑 무게가 조금 넘는 이 등줄쥐의 배설량은 정말 쥐똥 쥐오줌만하다. 이들은 아무 데서나 쉴새없이 바이러스 원액을 찔끔찔끔 쏟아놓는다. 쥐약이나 쥐덫이 없는 DMZ의 자유를 구가하며 등줄쥐들이 뛰어다닌 풀섶으로 지금 산들바람이 스쳐가며 한탄바이러스를 싣고 다닐지 모른다.

DMZ의 바이러스 잠재 위협은 비단 자연현상에만 기인하지 않고 있다는 사실도 밝혀졌다. 북한 인민무력부의 화학국이 운영하고 있는 세 군데의 생물 연구소가 개발해 보유하고 있는 세균이나 바이러스 병기가 그것이다. 그들은 전염성 작용제로 만든 콜레라는 물론 유행성 출혈열 생물 무기를 상당량 보유하고 있는 것으로 확인됐다. 통일원은 이들 생물 무기를 포함해 북한이 보유하고 있는 생화학 무기는 1천t이라고 최근 밝혔다. 자연발생적이든 인위적이든 DMZ는 지금 '바이러스와의 전쟁'이라는 달갑지 않은 또 하나의 위협을 잠재해놓고 있는 것이다.

그러나 지구상 수십억 인구를 괴롭혀온 출혈열 바이러스를 우리나라 사람이 찾아내고 이름도 한탄강을 따라 '한탄바이러스'로 붙였는데도 그 바이러스가 창궐하고 있는 한탄강 유역에서조차 그 연구는 더 진행되지 않고 있다. 고도의 기술과 장비를 요하는 고독한 바이러스 연구를 학자들은 싫어하고 있을 것이다.

한때 등줄쥐를 잡아오는 병사에게 포상휴가를 주던 지휘관들이 있었다. 그러나 이 같은 '병영식 유행성 출혈열 퇴치법'의 무지를 탓할 바는 못 된다.

매일 등줄쥐의 산책길에서 먹고 자고 훈련하는 우리 군인들은 예방주사를 맞지 않는다. 유행성 출혈열 주의보가 내려도 예방백신 한타박스를 맞을 예산을 준비하지 않는 정부의 무지가 더 한심한 실정이다. 거친 벌판과 산 그리고 거침없이 내달리는 견고한 철책으로 상징되는 DMZ는 이제 생물학적 식견으로 다시 들여다볼 때인 것 같다.

인민군의 물고기 사냥

　전방 군부대 면회객들은 요즘 물통을 들고 있다. 인제 화천 양구 등 전방 지역의 주말 샘터에서 본 외지인들은 아들 면회를 왔다가 다투어 샘물을 길어 승용차에 실었다. '아들도 보고 샘물도 길어온다' 는 유행어마저 생길 판이다.

　물통을 든 전방 패션은 순전히 낙동강 수돗물 파동이 빚어놓은 신풍속도이다. 벤젠이나 톨루엔 등 발암물질 식수공포가 있을 리 없는 DMZ 병사는 물에 관한 한 행복하다. '그 청정 구역에서 복무하는 아들이 여간 다행스럽지 않다' 는 등 새삼스런 안도의 위문 편지도 받을 만하다. 이미 썩지 않은 국토는 DMZ밖에 없고 그곳의 물은 참으로 맑고 깨끗할 테니까…… 그러나 그건 통상적인 관념에서 비롯된 위험한 맹신이다.

　북쪽이 높고 남쪽이 낮은 우리나라 지형 특성상 DMZ를 횡단하는 모든 강의 상류는 북한 땅이다. 흘러가는 물은 훌륭한 공격용 지형지물이다. 북쪽에서 흘러오는 강물을 고스란히 받고 있는 DMZ 병사들은 이 때문에 물 속에 담겨 있을지 모를 갖가지 음모를 경계하고 때론 탐색하지 않으면 안 된다.

　사실 하찮은 사건으로 긴장하는 경우는 심심치 않게 일어나고 있다. 비가 멎은 사태천에 검정 고무신 한 짝이 떠내려왔다. 220에서 230mm 크기의 소년용이었다. 산모퉁이 너머 집단 농장에 민간인이 입주해 있다는 사실이 드러났다. 고무신을 신은 소년의 모습을 우린 잘 모른다. 북한 DMZ 인접 주민의 경제 생활 수준을 고무신 한 짝은 극명하게 밝혀주었다.

인제 가전리 서화천 물고기 떼죽음 사건은 '실제 상황'이었다. 93년 10월 12일 오전 8시 10분쯤 철책선 병사는 서화천 바닥에 하얗게 깔려 있는 물고기 떼죽음을 발견했다. 그건 긴급 보고 사안이다. 서화천은 소양강 상류천이다. 이포에서 발원, 남쪽으로 흐르다 서희구쯤에서 DMZ를 횡단하는 강이다. "누가 이 강의 물고기를 죽였나?" 하는 자연 사랑 따위의 감상은 필요 없다. DMZ 병사는 "왜 죽었나?" 즉, 독극물을 연상해낼 수 있는 순발력으로 재빨리 위기감을 전파해야 한다. 하류 천도리 취수장에 비상이 걸렸다. 서화면 일대에 상수도 급수가 전면 중단됐다.

453개의 수도꼭지에 의지했던 상주 인구 2,890여 명이 예기치 않은 위기에 빠져들었다. 상수원의 이상 유무는 곧바로 밝혀지지 않았다. 남 방한계선과 5km 하류 지점, 7.5km 하류 지점 세 곳에서 취수된 하천수 는 곧바로 강원도 보건환경 연구원에 수질 검사가 의뢰됐다.

상수도 공무원은 취수 탱크에 물고기를 넣어 어떤 변화가 일어나는 가를 관찰하는 기지를 발휘했다. 죽은 물고기를 수거해 조직 검사를 하거나 아가미에서 이물질을 추출해 사태의 원인을 캐는 일은 고도의 기술과 시간이 필요했다. 그러나 일반적인 관찰로는 서화천은 아주 건 강했다. 12일 오후 5시 급수는 재개됐다.

도보건환경 연구원이 사상 처음 실시한 DMZ 수질 검사 결과도 만 족스러웠다. 유기인 시안 잔류 염소는 모두 검출되지 않았다. 서화천 주민들은 일상으로 돌아갔다. 작은 소동은 민방위 훈련쯤으로 생각하 는 것 같았다.

그러나 DMZ 물고기 사건 이후 한동안 흥미있는 얘기가 회자됐다. "그 골짜기에 천연기념물급 물고기가 무지무지하게 많다"는 얘기였다. 당시 공무원들이 대충 몇 마리를 주워다 포르말린 처리를 해 보관하고 있었다.

뜻밖에도 이들은 냉수 어족이자 청정 수계의 대표급 담수어인 열목어 노랑메기 어름치 모래무지들이었다. 열목어는 정선 정암사, 봉화 소천면의 서식지가 천연기념물로 지정된 희귀어다. 어름치도 금강산 서식지가 천연기념물로 지정된 한국 특산종이다. 그 많은 DMZ 학술조사에서도 노랑메기를 채포한 기록은 없다.

91년 북한 정부기관지 『민주조선』은 북한 지역에는 180종의 민물고기가 서식하고 있다고 밝혔다. 그러면서 어름치를 세계적인 희귀어라고 내세웠다. 그렇다면 서화천 DMZ는 이들 희귀어종이 우글우글하다는 얘기가 된다.

어디까지나 가정이지만 어느 DMZ 지휘관이 담수어 서식 실태에 관심을 가져서 가전리 일대 물고기를 한 가지씩 잡아다 표본을 해놓는다면 그건 국보급 자료가 될지 모른다. 북한강 수계의 담수어를 고스란히 옮겨담은 자연 교실이 될 테니까……

그 희귀어들이 왜 강바닥이 하얗게 떠내려 왔는지는 밝혀지지 않았다. 다만 때때로 북한 병사들이 DMZ 강 일대에서 물고기 사냥을 한다는 사실을 인용해와 그들이 '대량 학살'을 했을 것이란 추정으로 일단락됐다.

북한 병사들이 물고기잡이를 하는 DMZ 풍경은 비밀이 아니다. 금강산 남강, 단장의 능선 기슭 문등천, 김화 금성천, 남대천, 그리고 한탄강에서도 흔히 볼 수 있는 모습이다. 폭약을 쓰면서 대대적인 물고기잡이 작전을 벌일 때도 있으며 미확인 사실이긴 하지만 겨울 식량용으로 민물고기를 잡아, 염장해 갈무리한다는 얘기도 있다.(서화천에서도 '그날' DMZ 아군 초소 6km 상류 지점에서 북한 병사 세 명이 고기잡이를 한 사실이 확인됐다.)

DMZ 고기잡이는 우리 병사들에게 아주 서툰 풍경이다. 고기잡이는 고사하고 함부로 멱을 감는다거나 세탁도 금기하고 있다. 하물며 물고기를 식량 수단으로 쓴다는 것은 상상 밖이다. 무엇보다 신세대 군인들은 물고기를 잘 모른다. 물고기뿐 아니라 모든 자연 부산물에 대해 무지할 정도로 상식이 부족하다. 농촌 출신이라고 하더라도 대부분 족대나 낚싯대 대신 과외 가방을 들고 자란 세대들이다.

그들은 곰취가 짙은 향을 지닌 산채라는 것은 알아도 나물취 떡취 미역취와 구별할 줄은 모른다. 다슬기가 그럴듯한 먹거리라는 것을 알아도 개울 바닥에 새까맣게 깔린 이것들을 주워다 된장에 끓여야 하는지 고추장에 끓여야 하는지는 잘 모른다. 회나무와 해당화 박달과 가침박달나무를 구별하는 정도는 전문가의 몫이다.

산골 아이라면 일곱살짜리도 가능한 식별 능력이 요즘 군인들에게는 잘 통하지 않는다. 팟배와 찔레열매, 머루와 까마귀밥, 떡갈과 신갈나무, 고사리와 고비, 당귀와 개당귀, 쑥대와 돼지풀, 진달래와 영산홍, 올빼미와 부엉이, 참새와 솔개, 나비와 나방, 숫놈 방아깨비와 암놈, 독사와 살모사, 새끼 잉어와 새끼 붕어, 메기와 미유기, 미꾸리와 새코미구리, 물방개와 풍뎅이, 심지어 콩잎과 깻잎 따위를 구별해내는 일은 여간 골치 아픈 것이 아니다.

이 같은 무지가 빚어놓은 DMZ 해프닝은 많다. 옻나무 새순은 어설픈 상식만을 동원했을 경우 틀림없는 두릅이다. 옻의 주성분이자 미치도록 가렵게 해 급기야 병원 신세를 지게 하는 것은 우루시올(Urushiol). 왕성한 에너지를 뿜어내 드디어 잎을 터뜨린 그 새순을 두릅인 줄 알고 한아름 따다 식탁에 올렸다면 이어질 사건은 불보듯 분명하다.

말벌의 지구의만한 아지트를 발견하고 '꿀을 가득 담고 있는 저 집을 어떻게 바위 밑에 매달았을까?' 하는 오해를 한다든가, 쉴새없이 들락거리는 땅벌의 출구를 봉쇄해 지하 꿀탱크를 습격하려는 기도는 제발 상상에서 끝내야 한다. 그 같은 모양은 후송감일 뿐더러 실제로 그런 비극이 없지도 않았다.

꼬리를 살랑이며 물 속을 기어가는 퉁가리의 갈색등이 너무 귀여워 살짝 움켜보려다가 촉수에 찔려 어깨까지 저리도록 통증을 느껴본다든가, 만개한 개봉숭아꽃을 보고 천연덕스럽게 "벚꽃이 피었다"며 피차 무식꾼이 됐던 경험들도 많다.

하물며 열목어나 어름치를 천연기념물급 어류로 분류하기는 더욱 어렵다. 사실 열목어가 희귀 자연자원의 대명사로 등장한 것은 몇 년 안 된다. 70년대 DMZ 병사들은 문등천의 열목어를 '김일성고기'로 명명해버렸다. 우선 이 고기는 허여멀건 큰 몸집에 얼룩점이 찍혀 약간 위엄은 있어 보였으나 위기 감지도가 매우 낮았다. 머리를 처박고 있는 커다란 돌멩이를 들쳐내도 아는지 모르는지 가만히 엎드려 있다가 움켜쥐려고 할 때에야 내빼는 '멍청함'이 있었다. 어쩌다 손에 잡혔을 때 놈은 절대 자신의 멍청함을 후회하지 않는 태도이다. 뭐가 그렇게 억울한지 핏발 선 빨간 눈을 치켜뜨고 있어서 여간 기분 나쁜 게 아니다. 꼭 북쪽에서 염탐나와 밤새 눈 한번 안 붙인 '멍청한 놈'이라고 해서 그런 닉네임이 붙었다. 단숨에 불명예를 반전해 보호를 받고 있는 열목어를 한때나마 그토록 격하한 것은 여간 미안한 일이 아니다.

요즘 DMZ 병사들은 그런 이름의 물고기를 모른다고 말한다. 음모의 내용물을 담고 있을 가능성이 있는 DMZ강은 늘 경계의 대상 외엔 아무것도 아닐 것이기 때문이다. 그 닉네임은 그 골짜기를 맴돌다 시나브로 사라진 것이다. 군인이 기본적으로 갖춰야 할 '생존법'에 대해 요즘 군인들은 잘 훈련돼 있지 않다는 반증이다.

DMZ가 국토의 허리를 기어가기 전에 그 물은 음모를 담고 있지 않았다. 진짜 정직한 DMZ물은 지하 145m에서 솟아 이를 증명하고 있다. 양구 펀치볼에서 북한의 제4땅굴을 차단하기 위해 역갱을 파들어가던 우리 병사들은 DMZ 속에서 펑펑 솟아나오는 샘줄기 하나를 찾았다. 그리고 방문객들의 애끓는 가슴을 달래기 위해 표주박을 띄워놓았다. 그 물은 마음놓고 마셔도 좋다. DMZ강에 발조차 담그기를 금기로 하는 DMZ 병사들조차 그 물은 마시기를 권한다.

붉은 강

'때로는 산봉우리에 내리는 눈이 되어, 때로는 서리나 이슬이 되어서 목적지를 향해 가는 것이 물의 성질이다. 아무도 그 뜻을 막을 수 없다.' 게오르규는 그의 『대학살자(大虐殺者)』에서 물을 그렇게 설명했다.

한결같이 DMZ를 건너 남쪽으로 흘러오는 강. 이들 강들이 요즘 북쪽의 무슨 음모를 슬쩍슬쩍 흘려주듯 예전에 없던 징후가 나타나고 있다.

94년 6월 화천댐의 평균 수위는 거의 발전 한계 수위에 육박하는 158m대. 이 댐이 만들어놓은 파로호는 거의 바닥이 드러났다. 파로호의 물줄기 북한강 상류도 볼품없이 강바닥 속살이 드러났다. 가뭄이

원인이었지만 최근 북한 창도군 임남면의 금강산댐 축조 공사가 재개됐다는 사실이 밝혀지면서 '상류 어디선가 물줄기를 차단하는 것이 아닌가' 하는 의구심까지 생겼다.

수입천에서는 이제껏 한 번도 본 일이 없는 '赤水 현상'이 일어났다. 수시간 동안 DMZ 북쪽에서 붉은 물이 흘러오다 사라지는 현상은 섬뜩할 만큼 가슴에 동요를 불러일으켜놓고 있다.

6월 14일 강원도 보건환경 연구원이 실시한 DMZ 수질 조사는 아주 이례적이었다. 조사 지프는 양구군 동면 비득고개를 넘어섰다. 옛 비아리는 깊은 숲속에 묻혀 있었다. 벌판을 가로질러오는 실개천은 아무렇게나 팔을 뻗은 나뭇가지들을 출렁출렁 흔들며 요란스럽게 흐르고 있었다. 천연의 내였다.

문제의 조사 수역은 진고개를 지나서도 한참 계곡을 감돌아가서야 나타났다. 옛 사태리의 계곡이다. 왼쪽의 남북으로 길게 누워 있는 능선은 한 많은 단장의 능선. 북으로 가던 길은 그곳에서 철책이 가로막았다. 그러나 북에서 흘러오는 강물은 철책의 틈새를 거침없이 빠져내려와 폭포처럼 쏟아져내렸다. 기온은 오후 1시 현재 31.4도를 가리켰다. 수온 20.6도, pH 7.8, 용존 산소량 11.5mm/l.

한 뼘은 될 만한 뚝지가 돌 틈새서 어슬렁거렸고 잽싼 몸동작에 얼룩무늬로 보아 바위 뒤로 사라진 미끈한 물고기는 열목어가 틀림없어 보였다. 강바닥에 거뭇거뭇 깔린 다슬기는 어린아이 엄지손가락만큼이나 컸다. 육안으로도 이 물은 이상이 없어 보였다. 산골물이 갖추고 있어야 할 자연의 내용을 풍부하게 지니고 있었기 때문이다.

그러나 이 물은 이상이 있었다.

5월 20일 오후 3시쯤, 사태리 계곡의 사태천은 물감을 푼 것처럼 연

분홍 색깔로 변해 DMZ를 넘어왔다. 이 현상은 거의 다섯 시간 가까이 진행되다 감쪽같이 사라졌다. 하류 방산면 일대 956명이 소비하던 하루 286t의 급수는 즉각 중단됐다.

붉은 물의 정체는 밝혀지지 않았다.

중금속도 발견되지 않았고, 염소 이온이나 질산 이온 황산 이온은 기준치를 초과하지 않았다. 다만 색소가 확인되지 않았다. 모사(毛絲) 실험에서 산성으로 추정되는 염료가 아주 미세하게 착색됐다. 염료 성분이 있다고 해서 무조건 마실 수 없는 물이라고 단정할 수는 없었다. 식용색소도 20여 가지나 있다. 실험실 조사에서는 더이상 기술 접근이 어려웠다.

그러는 사이 5월 25일 사태천에서 또 붉은 물이 흘러왔다. 6월 1일은 사태천에서 한 차례 단장의 능선 서쪽 계곡 문등천에서도 붉은 물이 흘러왔다. 두 강에서 붉은 물 소동을 빚고 있는 동안에도 물고기떼는 아무런 징후도 없었다. 열목어도 그 자리에 있었고 다슬기도 강바닥에 그대로 있었다. 상류에 염색 공장이 있을지 모른다는 추측만 무성할 무렵 본격적인 수질 조사가 착수된 것이다.

항상 음모가 도사리고 있는 DMZ 물이지만 그 물의 맑기에 대한 기준치가 없다. 따라서 수질 조사는 DMZ 물의 현주소를 정립해놓자는 의지가 담겨 있다.

6월 20일까지 DMZ 물은 모두 채수가 끝났다. 소양강 상류 두 개 지류인 서화천과 성내천, 수입천 상류의 사태천과 문등천 그리고 북한강 본류, 김화 남대천과 한탄강 등 북쪽에서 흘러오는 일곱 군데의 강물은 이제 기본 데이터가 강원도 보건환경 연구원에 갖춰지게 된 셈이다. 이제 북쪽에서 일어나는 일은 간단한 수질 데이터 비교로 추정해

어림할 수 있게 된다.

당장이라도 갑자기 탁도가 높아지거나 부유물이 늘어나면 상류에 모종의 토목 공사 행위가 이뤄지고 있다고 추정해볼 수 있고 인산염이 늘어나면 바로 산모퉁이 뒤편 보이지 않는 곳에 대규모 축산 폐수 요인이 발생했거나 더 유추하면 인구가 증가했다는 증거가 될 것이다. 소위 분단 현실을 철책이란 상징물로 묘사하거나 철통 같은 방어 태세를 DMZ 병사의 부릅뜬 눈으로 그려내던 기존 관념의 틀을 벗어나는 대목이다.

사태천의 적수 현상 소동은 단순한 환경 오염 차원이 아니다. 국립 환경 연구원까지 시료를 채취해가 원인 분석을 해보았던 소동은 여러 가지로 상상해볼 수 있는 상류의 획책 가능성 때문이다.

'목적지를 향해 가는 것을 막을 수 없는' 물의 속성을 원용해 잘만 활용한다면 물은 가공할 만한 무기가 된다. 붉은 물은 그런 획책을 노출시킨 어떤 메시지가 아닐까 하는 의구심 때문에 이번 소동의 관심은 클 수밖에 없었다.

이쯤에서 문득 생각나는 것이 북한강의 금강산댐 미스터리다.

금강산댐은 이미 여러 가지 채널을 통해 95년 완공 목표라는 사실이 밝혀졌다. 그리고 금강산댐의 실체를 인정하는 전문가들은 한결같이 과거 전유물처럼 따라다니던 '수공' 가능성을 지적하고 있다. 그러나 금강산댐의 수공 가능성은 고사하고 금강산댐이 건설되고 있다는 사실조차 믿으려는 사람은 드물다.

금강산댐을 거론하는 것조차 국민 정서에 맞지 않을 뿐더러 그런 사람들은 과거 정권에 향수를 느끼는 개혁 대상 부류로 매도되기 십상이다.

그러나 그런 국민 정서 뒤편에서 금강산댐은 진행되고 있고 그 댐이 완성된 후 아니 완성되기 전이라도 북한은 최근의 '核 카드' 이상으로 '水 카드'를 들고 나올 가능성은 얼마든지 있다. 심지어 '핵 카드' 다음에 등장할 '수 카드'를 당연한 수순으로 점치는 사람들도 적지 않다.

　지난 86년 12월 25일 북한이 창도군 임남리 북한강과 금강천 합류 지점에 건설하고 있는 '금강산발전소'(북한은 금강산발전소로 표기)에 대한 제원을 밝힌 「조선민주주의 인민공화국 전력공업위원회 백서」를 요약하면 다음과 같다(이 백서는 당시 북한측의 수공 가능성에 대한 세계 여론이 비등한 데 대해 해명성이었기 때문에 금강산댐이 수공용이 아님을 밝히는 데 치중하고 있다).

　첫째, 금강산발전소는 총 81만kW의 발전 용량을 가진 유역 변경식 수력 발전소로 서해로 흐르는 한강 임진강 상류 및 고미탄천 등을 저수지에 끌어넣어 서로 다른 물길굴(터널)을 따라 동해안 안변 지구로 떨구어 300m의 높은 낙차를 조성하는 방법으로 전력을 생산하는 '갈지(之)' 자형 발전소다.

　둘째, 금강산발전소의 물 원천은 크게 2개의 계통으로 첫째 계통은 높이 121.5m인 임남저수지와 높이 118m인 전곡 저수지로 총 저수량은 36억t이다. 둘째 계통은 임진강 고미탄천으로 115m 높이의 장안저수지와 123m 높이의 내평저수지가 있으며 총 저수량은 11억3천t이다.

　셋째, 임남저수지의 물은 물길굴 45km를 따라 발전소에 이르고 전곡저수지의 물은 임남저수지에 집수되지 않고 58.2km의 물길굴을 따라 발전소 조정지 앞 임남저수지 앞에서 합류한다.

　넷째, 금강산발전소의 최대 저수량은 47억2천4백만t이고 최대 유효

저수량은 33억2천7백만t이다. 발전소의 저수 이용률은 평균 95~96%다.

다섯째, 임남저수지의 밑부분은 700m에 이르는 '사석연제'로서 흔치 않은 구조물이고 오랜 기간에 걸쳐 쌓아온 풍부한 경험을 바탕으로 한 독창적 공법을 도입한다.

임남저수지의 최대 저수량이 2백억t이라고 했던 우리 정부의 발표와는 판이하게 달랐다. 결국 93년 감사원의 감사 자료에 따르면 금강산댐의 높이는 북한측이 발표한 121.5m도 아니고 우리측이 당초 밝힌 200m 이상도 아닌 155m, 저수량은 26억t도 2백억t도 아닌 70억t으로 밝혀졌다.

북한이 93년부터 금강산댐 본댐 축조 공사에 본격적으로 매달렸다는 사실은 여러 사례의 제시에서 밝혀졌다. 그러나 그 사이 우리는 2백억t을 70억t으로 밝히는 데 온통 정신이 팔려 있었다. 그리고 '2백억t이 과장이었으니 금강산댐의 수공 위험도 과장이거나 거짓말'이라는 논리에서 사실상 빠져나오고 있지 못하는 상황이다.

설사 임남저수지의 저수량이 북측의 백서 내용대로 26억t이고 연평균 저수량 18억t이라고 하더라도 18억t의 물이 일시에 방출될 때의 하류 상황은 상상을 초월할 수밖에 없다. 전문가들은 아직도 여전히 평상시 9억t 홍수시 3억t을 하류가 결정적 타격을 받는 데드라인으로 보고 있다. 수공 위협은 차치하더라도 금강산댐 건설 자체만으로도 피해는 불가피하다.

북한강 수계의 연간 유입량은 86억t인데 이 중 18억t(21%)을 차단해 동해안으로 떨군다는 것이 금강산댐의 운용 요약이다. 한전은 이 경우 한강 수계 발전소의 연간 전력생산량이 24%가 감산할 것으로 보고 있다. 수도권 생활용수 공업용수도 팔당호 기준 17%가 감소할 것으로 보고 있다.

프랑스 스파트 인공위성이 보내온 사진, SR72미정찰기 사진 등은 금강산댐의 최근 상황을 상세히 전달하고 있다. 최근의 한 기록 사진은 금강산댐 제방이 두 번이나 붕괴된 사실도 밝혀냈다.

금강산댐 건설 부대인 군사 건설국에서 북한군 중위로 근무하다 지난해 귀순한 임영선씨의 증언은 다시 80년대 후반기의 상황을 연상시키고 있다. 그는 북한 군사 건설국은 '유사시 금강산댐을 방류하면 서울은 4~7m의 물에 수몰되고 한강의 교량에는 각종 부유물이 걸려 교통 장애 요인도 작용하게 돼 수공 작전에 큰 효과를 거둘 수 있다'고 판단하고 있다고 증언했다.

과장과 충격 기법의 정치 논리에 휘말렸던 북한강은 지금도 그때처럼 금강산댐이 건설된다는 그 자리를 지나 DMZ를 건너 평화의 댐 비상 배수로를 통과해 물의 속성 그대로 흐르고 있다. 음모와 획책의 증거물들을 말없이 간직하고……

유성이 흘러간 자리

역사의 별들이 모두 그곳에

군 정기 인사 4 · 16에서는 하나회 출신 별들이 또 줄줄이 떨어졌다. '유성이 흘러간 자리'에는 불명예의 상처만 남아 있는 것처럼 보였다. 전쟁이 지나간 자리, DMZ는 더 많은 '유성'의 흔적이 남아 있었다. 과연 별들의 명예는 전장에서 빛났다. 수많은 전적비 송덕비 불망비들이 주렁주렁 별을 달고 전과와 공덕 그리고 인애를 한결같이 찬양하고 있었다. 그러나 비석에 씌어진 글자를 지우는 것은 비바람이 아니라 망각을 잘하는 인간들의 마음이라고 했던가. 전쟁이 지나간 자리에 세웠던 수많은 비, 탑들은 최근 '유성이 흘러간 자리'처럼 누구 기억하려는 이도 가꾸는 사람도 없었다.

고을 입구에는 비석 거리가 있다. 전선의 길목에는 전적비가 서 있게 마련이다. 고성 광산리에는 화랑사단 전적비가, 대진5리에는 351고지 전투 전적비, 흘리 진부령 정상에는 향로봉지구 전적비가 서 있다. 양구 송현2리 국도변에는 백석산지구 전투 전적비, 임당2리 언덕 위엔 펀치볼(Punch Bowl) 지구 전투 전적비, 월운리에는 피의 능선 전투 전적비, 도솔산 정상엔 도솔산 전투 전적비가 서 있다. 화천 파로호변엔 파로호 기념비, 구만리에는 조국과 자유 수호 전적비, 대이리에는 643고지 전투 전적비, 사창리에는 사창리 전투 전적비가……

철의 삼각지대에도 전적비의 행렬이 이어진다. 저격능선 전투 전적비(김화읍 청양 1리) 금성지구 전투 전적비(근남면 마현리) 백마고지 전투 전적비(철원읍 산명리) 삼천봉지구 전적비(근남면 마현리) 대성산지구 전적비(근남면 마현리) 등.

전쟁이 지나간 자리에 충혼탑을 빼놓을 수 없다. 고성 거진의 충혼탑(56년. 대대2리) 해군 제대병 구락부가 세운 당포항 전몰 장병 충혼탑(70년. 거진10리), 지방 유지들이 세운 충혼탑(73년. 간성읍 상1리) 등이 외금강 가는 길목에 서 있다.

양구에는 비봉산 기슭에 양구 충혼탑(67년. 양구읍 중리)이 화천에는 북한강변에 충열탑(80년. 화천읍 중2리) 명월국교 교정에 사내지구 충혼탑(81년. 사내면)이 서 있다. 백운봉 멸공OP의 범종각(72년. 갈말읍 정연리) 백마고지 위령비(85년. 철원읍 산명리) 제2땅굴 위령탑(75년. 동송읍 이길리) 철원 현충탑(79년. 신철원 4리)은 철의 삼각지대의 충혼탑.

통일의 영원을 담은 표석들은 공교롭게 금강산 가는 길목에 세웠다. 양구군 남면 가오작리에 서 있는 남북 통일로 표석(59년)은 비둘기 고개 너머 내금강을 바라보고 있다. 철원군 갈말읍 정연리 백운봉에

울타리 앞을 막은 한 송덕비가 외롭다. '姜文奉장군 송덕비'는 처음 읍사무소 마당에 건립
됐으나 산중턱으로 옮겨졌고 이젠 그 앞에 아파트가 들어섰다.

서 있는 국토 통일 기원탑(72년)도 금강산 길목이다. 한탄강 상류를 바라보고 있는 이 탑 아래는 내금강으로 달리던 금강산 전철의 녹슨 철교가 묻혀 있다.

철원군 동송읍 통일기원 망향비(72년. 상흥4리)는 월남 이천(伊川) 군민들이 지척에 둔 고향을 그리며 세운 비이다. 대마리의 함경북도민 망향비(74년)는 함경북도민회가 세운 비. 손에 잡힐 듯 평강고원이 바라보이는 월정역에는 통일기원 평강군민 망향비(88년)가 서 있으며 월정역 못 미쳐 외촌리에는 미수복지구 합동 망배단(89년)이 향수를 달래고 있다. 철원 동송지구 함경도민 친목회가 오지3리에 통일기원 망향비를 세운 것은 지난 90년 6월이었다.

소위 개척비는 수복지구 프론티어들의 재건 의지를 담은 비들이다. 56년 전재농민 160세대가 쑥대밭이 된 해안 분지에 입주했다. 그들은 그 날을 기려 같은 해 광복절날 해안 재건비를 세웠다. 울진 사라호 태풍 수재민 66세대가 철원근 근남면 마현 1리를 찾아온 때는 66년 4월, 마을 청년회는 89년 8월 "개척정신의 빛나는 업적을 그대들은 알아야 한다"는 비문을 새겨 마현리 입주 기념비를 세웠다. 대마리 통제부 골짜기에는 150명의 전역 젊은이들이 67~68년 사이 입주했다. 그들도 90년 "성씨 고향 사연은 달라도 자연석 한 덩이를 골라 한마음을 담는다"며 입주민 개척비를 세웠다.

'많은 싸움이 지나 쌍방이 모두 피곤하여 이윽고 평화가 왔다. 한데 국민은 세금과 과부 의족 그리고 빚을 얻지 않았는가?' (T. 모어)

세금 과부 의족과 빚의 상징이 됐던 DMZ는 그 상처를 치유하는 증표로 다닥다닥 탑과 비를 세웠다. 그러나 비무장지대 한 발짝 남쪽에 '비석 지대'를 형성한 주역은 수도 많고 모양도 다양한 불망탑 송덕비들이다.

전쟁이 지나간 자리를 재건하는 것은 민간인 몫이고 폐허가 재건되는 곳에는 장군의 송덕비도 들어섰다. 이 때문에 역사 속에 부침하던 수많은 별들을 지금도 이끼 낀 바위에서 얼마든지 만날 수 있다.

파로호 기념비는 '破虜湖'라는 비문 석 자가 이승만 대통령의 친필 휘호라고 적어넣고 있다. 간동면의 '조국과 자유 수호비'의 비문 '조국과 자유를 지킨 곳' 아홉 자는 노산 이은상(鷺山 李殷相)의 글에서 따온 것이며 휘호는 당시 총리 김종필의 것이다. 지척의 화천 발전소 탈환비는 당시 6사단장 장도영 준장의 혁혁한 전과를 빛내고 있었다.

63년 8월 30일 박정희 대장이 철원군 갈말읍 군탄1리에서 전역식을 가진 사실을 기억하는 사람은 많지 않다. 더구나 전역식을 가진 그곳을 기념하기 위해 18,215평의 군탄 공원이 조성돼 있고 4.39m의 전역비가 서 있다는 사실을 아는 사람은 드물다. '陸軍 大將 朴正熙 轉役碑'는 국군 장병 일동이 세운 것으로 기록돼 있었다.

비문은 국군 장병들의 전우애와 충성심을 그대로 담고 있었다.

"武人으로서 限定된 삶을 살 것인가 아니면 歷史보다 全人的으로 責任지는 길을 택할 것인가 아픔이 따르는 心慮를 거쳐 大我를 위하여 小我의 超脫을 결단하고 영원한 겨레를 위하는 가시밭길을 선택한 朴正熙 陸軍 大將께서 1963년 8월 30일 萬感이 交叉하는 心情으로 여기서 軍門을 떠나셨다. 이 歷史的인 순간과 運命的인 場所를 記憶하기 위하여 戰友로서 生死苦樂을 함께한 血盟의 將兵 一同은 깊은 感銘과 자랑을 담아 이곳에 碑를 세운다. —西紀 1969年 8月 30日 國軍 將兵 一同"

그의 마지막 순간을 지켜봤던 김계원 장군의 보은탑은 철원군 근남면 사곡 2리에 있다. 27사단장으로 재임할 때 주민 복지 증진에 공헌한

148

업적을 들어 56년 4월 주민들이 철원군 서면 와수리에 세웠던 보은탑을 도로 확장을 하면서 사곡리 김화군민 망향탑 옆으로 옮겼다. 사곡리에는 5군단장 '崔榮喜將軍 永也不忘塔' 까지 옮겨져 '탑공원' 이라는 별명을 얻었다. 그 탑도 서면 와수3리 김계원 장군 보은탑 옆에 있었다.

미 9군단장 맥그루드 장군 송덕탑(54년. 신철원4리) 맹호부대장 송덕비(58년. 철원군 갈말읍 문혜리) 1사단장 윤태호 장군 송덕비(66년. 철원군 동송읍 상로리) 6사단장 김종호 장군 송덕비(철원군 동송읍 이평 8리) 21사단장 민병권 장군 송덕비(55년. 화천군 사내면 사창리) 12사단장 박기병 장군 송덕비(58년. 화천군 간동면 유촌리) 26사단장 이기건 장군 공덕비(56년. 화천읍 화천국교) 수복 재건 공덕 불망비(화천군 사내면 광덕리) 정규환 장군 공송비(66년. 양구군 방산면 천미리) 2사단장 송호림 장군 송덕비(63년. 양구군 동면 임당 2리)……

화천읍 하 1리의 2군단장 정일권 장군 송덕비는 '將軍所至 德高華山 萬民更生 恩深漢水(장군이 이르는 곳에 덕은 높고 산은 빛나며 만민은 삶을 되찾아 그 은혜 한수와 같이 깊도다)' 라고까지 적고 있다.

그렇다고 늘 추앙받고 있는 것만은 아니다. 동구 밖 비석 거리에 늘어선 비들이 한쪽으로 기울어져 있거나 때론 정으로 비문이 쪼여 송덕의 고귀한 뜻이 수탈돼 있듯이 별들의 송덕비도 온전히 후세에 그 명예를 빛내고 서 있지는 못했다.

역사의 평가를 받으며 이리저리 유랑하는 송덕비도 적지 않다.

'陸軍中將 姜文奉閣下 頌德碑' 는 54년 6월 3일 양구군민 일동의 이름으로 양구읍 사무소 마당에 건립됐다. 송덕비는 폐허가 된 수복지구 재건 사업과 주민 복지에 기여한 그의 공적을 찬양하고 있었다. 70년대초 이 비는 양구읍 상리 산6번지로 옮겨졌다. "문화와 예술을 사랑하시는 양구군민 여러분 안녕하십니까?"라는 안내 방송을 해대던 군인 극장 자리다. 이 자리에 아파트가 들어섰다. '각하의 송덕비'는 그만 아파트 울타리 옆 그늘에 가려 새벽 등산객이나 이따금 눈길을 주고 있다. 사람들은 "강장군이 한때 군 피복 사건으로 구속되면서 상부 지시로 송덕비를 없애버리라는 것을 몇몇 주민들이 옮겼다"고 말하기도 하고 "옛날부터 그 자리에 있었다"고 말하기도 했다.

비석 거리에 즐비한 사또들의 선공비(善功碑) 불망비(不忘碑) 애민비(愛民碑) 유애비(遺愛碑) 송덕비(頌德碑) 등은 비문과 달리 각기 감춰진 성격이 있다. 재임 동안 수탈을 면하기 위해 세워주는 추파비(秋波碑)가 있고 고을 유지들의 이권을 얻기 위한 하도비(阿諂碑), 실정을 호도하기 위해 사또가 시켜서 세우는 자립비(自立碑)가 있다는 것이다. 별들의 송덕비는 이 가운데 어느 것일까?

단장의 능선 805고지에서 문등리 계곡으로 완만하게 흘러내리는 능선엔 여덟 기의 무명 용사의 비가 서 있다. 이름도 사연도 없는 비석군은 키가 1m도 될까말까 한 길쭉한 바위 덩어리들이다. 키대로 차례로 세워진 바위 덩어리 중 가장 큰 것을 병사들은 선임하사의 것이라고 말했다.

중사는 매복 작전중이었다. 여명을 기다려 견인줄을 잡아당겼다. "철수!" "알았다." 견인줄을 통해 명령을 수령했다는 가느다란 떨림이 전달됐다. 중사는 투입의 역순으로 철수를 명령했다. 1번 분대장의 정숙 보행은 노련했다.

그는 그림자처럼 분대를 이끌며 작은 개활지를 횡단했다. 분대가 산모퉁이를 돌아갈 때 대열이 노출됐다. 중사는 몸을 구부린 자세로 모퉁이를 도는 매복조의 숫자를 세기 시작했다. 7번째 병사가 막 산모퉁이를 도는 순간 중사는 불길한 예감을 받았다. 정상대로라면 7번과 9번인 자신의 사이엔 8번 한 명이 있어야 한다. 7번과 자신과의 거리가 너무 멀었다. 예감은 적중했다. 8번 9번 10번…… 자신까지 아홉 명이어야 할 매복조는 열한 명으로 늘어났다. 세 명은 투입 루트가 클로즈되면서 근처 어디에서 매복하던 적군이 대오를 이탈해 묻어 있는 게 틀림없었다. 철책문까지는 불과 수백 미터, 중사는 아무도 눈치 못 채게 방향 감각을 잃은 적 매복병을 철책선까지 유인해갈 참이었다.

그 순간 대열 중간쯤에서 소총 1정이 불을 뿜었다. 적 매복병이 낙오한 사실을 눈치챈 것이다. 대열은 삽시간에 총성과 비명으로 아수라장이 됐다. 피아를 가릴 수 없는 여명의 새벽 이름 없는 계곡에서 벌어진 분대급 전투는 최후의 한 사람이 살아남을 때까지 무차별 벌어졌다. 적은 동료들의 사체를 내버리고 북쪽으로 달아났다. 중사의 매복조도 분대장인가, 누군가 한 명만 후송됐을 뿐, 나머지는 모두 목숨을 잃어 피 맺힌 그 계곡이 내려다보이는 능선에 묻혔다는 것이다.

그 계곡의 용맹스런 전사들이 비문조차 없는 자연석 비 아래 아직도 그렇게 묻혀 있을 리는 만무하다. 초연이 쓸고 간 능선에서 수습한 무명 용사들의 비군(碑群)이 틀림없는 것 같았다. 그러나 전선의 병사들은 석기시대 유적 같은 비군에 그럴듯한 신화를 만들어냈다. 그리고 능선을 오르는 후배들에게 구전하고 있었다. 별들의 수많은 송덕비의 비문은 한결같이 훌륭했다. 그러나 단장의 능선에서 구전되는 신화는 더 빛나 보였다. 별들의 종적은 바위에 음각으로 남았지만 비문 없는 석비(石碑)의 구전은 더 생명력이 있어 보였다.

별들은 유적을 남긴다

　정승화 전 육참 총장은 아주 우연한 곳에서 명예를 복권하고 있다. 풀섶에 쓰러져 있던 그의 송덕비가 20년 만에 일어서 건립될 찰나이다. 제3군단장 시절 그는 인제군 기린면 현1리에 40평 규모의 단층 석조 건물로 노인정 한 채를 지어 내놓았다. '기린면장 심재필에 양도함' 이라는 양도장에는 75년 8월 15일로 날짜가 기록돼 있다.

　이미 대한노인회가 결성돼 있던 시절이었으므로 노인들이 장군의 송덕을 잊고 지나칠 리 없었다. 그해 10월 기린면 노인회는 장군의 송덕비를 만들어놓고 가능하면 좋은 날을 받아 성대한 건립식도 갖기로 했다. 그러나 차일피일 해를 넘겼고 장군의 지위는 점점 높아갔다. 이번에는 그의 명성에 비해 송덕비가 너무 초라해 보였다. 그 와중에 덜컥 12·12사태가 터졌다. 장군의 명예는 순식간에 추락했다. 기린에서도 그의 송덕은 평가절하됐다. 노인회도 모처의 압력을 받았다. "송덕비를 세우지 말라"는 것이다. 장군의 송덕비는 경로정 뒤편 야산으로 피신했다.

　그후 15년, 그의 명예 회복과 함께 기린에서는 그의 송덕이 복권되고 있다. 노인들은 야산 풀섶에 팽개쳐져 있던 그 송덕비를 경로정 앞뜰로 다시 내려다놓았다. 올해 안에 정승화 장군의 송덕비를 세우기로 했다.

　"그분에겐 참 미안한 일이었습니다. 적어도 누가 경로정을 세워줬다는 표석 하나는 세워둬야 하는 것 아닙니까."

　복권하지 못하는 비도 있었다.

　김재규의 '부관참시(剖棺斬屍)'는 그가 3군단장으로 재임(71년 9월

23일부터 73년 3월 6일)했던 현리에도 있었다. 3군단장 시절 김재규는 영내에 수호사(守護寺)란 절을 세워 72년 11월 준공했다. 그러나 이 절을 세운 것을 기념해 세웠던 기념비가 지금은 없다. 10·26 직후 두 동강을 내 파묻었다는 사람도 있고, 부숴버렸다는 사람도 있다.

30대인 김모씨는 중학생이었을 때 이 부대를 견학하면서 수호사 앞에 서 있던 기념비를 용케 기억해냈다. 책에서 보았던 '남이(南怡)의 시'가 한글로 음각돼 있던 사실이 당시 소년이던 김씨는 "아주 인상 깊었다"고 말했다.

'白頭山石磨刀盡 豆滿江水飮馬無 男兒二十未平國 後世誰稱大丈夫'

未平國(나라를 평정하지 못하면)이 未得國(나라를 얻지 못하면)으로 조작돼 젊은 장군 남이가 반역죄로 주살됐던 문제의 시, 남이가 여진 토벌 때 읊은 시를 그는 기념비에 새겨놓았다.

여진 토벌에 나섰던 남이처럼 야전 지휘관이던 김재규도 '未平國'의 심정이었을까? 아니면 '未得國'의 야심이었을까. 예종이 즉위한 지 얼마 안 돼 남이는 어느 날 밤 혜성이 나타난 것을 보고 "묵은것이 없어지고 새것이 나타날 징조"라고 말했다. 그에게 질투를 느껴오던 유자광은 "남이가 역모를 획책한다"고 모함했다.

10·26의 진술에서 김재규는 권부의 파워 게임에서 항상 자신을 견제하는 세력이 있었음을 끊임없이 암시했다. 김재규의 유자광은 과연 차지철이었을까. 동강난 그 기념비는 지금 수호사 옆뜰에 묻혀 있을 것으로 보는 사람이 많다.

인제읍 상동 3리 기룡산(起龍山) 기슭의 충혼탑은 64년 11월 26대 이건웅 인제군수가 세운 탑이다. 충혼탑 좌우로 커다란 향나무 두 그루가 서 있다. 이 탑을 바라보며 왼쪽 나무를 촌로들은 '김재규나무'라고 부른다. 역시 3군단장 시절이던 72년 그는 부군단장과 나란히 충혼탑에 기념 식수했다. 그러나 '부군단장 소장 전기열'의 기념 식수비는 오른쪽 향나무 아래 서 있으나 왼쪽 향나무는 온데간데 없고 기대만 남아 있다. 10·26 다음날 "군인들이 이 비를 들어내는 것을 보았다"고 촌로들은 말했다.

해발 960m를 넘어가는 한계령 도로는 내무부 건설부가 돈을 대고 국방부가 건설한 도로이다. 66년 3월 착공해 71년 12월 27일 개통한 대역사였다. 이 난공사의 유공자를 만세에 남길 기념비가 없을 리 없다. 군단장 김재규의 이름은 여기에도 서열 다섯번째로 음각돼 있었다. 그러나 백팔 계단을 올라가 만날 수 있는 이 유공자비에 그의 이름은 정으로 쪼여 알아볼 수 없게 돼 있다. 그의 옆에 또 한 사람의 이름도 쪼여나가 영원히 유공 대열에서 빠져버렸으니 그가 누구인지는 알 수 없다. 다만 김재규는 10·26 직후에, 또 한 사람은 한 달 보름 후 12·12 직후에 사라졌다는 설만 무성하다.

김재규 정승화 두 야전 사령관은 3군단장 바통을 이어 쥐었던 사람들이다.

한 사람의 명예는 복권되고 있었고 한 사람은 영원히 역사 속에서도 흔적이 사라지고 있었다. 다만 공통된 점은 '별이 지나간 자리에는 반드시 역사도 흔적을 남기고 지나간다'는 사실을 가르치고 있다는 점이다.

유성이 흘러간 자리는 곧잘 이 때문에 유적이 돼 되살아나고 있다. 내설악의 장수대가 그 대표적 예다. 59년 오덕준 소장(3군단장)은 국군의 날을 기해 한계 계곡 자양밭에 48평짜리 한식 산장을 세웠다. 전몰장병들의 명복을 기원하는 뜻이 담긴 '장수대(將帥臺)' 현판은 장군이

154

자 서예가인 창헌 최홍희(蒼軒 崔泓熙)의 휘호이다. 주변의 창공을 뚫고 솟은 하늘벽 때문에 장수의 전설이라도 얽혀 있을 듯하지만 기실 장수대는 고작 35세의 젊은 나이의 명승이다.

한계령 정상 백팔 계단 위의 '설악루'도 장엄한 경개에 취해 있다 보면 그 옛날 신선이 노닐었다는 등 전설의 누각으로 착각하기 쉽다. 그러나 한계령 도로를 뚫던 71년에 세운 것이니 고작 23년밖에 안 된 '고적'이다. 박정희 대통령의 친필 휘호의 누각 현판 유래문을 읽다보면 아직도 몸구석에서 굼실대는 바로 '엊그제 역사'에 새삼 놀라지 않을 수 없다.

박대통령은 전선 곳곳에 유난히 글씨를 많이 남겼다. 그가 지나간 자리를 발견한 사람들도 그 자리를 '유적'으로 만들었다. 54년 1월말 인제군 서화면 일대는 2m가 넘는 폭설이 내렸다. 200고지에서 59명의 장병이 목숨을 잃는 설화(雪禍)가 일어났다. 56년 5사단장 박정희 준장은 서화면 당봉(堂峰)에 '嶺東地正 丙申 雪禍殉職將兵忠魂碑'를 친필로 써 세웠다.

5사단장 시절 박준장의 관사는 양구읍 하리에 있었다. 기와지붕이긴 했으나 수복지구에 급조해 세운 사단장 숙소는 볼품 없었다. 72년 10월 이 집 앞에는 자연석 비가 하나 들어섰으며 함부로 다루지 않도록 울타리도 쳐놓았다. "朴正熙大統領閣下께서 一九五五年 陸軍第五師團을 指揮하시며 이곳에서 居處하시다"란 비문은 지금도 그 자연석 비에 새겨져 있다.

구전되는 것이긴 하지만 장군의 명필로 강문봉 장군의 브리핑 차트를 빼놓을 수 없다.

부대 전적관 개설을 준비하던 5사단에 괴상한 '문서' 하나가 접수

됐다. 문짝, 베니어판 문짝 한 장이었다. 그러나 그 문짝에는 '作戰命令書'가 일필휘지로 씌어져 있었다. '전선은 다급했고 상부에서는 전개될 작전 상황에 대해 알고 싶어했다. 부대를 방문하는 상부 인사를 위해 브리핑 차트를 준비할 겨를도 없었다. 강문봉 작전 참모는 폐막사의 문짝을 떼어 먹을 갈아 브리핑 차트를 급조했었다.' 66년 이 기상천외의 브리핑 차트를 전적관에 진열했던 병사는 이 '문서'의 내력을 그렇게 기억하고 있었다. 그러나 지금 50대 초반이 된 그 병사조차 생생하게 기억하고 있는 그 브리핑 차트는 그 부대에서도, 당시 그 부대가 주둔했던 그 자리에서도 확인되지 않았다. 강문봉 장군, 그도 군 피복 사건과 관련해 노병의 최후를 명예롭지 못하게 마감했다. 군인의 불명예를 가차없이 뒤따르는 부관참시의 논리가 장군의 브리핑 차트에도 적용됐을 것으로 추측될 뿐이다.

DMZ를 통틀어 경승 몇 군데를 꼽자면 구 평강군 남면 정연리를 빼놓을 수 없다. 현무암 단애의 극치를 이루는 한탄강 상류이다. 그런가 하면 남대천과 한탄강이 합류하면서 자연스럽게 철원 김화 평강 군계의 3각 극점(동경 127도 21분, 북위 38도 17분)을 이루고 있다. 강원도 관찰사를 지냈던 월탄 황근중(月灘 黃謹中)이 광해정란으로 관직에서 물러서며 여기에 정자를 짓고(1608년) 창랑정(滄浪亭)이라고 편액해 걸었다. 중국 전국 시대 굴원의 어부사 '창랑의 물 맑으면 내 갓끈을 빨 것이오'에서 따온 맑은 이름이다. 병자호란 중 불탄 창랑정을 월탄의 5대손 황손이 인조 13년에 다시 세웠다. 창랑정을 비롯해 육모정(六矢亭) 무릉정(武陵亭) 적벽(赤壁) 약수(藥水) 월탄(月灘) 백운봉(白雲峯) 봉혈(鳳穴) 등 정연팔경은 더 유명해졌다. 금강산 전철은 바로 창랑정 앞을 지나가고 있다. 철원~내금강 경유지의 최고 명승지가 됐음은 물론이다.

6·25로 창랑정은 또 전소됐다. DMZ 남방한계선은 바로 창랑정에 걸터 앉아버렸다. 그 후 30년 지난 1980년, 3사단장 박세직 장군은 한탄 강 단애 위 묵은 빈터에 흰 콘크리트 기둥 여섯 개가 받치고 있는 정 자를 세웠다. 그리고 '世直亭'이라고 명명했다. DMZ의 '명물'이 되고 있는 세직정은 이렇게 태어났으며 스스로 '장군의 유적'이 돼 그 자리 에 서 있다.

빛나는 별의 권위가 3백년 정지(亭址)의 권위쯤을 간단없이 압도해 버린 것이다. 양구군 방산면 건솔리는 1759년에 이미 17가구, 79명(남 46, 여 33)이 살았다는 기록이 있다. 이 마을 토당곡(土堂谷)은 조선 말기 에 사당이 있었다고 해서 붙여진 이름이고 사당폭포는 이 골짜기 안 쪽 16m 높이에서 떨어지는 폭포이다. 남방한계선이 사당 계곡 북쪽 능 선으로 지나가면서 건솔리라는 행정지명은 사라졌다. 민간인이 살지 않으면서 사당폭포도 잊혀졌다. 73년 8월 김진섭 대령이 이 폭포를 발 견했다. 그는 신대륙의 파이어니어처럼 경이해했고 그 기세에 감히 사 당폭포의 이름을 들먹이며 찬물을 끼얹을 사람은 없을 것이다. 방산면 (方山面) 문화재관리위원회는 이 무명의 폭포에 이름을 지어주기로 했 다. 대령의 폭포는 대령의 아호 벽초(碧蕉)를 따서 벽초연(碧蕉淵)으로 개명했다. 한탄강 창랑정의 명명에 대한 연유는 알 수 없다. 그러나 대 령의 폭포처럼 '아첨비'가 세워지듯 붙여진 이름이라면 이제 본명을 찾아야 한다. 3백년 정지의 내력을 알지도 못했을 뿐더러 DMZ의 기념 비적 의미로 세워졌다면 이제 더욱 제 이름을 찾아야 한다.

역사에 담지 않은 해상 테러

해류병

'소년티를 갓 벗은 젊은 선원은 가족과 친구들로부터 너무 멀리 떨어져 있다고 느꼈다. 그는 글을 썼다. 그리고 병 속에 넣어 밀봉해 대양으로 던졌다. 그는 그 병을 귀엽고 예쁜 소녀가 발견해주길 기대했다. 이 글을 읽는 소녀는 이 외로운 선원에게 편지를 해달라고 호소했다. 2년이 지났다. 시실리의 한 해안에서 고기를 잡던 한 어부는 외로운 선원의 소망이 담겨 있는 그 병을 발견했다. 어부는 이 장난기 어린 그 글을 자신의 딸에게 보여줬다. 소녀는 호기심으로 편지를 썼다. 답장이 왔다. 몇 번의 편지가 더 오갔다. 선원은 시실리를 찾아왔다. 1958년 두 사람은 결혼했다.'

158

「바다로부터 온 기록」이란 제목으로 고교 영어 교과서에 실린 해류병(海流瓶 drift bottle)에 대한 설명의 일부다. 해류병은 해류나 조류의 경로를 알기 위해 표류시키는 병이다. 빈 맥주병 등에 엽서를 봉해 넣고 일정 장소에서 바닷속에 던져넣어 주운 사람은 습득한 장소와 일시를 기입하여 알려주도록 하는 방법이다. 바람의 영향을 적게 받으며 목적지에 도착하도록 하기 위해서 병 속에 마른 모래를 넣어 병목만 나온 채 똑바로 서 있게 하는 방법도 쓰고 있다. 이 방법으로 해류의 경로 추정이 가능하다.

외로운 젊은 선원은 시실리 연안으로 흐르는 해류에 구애의 메시지를 띄운 셈이다.

그렇다면 극동 러시아의 연해주나 하바로프스크 지방의 한 소년이 따뜻한 남쪽나라를 향해 보드카 병에 메시지를 담아보낼 수 있을까? 그건 실현성이 매우 높은 상상이다.

러시아 대륙과 사할린 사이를 빠져나온 리만(來滿) 한류는 연해주 앞에서 북한 해류를 만난다. 북한 해류는 청진 흥남 등 우리나라 관북 지방의 해안을 따라 남류하는 한류다. 소년은 보드카 병을 늦가을에 던지는 것이 더 좋을 것이다. 북한 해류는 통상 속초 앞바다까지 흘러오다 회유하지만 겨울철에는 더 남쪽까지 여행을 할 때가 많기 때문이다. 북한 해류에 몸을 실은 '소년의 보드카 병'이 남쪽으로 여행하는 동안 거칠 것은 아무것도 없다. 간혹 청진 흥남 원산에서 출항한 북한 어민들의 눈에 뜨일 수도 있겠지만 바다에 떠 있는 작은 병에 관심을 두는 사람은 많지 않을 것이다. 해금강을 지나 고성 통일전망대 부근에서 군사분계선을 넘을 때도 아무런 제한을 받지 않는다. DMZ는 바다로 이어지지 않고 있기 때문이다.

53년 7월 27일 동해에는 금 한 줄이 그어졌다. 그러나 북위 38도 36분 51초에 그어진 금은 지도에 그어진 금이다. 철책이 서 있을 수 없는 바다에 그렇다고 흰색 또는 붉은색의 줄을 드리워놓지도 않았으며 남북 경계선이란 표식의 부표 같은 점이 떠 있는 것도 아니다. 다만 해도상의 좌표를 토대로 남북의 해군이 그 선을 넘는 모든 행위를 감시하고 통제할 뿐이다. 이 때문에 북한 해류의 남류는 거칠 것이 없다. 더구나 바이러스를 비롯해 16만9천 종이나 된다는 바다 생물의 생활은 자유스럽다.

남금강 산록의 궁노루 한 마리가 금강산 남강을 건너 고진동 계곡을 거쳐 향로봉에서 먹이를 찾는다는 것은 불가능하다. DMZ 북방한계선의 다중 철책과 남방한계선의 높은 철책을 뛰어넘거나 물어뜯어 구멍을 내고 빠져나올 수는 없기 때문이다. 그러나 금강산 남강 하구가 쏟아놓은 플랑크톤을 찾아온 새우떼를 밍크 고래 한 마리가 뒤쫓아 포식했다고 하자. 그 고래가 고성 아야진 앞바다의 정치망에 걸렸다고 하더라도 어부는 횡재를 시켜준 그 고래의 여로를 알 수 없다. 94년 9월 27일부터 실시된 속초 고성 일대의 해수, 어패류에 대한 콜레라 세균 검사는 바로 이 같은 '바다의 자유스러움' 때문에 설득력이 있다.

안기부가 '북한의 함흥 신포 등 동해안 지역에서 9월 중순 콜레라가 발생, 서해안의 해주와 평양 개성 등지에서 창궐하고 있다'고 밝힌 것은 9월 30일이었다. 그러나 이에 앞서 27일 첫 검사를 했으며 30일에도 두번째 검사를 했고 주 두 차례씩 정기 검사를 한다는 방침까지 세웠다. 검사 지역은 속초시 영랑 조양 동명 대포 장사 동해안과 고성군의 아야진 오호 가진 거진 대진항 등 5개 항 5개 지점이었다. 샘플 해수는 연안에서 5~10마일 밖에서 채수했다. 검사 어패류는 조개류와 새치 오징어 쥐치 광어 열갱이 도미 놀래기 등 10종. 이들 물고기에서 시료로 뜯어낸 아가미나 바닷물에서 콜레라균 코마 바실루스(Comma bacillus)는 발견되지 않았다.

이 병원체가 세상에 등장한 것은 100년을 넘었다. 이집트에서 창궐하던 1883년 R. 코흐에 의해 환자의 분변에서 발견된 이 병원체는 국제 검역 전염병으로 정해질 만큼 '명성'을 날리고 있다. 그러나 이 병원체는 추위를 싫어하는 것 같다. 동남아와 아프리카 중동지역이 주무대인 것만 보아도 알 수 있다. 북한 해류의 한겨울 수온은 섭씨 0도, 표면 염분은 34.0%, 한여름에도 수면 온도가 섭씨 16도를 넘지 않으며 표면 염분은 33.8%에 이른다. 10월 속초 앞바다의 해수 온도는 12~15도, 북한 해류는 콜레라균이 살기에는 너무 차고 짜다.

동해안의 콜레라균 검사는 사실상 보건 정책의 순발력을 과시한 상징성에 더 초점이 맞춰져 있는 인상이다. 그러나 때아닌 북한의 콜레라 사태는 그 '자유의 바다'가 매개할 수 있는 몇 가지 상상을 더욱 구체화하는 계기가 되고 있다. 사실 동해는 거대한 대양 한 귀퉁이에 숨어 있는 연못에 불과하다.

마천령에 올라앉아 동해를 굽어보니
물 밖이 구름이요 구름 밖이 하늘이라
아마도 평생 장관은 이것인가 하노라

송계연월옹(松桂煙月翁)에서 동해는 말 그대로 창해였다. 그러나 동서 최대 넓이 1,110km의 이 바다를 횡단하는 데 여객기는 통상 1시간여를 소비한다. 16,000km의 태평양을 논스톱으로 횡단하는 시간의 14

분의 1에 불과하다. 1백7만km²의 동해에 비해 1억6천5백24만6천km²나 되는 태평양은 154배나 크다.

더구나 한반도 연해주 사할린 일본 열도로 둘러싸인 이 작은 태평양 연해는 아주 폐쇄적이다. 커다란 그릇에 담긴 형국을 하고 있는 동해는 회전하고 있다. 매년 5월이면 대만 쪽에서 올라온 쿠로시오 난류의 한 가닥이 좁은 대한해협을 빠져나와 쓰시마 난류와 동한(東韓) 난류로 갈라진다. 쓰시마 난류는 일본열도의 서쪽을 따라 북상, 홋카이도 해협을 빠져 태평양으로 새어나가거나 사할린까지 뻗어올라가는 해류다. 그리고 동한 난류는 오징어떼를 몰고 오는 해류다. 속초 앞바다까지 올라와 대화퇴를 횡단해 쓰시마 난류와 합류한다. 10월쯤에는 알래스카 인근의 오호츠크 한류가 남하하기 시작한다. 지류 하나가 리만 한류란 이름을 달고 연해주를 지나 청진 앞바다에서 북한 한류와 합류해 남하한다. 북한 한류는 세력이 강해지면 영일만까지 내려갈 때도 있다. 동해는 결국 심해는 해류가 흐르고 표면은 풍성해류(風成海流)가 흐르면서 커다란 원을 그리고 있는 셈이다.

한번 자정 능력을 잃은 호수는 원상복구가 힘들다. 강릉대 최호 교수(45 · 해양물리학)는 동해를 호수에 비유해 해류의 특성 때문에 빚어질 수 있는 오염 영향을 경고해 큰 반향을 일으켰다. 93년 10월 18일 러시아 해군이 블라디보스토크 남방 190km 해상에 농도 18큐리의 액체 핵폐기물을 투기했다고 그린피스가 폭로했다. 과학자를 실은 온누리호가 문제의 해역으로 달려가는 동안 최교수는 10월말 이전에 방사성 물질이 속초 앞바다에 이를 수 있다고 지적했다. 북한 해류의 유속은 시속 0.5해리. 동해의 풍성해류는 심층해류보다 빠르고 강하다는 사실을 배경으로 계산한 방사성 물질의 확산 속도는 상상할 수 없을 정도로 빨랐다. 대야에 떨어뜨린 잉크 방울처럼 동해는 아주 쉽고 간단하게 이 바다의 변화를 민감하게 받아들이고 있음을 입증한 것이다.

이젠 남북이 대치하고 있다는 관념만으로 동해를 해석할 수 없게 됐다. DMZ 남방에 민간인 통제 구역이란 군사 작전 지역을 한정해놓듯 남한은 동해에도 군사분계선(38도 36분 51초) 남쪽 북위 38도 33분에 어로한계선이란 금 하나를 그어놓았다. 군사분계선에선 정확한 3.5마일(6천4백82m) 이남이다. 어선을 포함한 모든 민간 선박은 이 선을 넘을 수 없다. 어선이 가지 않는 이 완충의 바다에는 고기떼가 우글거릴 게 틀림없다. 그러나 그곳은 갈 수 없는 바다다. 이 때문에 일반인들의 머릿속에는 바다마저 남과 북 사이에는 견고한 금단의 벨트가 가로막고 있을 것이란 생각이 못박혀 있을 것이다.

한반도를 횡단해온 군사분계선은 고성군 명호리 통일전망대 앞 개활지의 조그만 시내의 하구에서 동해를 만난다. 여기서부터 '이쪽은 남쪽 바다, 저쪽은 북쪽 바다'라며 효력이 발생하는 거리는 정동으로 12해리, 55리 밖은 공해다. 결국 폭 6.5km의 벨트가 22.2km까지 이어져 완충의 바다 넓이는 144.3km²가 되는 셈이다. 그러나 어선이 갈 수 없는 이 바다는 107만km²나 되는 동해에 비하면 새발의 피다. 이 정도를 막아놓고 마치 동해를 남북으로 가로막아놓은 것처럼 분단 50여 년을 유지해온 우리네 관념을 바다는 가소롭기 그지없다고 생각할 것이다.

북쪽 해안에서의 크고 작은 자연 현상이나 인위적인 행위마저도 남쪽의 해안이 여지없이 반응할 수 있다는 가정에 이젠 새삼 눈을 떠야 할 때다. 이런 점에서 동해안의 콜레라균 검사는 아직 설득력이 있다. 사실 북한의 동해안 지방은 과거에도 전염병이 많이 창궐했던 지역이다.

북한의 극비 문서로 취급되던 「北朝鮮 人民 經濟 統計集(1946~1948 년도)」이 최근 한림대에서 출판됐다. 이 자료에 따르면 1946년 북한에서는 12종의 전염병이 발생 41,504명이 병을 앓았으며 10.4%가 사망했다. 이 가운데 함경남북도와 강원도 등 관북 지방의 발생량이 64%를 넘었다. 특히 콜레라 말라리아 발진티푸스 성홍열 디프테리아 재귀열(再歸熱)은 함경남북도가 집중적인 발생 지역인 것으로 분류됐다. 당시 관북지방에서 창궐했던 전염병이 남한의 동해안지방에 어떻게 영향을 미쳤는지를 알 수 있다. 그러나 당시 시대 상황으로 미루어 항구 철도 도로를 따라 번져가는 전염병을 속수무책 방관하고 있을 수밖에 없었다는 사실은 분명하다.

지금 막힌 바다와 가로막은 철책이 병원체의 이름도 통제할 수 있을 것이란 생각은 곤란하다. 당시 WHO는 세계 전역에서 236,351명이 콜레라에 감염됐으며 이 중 7,504명이 사망했다고 공식 발표했다. 필리핀 시에라리온 인도 알바니아 네팔 루마니아 코카서스 지역 등이 강타당했으며 마침내 북한 전역이 감염되고 있다.

콜레라와 페스트가 번지는 것을 보며 느껴지는 것은 이들 고전적 전염병들은 2차 대전 이후 인간들이 수없이 금을 그어놓고 첨단 병기들을 동원해다놓은 국경을 간단없이 비웃고 있다는 사실이다.

동해가 삼킨 이야기들

청호동(青湖洞, 아바이 마을) 노인들은 명태 눈만 보아도 눈물이 난다.

어글어글한 눈매 속엔 당장 함경도 사투리가 튀어나올 것 같아 LST(미 해군의 상륙 작전용 함정. 탱크나 병력 등을 대량으로 수송하는 배)에 몸을 실은 월남 40여 년이 금세 단상으로 되살아나는 것이다. 창란젓 서거리젓 가자미식혜를 해놓고 "아바이 이것 잡숴보세예" 하던, 이젠 설기만 한 사투리가 입 속에서 맴돌며 울컥 고향이 그리워지는 것이다.

명태는 이 때문에 함경도 실향민들에게 향수 같은 물고기다. 마침 설물(북한 해류를 관북지방에서는 그렇게 부른다)에 실려 그 명태가 내려오는 시기다. 속초 청호동 앞바다도 곧 명태철이 돌아온다. 명태는 펄펄 뛰는 생물일 때는 선태(鮮太), 얼렸을 때는 동태(凍太), 말린 것은 북어(北魚), 그물로 잡은 것은 망태(網太), 낚시로 잡은 것은 조태(釣太)가 된다. 또 한껏 자란 특대 명태는 대태(大太), 작은 것은 애태, 강원도 산은 강태(江太), 간성 사람들은 간성 앞바다에서 잡은 것은 굳이 간태(杆太)라고 부른다.

시원하게 국으로 끓여 먹을 수 있고 전유어로도 좋으며 조리거나 적을 부쳐 먹을 수도 있다.

알로는 명란젓, 창자로는 창란젓, 아가미만 뜯어내 서거리젓, 살점만 도려내 조밥에 버무려 숙성시키면 식혜, 그런가 하면 할복할 때 애만 뜯어내 기막힌 앳국을 끓여낼 수도 있다. 말려서도 먹고 썩여서도 먹고 도대체 버릴 것이 없는 물고기다.

명태는 삼백여 년 전 함경도 명천(明川) 연안에서 태(太)서방이 처음 잡아 '明太'가 되었다고 전해지고 있지만 동국여지승람(1530년 · 중종 25년) 「특산조」 편에는 무태어(無泰魚)란 이름으로 이미 등장해 있다. '원산이 집산지며 해로나 말에 실려 전국으로 유통됐으며 알은 명란

'명태의 바다'. 수많은 이야기를 집어삼키고도 말이 없다. 남과 북이 이데올로기의 선을 그 어놓았지만 바다의 자유는 아무것도 거칠 것이 없는 것 같다. 동해에 떠 있는 한 점 무인 도조차도 사람들은 보안상 사진을 찍을 수 없다는 둥 수없이 제약을 만들고 있지만 바다 는 과거나 현재나 그 섬에서 자유롭다.

젓으로 가공해 먹어 청어와 함께 가장 많이 생산되던 물고기' 라는 조 선시대 기록도 있다.

명태는 98kcal의 고열량 식품이다. 14.6%의 단백질을 함유하고 있으 며 칼슘, 인, 비타민C, 니아신 등이 풍부한 영양소 덩어리다.

겨울이면 뒤채일 정도로 흔해빠져 오히려 진가가 떨어지고 있다. 널 빤지처럼 꽝꽝 얼려 시장에 등장한 것은 급속 냉동 기술이 보급된 30 년대. 그러나 코다리 모르고 북어맛 못 본 사람은 없다. 분명 명태는 '민족 물고기' 인 셈이다.

감푸른 바다 바다 밑에서
줄지어 떼지어 찬물을 호흡하고
길이나 대구리가 클 대로 컸을 때

내 사랑하는 짝들과 소리치며 춤추며 밀려다니다가
어떤 어진 어부의 그물에 걸리어
살기 좋다는 원산 구경이나 한 후
이집트의 왕처럼 미라가 됐을 때
어떤 외롭고 가난한 시인이 밤늦게 시를 쓰다가
쐬주를 마실 때…… 카
그의 안주가 되어도 좋다
그의 시가 되어도 좋다
좍좍 찢어지어 내 몸은 없어지더라도
내 이름은 남아 있으리라
명태, 명태라고…… 하하하……
이 세상에 남아 있으리라.

　양명문의 「명태」는 검푸른 동해의 파도 소리가 실려 있다. 찬 바다로 내닫고 싶은 어부들의 설렘이 있다.
　겨울의 동해는 명태의 계절이다. 베링 해, 오호츠크 해 등을 유람하던 명태떼가 연해주 청진 흥남 앞바다를 지나 원산만으로 쏟아져내릴 때다. 곧 북한해류가 세력을 뻗칠 신포·성진, 거진·묵호는 대 어장이 형성된다. 12월이 되면 원산만 마양도(馬養島) 근해 옹진 부근 해금강 남쪽 수원단(水源端) 부근 30~60m의 낮은 바다에는 엄청난 명태떼가 몰려든다. '사랑하는 짝들과 소리치며 춤추며 밀려다니다가' 어느 바람 잔 야밤에 산란을 시작해 미명쯤엔 깊은 바다로 헤엄쳐간다. 때를 맞춰 연해주에서 남류한 북한해류는 한껏 세력을 뻗쳐 연안을 강하게 압박하고 있을 것이다. 휴전선 남쪽 항포구마다 저자망 저인망 어선들이 근질거리는 욕망을 참다 못해 화난 모습으로 발동소리만 요란하게 항구를 들락거리는 시기가 다가온 것이다.

수원단. 그곳은 대진등대에서 손에 잡힐 듯 바라보이는 곳이지만 갈 수 없는 바다다. 67년 1월 19일 오후 2시 34분, 2백 발의 집중 포격으로 한국 함대 동해 경비분대 소속 PCE 56함(唐浦號 · 650t · 함장 김승배 중령)을 가라앉힌 북한의 해안포대가 길목에 숨어 있는 곳이다. 휴전선은 수원단의 바로 남쪽에 그어져 있으며 그런 걸 알 바 없는 명태떼는 그 앞바다에서 우글거리며 대진 거진 아야진 공현진 속초 주문진 등 동해안 어민들을 유혹하는 것이다. 그러나 명태의 바다는 넘을 수 없는 선이 있다. 북위 38도 36분 51초는 국경보다 더 견고한 군사분계선. 명태떼를 쫓던 중 불의의 실수였다 하더라도 월선은 곧 월북을 의미하는 것이다. 장전(長箭)항에 웅크리고 있던 북한 해군의 PBL스캉구가 쏜살같이 빠져나와 낙엽처럼 떨고 있는 작은 어선들을 무차별 예인할 것이다.

해무(海霧)는 가끔 속초공항에 착륙하려던 여객기를 회항시킨다. 그러나 바다에 깔린 짙은 안개는 초고속 소형 함정들의 좋은 은폐물이 된다. 월선을 하지 않았더라도 명태잡이에 넋을 잃은 어선들이 피랍되는 것은 흡사 숲속에 숨어 있던 이리가 울타리를 뛰어넘어 양떼를 공격하는 경우와 비슷하다. 목장 주인이 생각해냈다. 음습한 흉계가 도사리고 있는 숲가로 양떼들이 가지 못하게 하는 것이다. 울타리 안에 또 하나의 울타리를 쳤다. 그것은 천진난만한 어린 양이 건너편 숲속에 펼쳐진 푸른 초원의 동경을 차단하는 효과도 있었다.

동해의 어로한계선(漁撈限界線)은 그렇게 그어졌다. 64년 6월 16일 농림부 예규 제32호로 북위 38도 35분 45초에 처음으로 동해 어로한계선이 설정됐다. 군사분계선 남쪽으로 폭 1마일이 조금 넘는 완충 해역이 형성됐다.

그만큼 명태 어장은 줄어들었다. 어장을 잃은 어부들은 한발짝이라도 북상을 하려 했고 북한 해군에게는 '의거 월북' '영해 침범' 어느 것을 갖다붙여도 좋은 기막힌 호재가 등장한 셈이다. 검댕칠을 한 숲속의 이리처럼 새까만 색깔로 위장한 북한 경비정은 기관총으로 위협하거나 어떤 때는 갈고리로 찍어 끌고 갔다. 그리고 대부분 되돌려보냈다.

북한을 아는 어부가 늘어난다는 사실은 당국을 긴장시켰다. 더구나 어선을 보호하다 빚어지는 빈번한 무력 충돌은 당국을 당황케 했다. 어로한계선은 이런 이유 때문에 몇 차례나 새로운 줄을 그으며 동해를 구획지을 수밖에 없었다.

동해 어로한계선 조정 일지는 다음과 같다.

67년 1월 19일 = 38도 35분 45초 선으로 어로한계선 남하 설정(56함 격침 사건)

68년 11월 25일 = 38도 30분 00초 선으로 어로한계선 남하 설정(어로한계선-38도 15분 00초 해역을 특정 해역 지정)

72년 4월 17일 = 어로한계선을 38도 30분 00초에 유지하되 명태 성어기는 38도 33분 00초 선까지 북상(특정 해역 출어 선박을 10t 이상 동력선으로 제한, 출어 등록, 안전 조업 교육 이수, 어업 무선국 교신 가입, 선단 조업, 조업 위치 보고 등 5대 의무 규정)

73년 4월 21일 = 38도 15분 00초 선 이남에 준특정 해역 설정 7~12월 사이에는 특정 지역과 동일한 의무 부과(어선 통제소를 종전 대진 속초 주문진에서 묵호 울릉도 추가)

73년 11월 25일 = 동서해 어로한계선 북상 허용 범위 공포 11월~이 듬해 2월말까지 38도 38분 00초 선으로 어로한계선 북상(대진 거진 주문진에 출입항 통제소 증설)

92년 9월 5일 = 어로한계선 38도 33분 00초 선으로 북상

결국 어로한계선은 군사분계선 사이에 3.85마일의 완충 해역을 형성하고 그 자리에 그어져 있다.

그 통한의 바다가 집어삼킨 동해의 이야기는 잘 알려지지 않고 있다. 바다 사나이에게 거칠 것이라고는 검푸른 파도밖에 없다. 그러나 대진 거진 속초 주문진 사람들은 동해에서 규정과 의무를 이행해야 하는 갈등과 싸웠고 20세기 지구상 어디에서도 볼 수 없던 해상 테러에 대항하는 무거운 짐을 지고 살아왔으며 지금도 그렇게 살고 있다.

94년 8월 9일 통일원이 밝힌 북한 인권 실태 보고서에 따르면 휴전 이후 북한에 납치된 한국인은 모두 438명. 이 가운데 해상 납북 억류자는 417명이며 35%인 153명이 강원도민, 그 가운데 147명이 어부인 것으로 밝혀졌다. 또 휴전 이후 나포된 어선은 총 110척이며 이 가운데 52척이 동해에서 끌려가 돌아오지 않고 있다.

비공식 집계이긴 하나 휴전 이후 동해 어로한계선 부근에서 납북된 어부는 총 152척 893명이며 귀환 어선은 48척 사망 11명 실종 4명 중경상 11명이라고 한 통계는 밝히고 있다. 그러나 북한 인권 보고서에 밝혀진 납북 사건이 그 통계에는 집계되지 않았으며 자신의 부모형제가 분명히 미귀환 어부이지만 인권 보고서 억류자 명단에는 빠져 있다고 주장하는 사람도 많다.

결국 북한 인권 보고서든 출처를 밝히기를 꺼리는 그 통계든 어느 것도 명확한 것은 없는 것으로 드러났다. 명확한 것은 밝혀진 사실보

다 '그 바다'를 건너간 사람은 더 많다는 것이며 1천여 명의 어부들이
북한을 다녀온 실정법 위반자이면서 지금도 배를 탄다는 사실이다.

다시 쓰는 어로한계선 일지

『삼국유사』에서는 신라인 연오랑이 일본땅에 가 왕이 되고 부인 세
오녀가 뒤쫓아가 귀비가 됐다고 적고 있다.

　동해, 그 바닷가에 연오랑 세오녀 부부가 해초를 뜯고 고기를 잡으
며 살고 있었다. 어느 날 연오랑이 바다에 나가 해초를 따고 있는데 홀
연히 전에 보이지 않던 바위 하나가 나타나 연오랑을 싣고 한 바다로
떠났다. 그리고 일본의 어느 해안에 닿아 그 나라의 왕이 됐다. 남편을
찾아 바닷가로 나간 세오녀는 어느 바위 위에 남편의 신발이 놓여 있
는 것을 발견했다. 그녀가 뛰어오른 바위는 남편 연오랑이 닿았던 일
본의 그 해안에 닿았다. 연오랑과 세오녀는 다시 만났다. 놀랍고 의아
스러워하던 그 나라 사람들은 세오녀를 귀비로 받들었다.

　삼국유사는 이 설화를 신라 8대 임금 아달라왕(阿達羅王)이 즉위한
지 4년째 되던 해 있었던 일이라고 적고 있다. 이 설화가 동해를 수탈
하던 왜구의 역사를 상징한 것이라고 해석하는 학자는 많다. 그렇다면
동해의 해상 테러 기원은 까마득한 기원전까지 거슬러올라갈 수밖에
없다.

　삼척이나 울진의 해안 단구에서 바라보는 동해는 그 맑고 푸르름
때문에 이 바다가 간직한 비극의 역사가 잘 연상되지 않는다. 그러나
동해는 임진왜란을 클라이맥스로 한 비겁하고 잔인하며 치졸한 해상

테러의 긴 역사를 간직하고 있다. 그 바다가 또 한 장의 잔인한 역사를 기록해놓았다. 동해, 그것도 해금강이 손에 잡힐 듯 들여다보이는 연안의 좁은 바다에서 빚어진 어선 피랍 사건은 20세기 지구상 최고의 해상 테러로 기록될 만하다. 이 사건들은 휴전 후 50년대 후반에서 70년대 후반에 집중됐던 아주 눈깜짝할 사이에 일어난 일들이며 아직 교과서에 실릴 만큼 충분히 역사의 평가를 받지 못했다. 북위 38도 36분 51로 지나간 군사분계선을 중심으로 폭 4~5마일의 손바닥만한 바다에서 일어났던 이 사건들은 아주 드라마틱하다.

검은 해적선은 빨랐다. 그들은 느려빠진 통통배만 골라 몰아갔다. 어떤 때는 정말 해적선처럼 쇠갈고리를 던져 예인해갔다. 그리고 낯선 나라를 구경시키고 돌려보냈다. 이 과정에서 고분고분하지 않는 통통배는 총이나 포로 위협했으며 살해도 했다. 그리고 자식과 아내가 있는 남쪽으로 돌려보내주지 않기도 했다. 도대체 금이나 은이 없는 통통배를 목표로 질주하는 약탈 선단의 용맹무쌍한 기동성은 무모하고 비생산적인 것처럼 보였다. 그래도 해적선은 쥐미처럼 나타나 어부들을 끌고 갔다.

그러나 이 신출귀몰하는 해적선이나 어진 어부의 필사적인 생환 이야기는 하다못해 단막극이나 르포타주의 소재조차 되지 못하고 있다. 낚싯바늘에 줄줄이 걸려 올라오는 명태처럼 이 사건이 모두 이데올로기의 고리에 일렬로 꿰여 있다는 사실이 동해의 사건을 이토록 폐쇄적으로 만들었을 것이다.

그 속성 때문에 동해의 해상 테러 기록은 어느 것도 정확하지 않다. 한 정보 기관이 보유하고 있는 기록은 동해상에서 북쪽에 피랍된 어선은 총 128척이며 선원은 1,147명으로 밝히고 있다. 이 가운데 미귀환 어선은 11척 선원은 131명이다. 그러나 또다른 기록은 피랍 어선을 111척 어부는 1,042명으로 기록하고 있다. 두 기관의 기록이 상이한 것은 한쪽은 속초 거진 대진항으로 귀환한 국내 선적의 모든 어선과 인천항으로 귀환한 선적을 중심으로 집계했으며 다른 한쪽은 피랍된 강원도 선적의 어선을 중심으로 집계했기 때문이다. 그러나 두 기관의 기록도 63년 11월 12일 동해에서 해광호가 피랍된 사건이 기점이다. 이미 57년 11월 9일 거진 앞바다에서 기범선(機帆船, 동력기관과 돛을 함께 갖춘 비교적 작은 배) 8척과 어부 47명이 피랍된 사건을 첫 동해 피랍 사건으로 공식화하고 있지만 피랍 사건이 그 이전에도 발생했을 가능성은 얼마든지 있다.

통일원의 북한 인권실태 보고서는 북한에 417명의 해상 납북자가 억류돼 있다고 밝혔다. 그 명단 속에는 68년 6월 6일 풍년호를 탔던 11세 소년도 끼어 있다. 30여 년 전이면 산촌이나 바닷가 아이들이 요즘은 상상도 할 수 없는 노동에 동원되며 자라던 시절이다. 소년은 마침 현충일 공휴일을 맞아 오징어배를 탔을까. 그러나 소년의 배가 붙들려 간 기록은 경찰의 피랍 어부 심사 기록, 모 기관의 피랍 일지 등 어디에서도 확인되지 않았다. 결국 피랍 어선은 공식 기록보다 훨씬 많고 피랍 일지는 사실대로 정리되지 않았으며 이 같은 역사의 유기가 지금 동해의 사건들을 왜곡 축소하고 있다는 사실만 확인케 하고 있다.

술 취한 부두의 자유는 어느 항구에서나 대체로 관대하다. 그러나 속초나 거진 그리고 최북단 대진항의 질펀한 선창거리에서는 줍기 힘든 말이 있다. 낯선 지방의 여행담이다. 뱃사람들의 방만한 기질에도 불구하고 여행담만은 절대로 토해내서는 안 되는 금기이다.

65년 5월 19일 춘천지법 속초지원 이영준 판사는 선주 14명 어부 69

명에게 각기 벌금형과 배를 몰수한다고 선고했다. 이들은 지난해 11월 29일부터 보름 동안 금단의 바다를 건너 낯선 지방을 갔다온 사람들이다. 명태떼는 이들을 알섬 근처까지 유혹했다. 거긴 이미 되돌아서기에 너무 깊숙한 곳이다. 끌려갔다. 그리고 원산 평양 등지를 여행했다. 그해 겨울 속초 지방 쌀 도매금은 1백kg에 3,074원. 1월에 해일이 덮쳐어선 50척이 깨져버렸고 8월달엔 아무렇지도 않은 듯 학생음악경연대회가 열려 수복지구 학부모들을 열광시켰다. 그리고 전 해에는 양양경찰서가 속초경찰서로 개칭돼 속초 시내로 이전했고 제6대 총선에서는 공화당이 압승했다. 낯선 지방 여행 가이더는 그들에게 이런 것들을 캐물어 확인했을 것이다.

그러나 수산업 개항 질서법 외에도 반공법 위반에 혐의를 둔 검사의 논고는 추상 같았다. 선전에 이용되었으며 물가 지리 시설물을 알려줘 그들을 이롭게 했다며 가슴을 시리게 했다. 이 사건은 배를 타는 모든 사람들에게 두 가지를 가르쳐주었다. 금단의 바다를 건너는 것은 엄연한 실정법 위반이며 때론 실형은 물론 그 이상의 오해도 받을 수 있는 반공법에 얼마든지 연루될 수 있다는 사실이다.

그해 겨울 북한 한류를 거슬러간 소년은 지금 불혹을 바라보는 나이가 됐다. 소년의 아버지가 "내 아들을 돌려달라"고 탄원하거나 사회단체나 주민들이 그의 구명운동을 벌였다는 소식은 확인되지 않았다. 결국 바다에 그어진 군사분계선이 엄청난 이산과 또다른 분단의 고통을 생산해냈다는 사실만 확인케 했다. 동해의 해상 테러를 당당히 역사에 올리지 못하는 옹졸함을 확인할 수 있었다.

황성 옛터

궁예 도성에 부는 바람

    DMZ 길목에서는 늘 초콜릿 '자유시간'의 광고판이 먼저 사람들을 맞았다. 상혼은 남방한계선까지 그 수완을 유감없이 발휘했다. 요즘 DMZ 가는 길은 팽팽한 긴장을 그렇게 상업주의가 이완시키고 있었다. 철원 철의 삼각전망대를 북쪽에서 바라보면 유리성처럼 보일 것이다. 대형 트럭이라도 빠져나갈 것 같은 전망창은 북쪽의 풍광을 통째로 빨아들였다. 풍천원(楓川原)의 드넓은 벌판과 평강고원은 그 창을 통해서야 모습을 드러냈다.

    DMZ는 드러누워 있었다. 잡목과 잡초의 벌판이었다. 끝없이 전개되다 못해 하늘과 맞닿아 있었다. 그리고 침묵하고 있었다. 그림엔 소리

철의 삼각전망대에서 바라본 풍천원과 평강고원. 궁예는 1천 년 전에 이곳에 도읍을 정하여 궁궐을 짓고 도성을 쌓았다. 그러나 옛 성지는 고스란히 DMZ 속에 묻혀 있다.

가 없다. 전망창에 널브러진 DMZ는 한 폭의 커다란 풍경화였다. 세월, 시간마저 정지된 듯했다. 초콜릿 '자유시간' 입간판의 자유와 분방을 겨우 5mm 두께의 전망창이 침묵의 벌판과 간단없이 그렇게 단절하고 있었다.

세월이 머문 벌판은 전설마저 붙들어 묻어둔 것인가. 까마득히 잊었던 전설 '황성의 옛터' 가 최근 새삼 되살아났다. 침묵의 벌판은 궁궐과 종각 궁성과 망루가 들어섰던 자리, 대제국의 야망이 활활 타오르던 옛 왕도의 유지였다는 사실에 요즘 DMZ 관광은 역사 탐방길도 겸하게 됐다. DMZ가 가로지르고 지나간 40년 미답지를 문화재관리국 학술조사단(단장 조유전, 문화재연구소 유적조사 연구실장)이 찾아갔다.

그러나 천년 유지는 온전할 리 없었다.

궁궐터는 접근이 어려웠다. 풍화의 긴 세월을 용케 견뎌왔으나 6·25 때 포화로 부서진 것이 확실한 석등과 임금님 우물터도 확인할 수 없었다. 아름드리가 될 만큼 자란 아카시아숲에 파묻힌 주춧돌 기왓장을 눈만으로도 더듬어 보기에 북쪽 초소는 너무 가까웠고 포정전(布政殿) 옛터는 너무 멀었다. 그러나 조사단은 아직도 왕성이 끊겼다 이어졌다 하며 DMZ에서 살아 숨쉬고 있는 사실을 확인했다.

역사 속에 작은 점 하나를 찍고 몰락한 왕조, 늘 비운의 왕조로 비유되던 고독한 궁예의 도성은 유지조차도 고독해 보였다. 조사단은 뒤늦은 제안이었지만 왕성을 국가 문화재로 지정해야 한다고 주장했다. 또 남북 교류로 왕성을 정밀 조사할 길을 찾자고 제안하고 있다.

풍천원 또는 싯내벌이라고도 하는 이 평원은 온전히 DMZ 속에 묻혀 있다. 27만 년 전 평강 서남쪽 5km 지점 오리산〔鴨山 453m〕에서 화산이 폭발했다. 분출된 현무암질 용암은 점성이 낮아 아주 묽었다. 추가령과 전곡 고랑포 사이의 낮은 골짜기를 메우며 1억9천6백만 평에 이르는 광대한 넓이로 퍼져나가 묻어버렸다. 풍천원은 그 용암 대지가 빚어낸 표고 200~300m의 철원 재송평원(栽松平原)의 북쪽 자락이다. 북쪽으로는 어지럽도록 등고선이 빝게 돌아간 현무암 단애의 고암산(高巖山, 780m)이 가로막고 있고 남으로는 대야잔평이 이어지고 있다.

서기 901년 궁예는 송악을 포기했다. 동주(東州, 철원)로 천도, 고암산에 기대 드넓은 대야잔평을 바라보며 풍천원에 궁궐 터를 잡았다. 그리고 서기 918년 왕조는 막을 내렸다. 18년 천하가 사라진 후 1천 년, 그 후 풍천원은 DMZ가 주저앉았다.

구 철원군 북면 홍원 유정 화산리 어운면의 중강 월정 학당리 등

DMZ 속의 풍천원 마을들은 50년도 채 못 되는 세월 속에 잊혀진 이름이 돼버렸다. 궁예가 도읍의 진산으로 삼았던 고암산은 김일성 고지로 개명돼 있었다. 왕조의 천년 유지를 더듬는 일이 새삼스러운 것은 당연한 것인지 모른다.

궁예(弓裔)의 도성은 정확히 동경 127도14분 북위 38도20분, 군사분계선의 북쪽으로 약간 치우쳐 앉아 있다. 서기 903~904년 쌓은 왕성은 외성 14,421척(4,370m) 내성 1,905척(577m)의 두 개의 성이다. 외성은 월정 홍원 고궐리를 경유, 학당 중강 운정 봉상리로 이어지며 작은내와 구릉을 지나고 있었다. 월정리 외성은 지금 흔적을 확인할 수 없다.

그러나 아이러니컬하게도 지금의 월정리에는 궁예의 도성을 그대로 모방한 성이 쌓여 있다. 월정리 남방한계선은 거대한 현대판 성으로 축조됐다. 북한이 주장하는 콘크리트 장벽이다. 아랫부분은 콘크리트로, 윗부분은 흙으로 축조돼 석축 위에 흙을 쌓은 궁예 도성의 공법과 다를 게 없다. DMZ 안으로 통과하는 출입구에는 성문처럼 거대한 철문도 서 있다. 철의 삼각전망대는 이 성곽에 기대 사위가 탁 트이도록 설계돼 있다. 흡사 성곽의 망루처럼. 다만 DMZ 방문단은 자신이 지금 황성 옛터에 서 있다는 사실을 모를 뿐이다.

최근 40여 년 동안 왕도를 가본 사람은 없다. DMZ 병사들에게조차 전설의 성은 알려지지 않았다. 6·25 이전 이 일대에서 거주했던 주민들의 어렴풋한 기억, 해묵은 자료에서나 왕도의 모습은 희미한 윤곽을 드러냈다.

궁예는 용의주도하게 도성을 쌓았다. 내성과 외성의 2중성은 밑부분을 석축으로, 상단은 토축으로 올렸다. 이태조는 한양성 59,500척을 49일 만에 쌓았다. 강원 경상 전라 함경 평안도에서 동원한 장정

180,070명이 투입된 축성 작업은 전쟁이나 다름없었다.

궁예 도성 내외 성은 이보다 5백 년 전인 903~904년에 쌓았다. 고작 강원 경기 황해도 일부 지방이 한 국가였던 궁예 왕국의 축성은 더 지독한 전쟁이었을 것이다. 뭇 백성의 아우성으로 가득했던 성지는 어디에나 원성과 애환이 묻어 있을 것 같았다. 태봉국의 정사를 논하던 포정전 등 대궐 터의 현무암 축대 1천여 평은 내성에 에워싸여 있다. 철원의 어떤 이들은 포정전 터는 개나리 꽃물결로 뒤덮여 있었다고 기억했다. 그 내성을 가운데 두고 가깝게 5리 멀리는 10리 간격으로 외성이 둘러쳐져 있었다. 옛 북면의 월정 홍원 고궐리를 지나 어운면의 학당 중강 운정 봉상리를 지났다.

어수정(御水井)은 궁예의 전용 우물이다. 도성안 고궐동에서 맑고 맛좋은 물이 솟는다는 소문이 나자 궁예는 자신의 전용 우물로 만들었다. 조정에서 관리하는 이 우물을 일반인은 마시지 못했을 것이다. 해방 직전까지 이 우물은 홍원리 주민들이 사용해왔을 만큼 그 유지가 잘 보존돼왔으나 6·25 때 파괴됐고 현재는 확인조차 할 수 없다.

도성 동대문 앞에 서 있던 2.8m의 석등(石燈)도 일제 말기까지 고스란히 남아 있었다. 40년 7월 30일 국보 제118호로 지정되기도 했었다. 그러나 어수정처럼 전화를 입었으며 유지조차 지금은 알 길이 없다. 왕도의 잔해만은 도처에 널려 있다. 한 왕조가 섰다 간 체통은 만만치 않아 보였다.

양길(梁吉)의 심복이던 궁예가 양길을 몰아내고 철원 풍천원에 도읍을 옮기며 국호를 마진(摩震)으로 정한 해는 서기 904년이었다. 그가 그의 심복이던 왕건에게 신 왕조의 기틀을 고스란히 내주고 평강에서 비참한 최후를 마치기까지는 겨우 18년 세월이었다.

그러나 철원벌을 질풍같이 몰아치던 18년 천하의 위풍은 대단했다. 그의 천년 유지들이 한결같이 그때를 말해주는 듯하다. 포천군 궁인면 대곡(큰골)의 석성은 높이 3~10m 길이 4,210m의 큰 산성이다. 풍천원 도성의 외침을 막기 위해 궁예가 축조한 15개 외곽성 중의 하나이다. 918년 왕건에게 왕권을 빼앗기지 않으려고 혈전을 벌이면서 궁예가 명성산성으로 도망가기 전에 피신했던 성이다. 궁예의 외곽 성지는 철원읍 양지리 오목동(梧木洞)에도 남아 있다. 개활지에 흙으로 쌓은 10,700여 평의 이 성은 궁예의 군마 사육장이었다. 장방형 토성의 둘레는 750m 높이는 3m였으나 DMZ에 걸쳐 있는 이 성은 폐허가 된 채 일부 유지만이 남아 있는 것으로 확인됐다.

옛 평강군 고삽면 세포리의 검불랑(劍佛浪)은 삼방협의 분수령이다. 철령보다도 긴요하던 전략적 입지이다. 궁예는 이곳에도 군사 훈련장을 세우고 무예를 연마했다고 전해진다.

평강군 남면 가곡리의 발리봉(4백88m)은 발리 전투로 유명한 곳이다. 이 산기슭 상현(霜峴)은 서릿고개로 더 잘 알려져 있다. 왕건은 이 고개에서 추상보다 차가운 칼을 갈았을까? 궁예의 심복 시절 왕건의 사저 터가 그곳에 묻혀 있다.

서기 918년 6월 왕건에게 쫓기던 궁예는 명성산에서 군대를 해산하고 평강 쪽으로 도망하다 하갑리 동북쪽의 작은 내 앞에서 무거운 갑옷을 벗어던졌다. 기진맥진하여 밀이삭을 뜯어먹던 궁예는 부양민에게 붙잡혔다. 그의 군사력을 키우던 검불랑 길목 삼방협에서 그는 피살당했다. 그의 말발굽에 짓밟히던 철원벌에 그는 돌무덤 하나로 생을 마감했다. 갑옷을 벗어던진 작은 시내는 그 후 갑천(甲川)이란 이름을 얻어 지금도 DMZ 북쪽 너머에서 흐르고 있다.

DMZ 속에 잠든 왕도의 유지를 흔들어 깨울 방법은 없다. 궁궐 터의 부서진 기와 조각 하나도 수습할 수 없는 마당에 왕성의 옛터를 상상하는 것조차 제약을 받을 수밖에 없다.

뜻밖에 『개벽』지 제7호 1921년 신년호에 궁예 옛성의 문화기행이 실려 있다. 「弓裔王의 옛 서울을 밟고」란 기행문은 풍천원의 외성을 지나 고궐리의 궁성담을 넘어 궁전기지(宮殿基址)를 밟고 있다. 궁성의 담은 당시에도 커다란 느티나무 밑에 반은 땅속에 묻혀 있었고 궐터는 밀밭 속에 묻혀 정연하게 주춧돌만 남아 있었다.

허물어진 궁성을 넘어 또다른 밀밭으로 들어서자 외로이 6층 석탑이 서 있었다. 궁예왕 석탑이다. 세 장(丈)의 석탑은 아무런 조각이 없었고 뚱뚱한 몸체에도 구차한 기교의 흔적은 찾기 어려웠다. 궁예의 인격, 그의 정신을 홀로 대변하고 있는 듯 보였다. 수많은 기와 조각과 주춧돌은 외로운 황탑(荒塔)을 지키고 있는 것 같았다. 사위의 모든 것이 유탑과 함께 옛터를 찾은 이들에게 무엇인가를 호소하고 있었다.

'산악 같은 거구에 龍獅 같은 의용으로서 出將入相에 일세를 호령하던 그가 牛頭白하고 馬頭角하며 不告의 어느 날 외로이 성문을 탈출하여 밀 이삭을 줍다가 삼방협 건너편 어느 골 안에서 최후를 고한 그 운명을 샅샅이 추상한 우리의 심정은 어떠하였을까.' 작자는 왕성의 석탑을 떠나면서 결국의 그의 감정을 주체하지 못하였다.

'아아 우리는 간다마는 따스한 고향집으로 간다마는 그가 風雪 차고 행인도 끊긴 평강고원에 저 혼자 어찌 살까, 그가 어떻게 사나! 과거의 천년은 어떻게 지냈으며 미래의 먼 시일을 어떻게 지내갈까!'

작자가 '弓裔王 石塔'이라고 한 것은 세 장의 높이에 6층이라고 한 것으로 보아 키가 2m나 됐던 국보 118호 석등인 듯하다. 작자는 옛 왕성을 찾아간 날을 1920년 11월 18일로 기록하고 있다. '천년을 어떻게 지내왔나' 하고 노래했던 석등은 불과 30년 후에 전화로 사라졌다.

왕도의 의성 남쪽 자락은 지금 남방한계선이 석축보다 견고한 철책으로 가로막고 있다. 고암산 남쪽 단애 앞을 지나가는 북방한계선은 왕성의 북쪽 자락이 맞닿아 있다.

천년 고성은 지금도 그때처럼 외로워 보였다.

사라호 태풍 유민

도옥이 할머니는 철원군 근남면 마현리를 개척한 민통선 일세대이다. 지난 겨울엔 영감님과 사별했다. 대처에 나가 사는 장성한 육남매는 농사나 짓겠다고 돌아올 리가 만무하다. 뉘엿뉘엿 해 질 무렵이면 때 맞춰 음산한 대남 선전 방송이 산마루를 넘어왔다. 그런 저녁마저도 커다란 집을 혼자 지키고 있는 도씨 할머니에겐 만삭의 염소 한 마리가 유일한 식구이다.

그러나 도씨 할머니는 마을을 떠나지 못한다. 일흔여섯의 고령인 데다 이미 이 마을에 뼈를 묻기로 결심한 마현리 토박이기 때문이다. 그리고 그곳은 아들 딸과 손자 외손자들이 찾아올 그들의 고향이기 때문이다. 마현리 토박이기는 앞집도 마찬가지다. 앞집뿐 아니라 옆집 뒷집 길 건넛집 할 것 없이 온 동네 113세대가 모두 마찬가지다. 한 집도 빼놓지 않고 마현리를 고향으로 삼기로 한 경상도 울진 이주민이기 때문이다. 울진촌(蔚珍村)의 일상은 온통 울진식이다. 투박한 울진 사투리가 그렇고, 장을 담그는 법이나 김장을 하는 방법까지 그대로 울진식이다. 거기에다 마현리에서 태어난 아이들인데도 억양은 한결같이 경상도 말씨다. 할아버지 아버지가 경상도 말씨인데 아이들만 다를 리가 없는 것이다.

울진촌 토박이들은 지상깃개라든가 샘밭고개 이둔지 용탕굴 뱀청골 확재골 등의 지명을 잘 모른다. 그런 것은 땅을 버리고 떠난 사람들의 소유이고, 오히려 부대골 사격장골 지뢰밭 큰길가 관사마을 등 신식 이름이 더 익숙한 것이다. 그곳들은 울진촌 사람들의 애환이 묻어 있는 민통선 개척사의 현장이다. 그리고 개척민들이 늘 자랑스러워하는 영웅담이 배어 있는 곳이다. 마치 돌쩌귀가 안 맞는 문짝처럼 마현리에 판박이를 한 울진촌은 늘 어색한 틈새가 벌어져 있다. 그 틈새를 알아차리기라도 한 것처럼 예기치 않았던 바람이 비집고 들어왔다. 진짜 토박이들이 돌아오기 시작한 것이다. 그들은 등기장을 흔들며 '내 땅'을 주장했다. 드디어 토지분쟁 시대에 돌입했다. 울진촌은 땅을 일구고 가꾼 경작권을 주장했으나 법은 번번이 가진자 편에 기울어 있었다.

지난 83년엔 '수복지역 내 소유자 미복구토지의 복구등록과 보존등기에 관한 특별조치법'이란 긴 이름의 법이 발효됐다. 이 법의 골자는 간단했다. 권리 주장을 할 수 있는 명백한 증거를 제시하지 못할 경우라면 "그건 당신의 땅이 아니다"라는 것이다. 울진촌 사람들은 억울했다. 그 땅에 첫 삽을 대던 날 그들은 분명히 들었다. "이 땅은 여러분의 땅"이라고. 그러나 황무지나 다름없던 곳을 개간해 가꿔온 그들의 경작권은 인정되지 않았다. 풀리지 않는 수수께끼도 있었다. 땅을 찾으러 온 사람들은 대부분 조상의 명의이거나 친인척의 땅문서를 들고 있었다. 사람들은 따지고 싶었다. "도대체 당신들은 그 땅을 어떻게 상속받

왔느냐"라고. 정부를 향해서도 묻고 싶었다. "여기는 과거 인공 치하의 땅이었으며 국군이 빼앗아 국민에게 주었다면 당연히 받은 자의 땅이 아니겠느냐"라고. 그러나 그걸 답변해줄 사람은 아무도 없었다.

결국 '땅을 떠났던 사람'과 '땅을 찾아온 사람'들은 '땅을 필요로 하는 사람'이 땅을 소유하는 데 합의했다. 지뢰밭을 일군 울진촌 주민이 더 땅을 사랑했다. 대부분 그들이 자신의 땅을 다시 돈을 주고 매입함으로써 길고 긴 민통선의 토지 분쟁은 거의 마감되고 있다. 그러나 울진촌 사람들이 목숨을 걸고 이룩한 80만 평 눈물의 땅은 옛 지주로부터 사들여 울진촌 것이 된 부분이 30퍼센트, 옛 지주가 찾아간 땅이 30퍼센트, 국유지 20퍼센트, 아직 누구의 땅도 아닌 것이 10퍼센트라는 묘한 구조를 만들어놓았다. 울진촌은 DMZ가 어떻게 역사를 농락하고 있는지를 대변하고 있었다.

울진촌 사람들은 사라호 태풍의 유민들이다.

사라호 태풍이 쓸고간 59년, 울진의 그해 겨울은 모질었다. 그런 겨울 뒤에 맞는 봄은 더 두려웠다. 그러나 이듬해 3월 수재민들은 유토피아를 찾아가는 꿈에 부풀어 있었다. '전방의 김화 어디쯤에 10여 년째 묵고 있는 어마어마한 전지가 있으며 지금 그 땅을 개간할 사람들을 찾고 있다'는 소식을 들은 것이다. 철원 김화는 알아주는 곡창지대이다. 더구나 38선 이북의 수복지라면 모두 임자 없는 땅일 것이다. 적당히 갈아엎고 씨앗을 뿌려 가을까지만 기다리면 일단 배는 곯지 않을 것이다. 무엇보다 집도 주고 식량도 준다는 데는 비록 그곳이 최전방일지라도 주저할 이유가 없었다.

60년 4월 4일.

66세대 2백여 명은 대장정을 시작했다. 행렬은 길었다. 스물다섯 대

184

의 군용 트럭을 헌병 지프가 호송했으며 앰뷸런스도 뒤따랐다. 읍내를 벗어나는 트럭 행렬 위로 속절없이 봄볕이 내리쬐었다. 삼척에 도착하자 점심이 트럭 위로 올라왔다. 더운 물에 분유를 탄 우윳물이었다. 우유를 처음 먹어보는 사람이 많았다. 남자들과 아이들은 후룩후룩 들여 마셨지만 여자들은 거의 비린내가 난다며 쏟아버렸다. 어떤 이들은 "보란듯이 잘살기 위해서라도 먹어야 한다"며 우유 사발에 입을 대고 눈물을 찔끔거리기도 했다.

60년 4월 5일.

대관령이었는지 진부령이었는지는 알 수 없다. 트럭은 수없이 많은 재를 넘었다. 적재함 앞자리에 교대로 서서 "올라갑니다. 내려갑니다. 꼭 붙드세요"를 연발하던 장정들도 녹초가 돼 나가떨어진지도 오랜 후에야 춘천에 도착했다. 도청 소재지의 대접은 요란할 정도였다. 군악대가 나오고 기관장들도 모두 나온 듯했다. 홍창섭 도지사가 "잘왔다"며 손을 잡아주자 어떤 이는 "지사님이 가라고 해서 가는 거지 그렇지 않았다면 우리는 떠나지 않았을 거"라고 말하기도 했다. 전방이라서 아직 추울지도 모른다며 집집마다 광목 이불이 한 채씩 지급됐다.

60년 4월 6일.

수복지구 화천국민학교는 작았다. 마지막 밤은 교실에서 새우잠을 잤다. 화천은 바다가 먼 대신 산이 가까웠다. 높은 산은 아직 잔설을 이고 있었다. 교실에서는 부녀자들의 기침소리가 잦았으며 갓난아이들은 밤새 보챘다. 교실 밖 어두운 교정에는 잠을 못 이루고 서성이는 어른들의 헛기침 소리와 껌벅껌벅 담배 불빛이 밤을 지새웠다.

60년 4월 7일.

말고개〔馬峴〕를 넘었다. 사람들은 말이 없었다. 북쪽 땅은 낮은 산등

성이 너머에 있었다. 벌판은 말고개 밑에 길게 누워 있었다. 논이나 밭
은 없었다. 신작로 옆까지 빽빽이 들어선 아카시아 참나무 버드나무
가지엔 묵은 칡덩굴이 그물처럼 친친 감겨 있었다. 방금 작업을 끝낸
듯한 천막촌에 도착했다. 예순여섯 채의 천막이 이마를 맞대고 줄을
맞춰 서 있었다. 세대주의 이름을 부르면 한 집씩 식구들을 데리고 천
막 안으로 들어갔다. 트럭에서 나던 냄새는 천막에서도 났으며 눈 녹
은 물이 논바닥처럼 질척질척 고여 있었다. 군인들이 마른 풀을 한아
름씩 베어다 깔아주었고 집집마다 가마니가 두 장씩 지급됐다. 집은
그렇게 마련됐다. 천막 밖에 솥을 걸자 식량이 도착했다. 천막마다 청
보리쌀이 한 가마씩 배급됐다. 그건 피난처에서 받아 먹어봤을 뿐, 논
갈이를 시작하기 전이나 송아지를 낳았을 때 어미소에게 삶아주던 것
이다. 그러나 울진촌 사람들은 한 솥씩 그득 청보리밥을 지어 참으로
오랜만에 내 손으로 지은 밥을 배불리 먹었다. 몸만 가면 된다는 말을
곧이곧대로 믿고 정말 빈손으로 온 집도 있었다. 그들도 이웃 천막에
서 고추장을 얻어다 맘껏 비벼먹었다. 행동 지침이 시달됐다. 장교는
일렬로 서서 자기의 발자국을 밟고 따라와보라고 했다. 그리고 그 발
자국 밖으로는 한 발짝도 내디뎌서는 안 된다고 경고했다. 그때 지뢰
밭이란 말을 처음 배웠다. 방에 불을 밝히지 말라고 할 때는 소름이 끼
쳤다. 장교는 북쪽의 검은 산들을 가리켰다. 그 산 속에는 북한군 진지
들이 숨어 있으며 천막촌은 지금 그들의 기습 표적이 될 수 있다고 가
르쳐주었다. 그리고 모두 떠나버렸다. 군인들과 도지사 군수도 모두 떠
나버렸다.

그날 이후.

천막촌은 지독한 배앓이와 감기에 시달렸다. 조악한 식사와 추위 때

186

문이었다. 부대장에게 온돌을 놓겠다고 건의했으나 화재를 염려한 그는 처음엔 "천막 한 채가 GMC트럭 한 대 값"이라며 거절했다. 그러나 50연대장은 인정 많은 사람이었다. 그는 온돌을 전기곤로 코일처럼 놓아 천막 가장자리가 불길에 닿지 않게 하라고 말했다. 주민들은 그 말을 이해하지 못했다. 연대장이 다시 태극기처럼 놓으라고 하자 모두 고개를 끄덕였다. 아궁이와 굴뚝이 같은 쪽에 붙은 마현리식 둥근 온돌이 출현했다. 그러나 어떤 이는 자유 대한 국민임을 강조하기 위해 태극 문양 온돌을 놓도록 한 것으로 알고 있었다. 천막촌은 청보리쌀이 떨어져갔다. 설상가상 4·19가 터졌다. 정권이 바뀌자 관리들도 바뀌었다. 새 정부는 수재민의 전방 이주 계획에 흥미가 없는 것 같았다. 의지할 곳도 항의할 곳도 없어졌다. 연대장이 군량미를 싣고 찾아왔다. 연대장은 "이 쌀로 장사를 하라"며 묘한 암시를 하고 떠났다. 천막마다 술익는 냄새가 진동하자 군인들이 찾아오기 시작했다. 군인들은 천막촌에 쌀을 보낸 만큼 자신들의 밥그릇이 며칠간 곯았다고 말했다. 막걸리를 마시고 귀대한 병사들이 털석털석 '빳다'를 맞는 소리를 천막촌은 귀를 막고 들어야 했다. 그래도 높은 사람들은 병사들이 천막촌을 다녀오도록 은근히 종용하는 눈치였다. 그들도 배를 주리던 그 시절, 군인들은 자신의 몫을 떼어 천막촌을 그렇게 연명시켰다. 천막촌에는 논갈이할 소가 없었다. 한 사람은 쟁기를 잡고 아홉 사람이 밧줄을 당겨 땅을 갈았다. 남정네들이 그렇게 우스꽝스런 농사를 짓는 동안 아낙네들은 무진장으로 나뒹구는 탄피나 고철을 팔았다. 화천 사방거리 장날이면 천막촌의 아이 업은 아낙들은 유난히 뚱뚱해 보였다. 그들은 고철자루를 허리에 차고 그 위에 아이를 업어 위장한 채 검문소를 통과했다.

그 66명의 세대주 가운데 생존자는 지금 15명으로 줄었다. 2명은 지뢰를 밟았으며 나머지 49명은 천수를 다 해 대성산 기슭에 묻혔다. 천막학교에서 공부를 하던 아이들은 장년이 됐다. 그들 가운데는 대학을 나와 외지에서 사업을 하거나 공무원, 교사를 하는 사람도 있다. 그들은 한결같이 지뢰 표지판과 들판에서 발견된 불발탄, 바람결을 타고 넘어오는 대남선전 방송소리, 운동회날 손님찾기를 하면서 "대대장님! 주임상사님!"을 부르던 추억을 갖고 있다. 그리고 추석이나 설이면 자식들과 아내 또는 남편을 이끌고 말고개나 수피령, 어떤 때는 와수리를 거쳐 마현리로 돌아오고 있다. 거긴 그들의 부모형제가 살고 있거나 그 땅을 개척하고 세상을 떠난 그들 부모의 선영이 있는 그들의 하나밖에 없는 고향이기 때문이다. 그들은 아버지 세대가 일구던 마현리 개척사의 산 증인이자 토지 분쟁의 목격자들이다. 그들이 지금 못다한 말이 있다면 훗날 그들의 자식들이 찾아와 또 물을 것이다.

"내 할아버지와 내 아버지가 목숨을 걸고 일군 이 땅의 주인은 과연 누구입니까?" DMZ는 마현리에서 그토록 역사를 농락하고 있었다.

조선백자를 찾아서

항령(項嶺)의 오천터널은 길고 어두웠다. 터널 밖 풍경은 생경스러웠다. 숫제 민둥산이었다. 갈색 일색으로 속살을 드러낸 산들이 버즘 자국 같은 잔설을 등성이마다 이고 있었다. 해산(日山)을 뚫고 내려와 북한강을 건너고 다시 천미리고개로 치닫던 장쾌한 풍경은 오천터널이 어둠 속에 다 용해해버린 듯했다. 방산(方山)의 첫인상은 늘 허전했다. 화천에서 평화의 댐으로 가는 길목 해산터널은 작위의 극치 같은 내용을 담고 있다. 그 굴의 길이가 1987미터라는 것이다. 1987년에 착공 했기 때문에 터널의 길이를 1987미터에 맞춰 팠다는 설명은 그다지 신뢰도가 없었다. 작위의 자국은 민둥산에도 있었다. 막 오천터널을 빠 져나오면 시선이 박히는 맞은편 산허리는 '통일'이라는 커다란 글자 가 박혀 있다. 글자가 새겨져 있다기보다는 한 글자의 가로 길이가 백 여 미터나 돼 오히려 산이 글자를 짊어지고 있는 것 같았다. 더구나 획 하나하나마다 빽빽이 작은 침엽수가 심겨 있었다.

통일의 염원은 그토록 산기슭에마저 사무치는 것이다. 그러나 터널 을 벗어나면 자연스럽게 눈길이 가는 곳, 새롭게 전개될 풍광을 기대 하면서, 길고 어두운 터널을 빠져나온 두 눈을 겨냥해 정면으로 달려 드는 두 글자는 무엇인가 느끼기를 너무 강요하고 있었다. 오미 금악 현리 장평리로 가는 동안 포장도로는 키 큰 나무가 없는 산기슭을 따 라가거나 내를 건넜다. 강원도 어디서나 볼 수 있는 그런 산촌을 지나 갔다. 도로 북쪽으론 마을이 형성되지 않았다. 민간인 통제선은 머리 위의 산등성이로 그어진 것이 틀림없었다. 도로는 고방산에서 직각으 로 휘어 수입천을 건넜다. 여기서 민통선은 도로 왼쪽편에 달라붙어 비로소 모습을 드러냈다. 고방산 삼거리의 한쪽 길은 갈 수 없는 길이 다. 건솔리에서 철책선에 끊긴 그 길은 옛 금강산 가던 길이다. 내금강 까지 자동차로 한 시간 남짓한 지름길, 전선의 최종 보급 루트가 되고 있는 그 길을 관광객은 알 리 없다. 평화의 댐 개방 이후 이 최전방 검 문소는 엉뚱하게 설악산 가는 길목이 돼 관광버스들은 무심코 검문소 앞을 지나갔으며, DMZ Police(민정 경찰)들도 덤덤히 그 행렬을 쳐다보 곤 했다. 큰 나무가 없는 산과 산 그림자에 묻혀 자세히 바라보아야 윤

곽이 드러나는 무채색 마을들, 그리고 평화의 댐 건설용으로 설계돼 기막히게 잘 닦였기 때문에 얼마든지 속도를 붙일 수 있는 도로. 이 때문에 평화의 댐을 찾아오거나 그 댐을 거쳐 설악산으로 가는 관광객들에게 양구 방산은 늘 밋밋한 기억으로 남는 것이다.

유명한 방산자기(方山磁器)의 방산, 고려백자 조선백자를 굽던 대가마소 터 방산은 그렇게 볼품없었다. 사기를 흙과 불 그리고 물의 세 가지 장난(土火水의 조화)이라고 하지만 도공의 혼을 더 강조하지 않는 가마는 없다. 여북하면 "혼을 살라 빚어낸다"고 했을까. 그러나 방산은 도자기가 태어나기까지 도공의 혼뿐 아니라 자연의 정기까지 살라내야 했다는 사실을 가르쳐주고 있었다. 큰 소나무가 없는 민둥산들이 그 사실을 증언했다.

방산에서 발견된 도요지는 열여섯 군데. 칠전 장평 금악 오미 송현 현리 자월 점말골 논골 큰골 선우골 등 가마터는 방산 일대 어디서나 찾을 수 있었다. 그 옛날 방산가막소의 점주들은 소나무를 찾아 이곳저곳으로 유랑했던 게 틀림없다. 가마가 소나무를 잡아먹는 엄청난 대식가라는 것을 박지원도 「열하일기」에서 지적했다. '소나무는 송진 때문에 화력이 다른 나무보다 월등히 세다. 그런데 소나무는 한번 베어내면 다시는 움이 돋지 않는 나무이므로 한번 옹이장이를 만나면 모든 산이 다 발가숭이가 되어버린다. 백 년을 기른 것을 하루 아침에 말끔히 없애버리고, 다시 소나무를 찾아 새처럼 흩어져간다. 오로지 가마의 제도가 잘못되어 있음으로 해서 나라 안의 좋은 목재가 날로 없어져가고 또 옹이장이도 날로 곤궁해지는 것이다.'

그러나 방산은 한 번 옹기장이를 만난 것이 아니라 육백여 년 동안 도공이 살다간 곳이다. 오천터널을 빠져나온 이후 줄곧 차창 밖으로 쫓아오던 민둥산의 황량한 풍경을 그렇게 설명할 수 있을 것 같았다. 새삼 민둥산들이 다정하게 다가서는 것 같았고, 낮은 집들과 수입천을 따라 어디론가 이러지는 우마차 길마저도 방산자기의 비밀을 담고 있는 것처럼 새삼스러웠다.

1932년 10월 6일 강원도청 산업과는 회양군 장양면 장연리 월출봉에서 금강산 방화선(防火線) 개축 공사를 하고 있었다. 우연히 석함 하나가 발견됐다. 은제 도금 사리탑, 은제 귀쑤시개, 청동밥그릇 백사기 사발 네 개, 백사기 향로 하나가 들어 있었다. 백사기 사발에 씌어 있는 여러 명(銘) 중에 굽둘레에 기록된 '辛未四月 ○ 日 方山沙器匠沈意 同發願比丘信寛'이란 글자가 눈을 끌었다. 신미년이면 태조의 조선 건국 바로 전 해이다. 이성계는 큰뜻을 품고 사발과 사리탑을 만들어 불공을 드리고 제기들을 금강산 월출봉에 묻어두었던 것이다. 홍무 24년(1391년), 고려 공양왕 3년이었다. 그 백사기 사발이 방산사기를 극명하게 밝혀놓았다. 우선 방산 가마는 고려 때에도 불을 지피고 있었고, 큰 뜻을 펴기 위해 불공을 드린 제기로 선택됐던 것으로 보아 방산 가마는 전국 지방 가마의 원조가 되고 있었다는 것이다. 또 심의(沈意)는 아마도 방산가마 사기장(沙器匠)의 도조(陶祖)였을 것이라는 사실이다.

광주 분원사기가 방산 고령토로 빚어졌다는 사실도 흥미롭다. 고령토는 중국의 까오링〔高陵〕 지방에서 많이 난다고 하여 카올린(Kaolin) 또는 아예 중국점토(China day)라고 부르지만 순백의 색 조화는 우리가 완성했다. 그 흙과 물, 불의 예술 발원처가 양구 방산이었다는 사실은 경이스럽기까지 했다. 그런 사실은 구전되고 있는 것이 아니다. 영조실록에는 '광주 분원에서 사용할 백토를 백성의 부역으로 강원도 양구에서 캐어왔다'고 적혀 있으며 그래서 그곳은 수년 동안 농사가 거칠

게 됐다고 지적했다. 육전조례에도 방산 백토의 운반 방법에 대한 기록이 있다. 당시 양구에서 운반되던 물토〔白土〕는 연간 510석. 이 물토는 봄가을에 낭천(狼川 : 화천) 110석, 춘천 220석, 인제 60석, 홍천 120석으로 운송 물량이 분배됐다. 한강 북한강(소양강)으로 내려오는 나룻배도 10분의 1씩 통행세를 냈다. 자기소에 지필 땔감이었다. 지금 1백만 톤의 고령토가 묻혀 있다는 장평 현리 금악리 앞으로는 방금 전 DMZ를 횡단해 남류한 수입천이 흐르고 있다. 지금은 파로호 속에 묻혀버렸지만 양구 사천과 합류하는 방구매 나루까지는 오십릿길이다. 등짐과 소바리로 방구매까지 운반된 고령토는 북한강에 얼음이 풀리기를 기다릴 것이다. 드디어 강 치성제를 올리고 떠나는 '갯떼기'(그해 첫 뗏목 또는 돛배)에는 첫 백토가 실려갈 것이다. 화천 춘천 양수리까지 북한강을 따라 내려가다가 다시 한강을 역류해 양평 광주로 이어지던 '카올린 로드'는 그렇게 개설됐다. 신증동국여지승람에 방산 도요지가 기록돼 있다던가 일제 때 방산면에 도자기 개량조합이라는 조선식기 제조공장이 번창했었다는 등의 기록은 많다. 일본인 오야마간시부〔小山官士夫〕등이 낸『세계도자기전집』(1922) 이조편에도 방산면 장평리 2개소, 금악리 2개소, 칠전리 1개소, 지금의 양구읍 상무룡리 2개소 등 일곱 군데의 민요에서 조선백자를 빚었다고 기록하고 있다. 그러나 방산면 어디에도 그곳이 순백 또는 회청색의 무한한 백자의 품위를 육백 년 동안 유지해왔을 것 같은 흔적은 남아 있지 않았다. 방산은 전장의 한가운데로 내밀려 무수한 포탄 세례를 받은 곳이다. 더구나 일제가 지나가자 인공치하 통치를 경험했으며 다시 수복됐던 역사의 수레에 휘말린 점이지대이다. 지금은 DMZ가 찢고 지나가는 비운의 땅이다. 방산에서 만난 사람들은 그 소용돌이 속에 도자기의 역사도 휘말려갔다고 말했다.

지난 79년 한 방산사기소 점주의 후손이 선조가 백토를 캐내던 그곳에 가마를 걸었다. 손정빈옹(74)이다. 그의 증조부 손응조는 만석꾼이었으며 구한말부터 일제 때까지 방산 가마를 일궜던 대점주였다. 그의 오촌 손찬재도 장평 가마를 쌀 1백가마 값으로 인수해 점주가 됐던 사람이다. 손옹은 처음부터 고령토를 캐려고 했던 것은 아니다. 민통선 깊숙이 잠들어 있는 건솔리에서 백석산 기슭으로 뻗어간 니켈 광맥에 더 관심이 있었다. 니켈 맥은 공교롭게 장평리 선우골로 뻗쳤다. 거긴 예부터 무진장으로 고령토가 쏟아지던 백토 광산골이다. 그리고 아직 민간인은 갈 수 없던 통제선 북쪽이다. 가까스로 개발 허가를 받아냈으나 경제성이 없었다. 번뜩 떠오른 것이 고령토였다. 81년 4월 2일 군부의 특별배려로 광구개발이 협의되고 그해 8월 6일엔 자신의 명의로 광구등록을 마쳤다. 10월 14일 도지사의 사업 허가가 떨어졌다.

그러나 손옹의 도자기 가마는 오래 불을 지피지 못했다. 시장성이 문제였을 것이다. 그리고 방산사기는 사람들의 기억 속에서 사라졌다. 장평리에서 만난 미니 수퍼 주인은 출신지가 불분명한 억양을 구사했다. 전라남도가 고향이라는데도 그의 말투는 경상도에 가까웠다. 오랜 군대 생활에서 말투마저 동화된 직업 군인 출신이 틀림없었다.

옹기라면 몰라도 무슨 놈의 백자가 이 산골에서 빚어졌겠느냐며 턱도 없는 소리라고 몰아붙였다. 방산 고요(古窯) 선우골을 찾아가는 길은 입구에서부터 발목이 잡혔다. 장평리 성결교회는 자리가 좋았다. 나지막한 언덕 위에 올라앉아서 남서쪽으로 길게 뻗어나간 장평들을 바라보며 듬뿍 오후 햇살을 받고 있었다. 해방 이후에도 청화백자를 굽던 곳이라고 촌로들은 주장했다. 조선시대 후기부터 청화백자는 이미 간결하고 청초하던 그 맛을 잃어버렸다. 해방 후 방산에서 생산되던 청화백자는 고작 양청 안료로 '福' 자를 쓰거나 세련되지 못한 초화 그림을 담고 있는 항아리 접시 사발 주전자나 술잔이었을 것이다. 그러나 이미 남쪽 '카올린 로드'는 38선으로 막혀 있었고, 북한강이나 문등리 계곡을 따라 북쪽으로 흘러갔을 것이다. 백석산(白石山) 기슭의 선우골은 보기보다 깊었다. 큰 키 나무가 없는 골짜기여서 안쪽의 가파른 산비탈이 손에 잡힐 듯 가까워 보였을 뿐이다. 소바리에 고령토를 실어 날랐을 우마차 길은 축대마다 까맣게 세월의 때가 끼어 있었다. 자동차로는 길이 너무 좁고, 손수레로는 너무 힘이 들 것 같은 그 길은 한도 없이 길었다. 샛노랗거나 불그스름한 토사가 무너져내린 한 광구 앞을 아름드리 고목이 지키고 있었다. 생명을 다한 버드나무 한 그루가 허옇게 속살을 내놓고 가까스로 서 있었다.

"니끼루 광산을 찾고 있소?" 불쑥 숲속에서 나타난 노인은 낫을 들고 있었다. 피차 민간인 통제구역을 무단침입한 것은 마찬가지였으나 나무꾼은 더 놀란 듯했다. "니끼루와 고령토는 본디가 틀리지. 고령토는 그 버드나무 썩쟁이 같아 허옇다구." 그는 니켈을 니끼루라고 우겼다. 대신 고령토를 식별하는 방법을 가르쳐주었다.

손옹의 광구는 산 중턱에 숨어 있었다. 과연 분통 같다던 표현은 적절했다. 커다란 광구가 우물가 자배기 속에 가라앉은 감자 가루 같기도 하고, 딱딱하게 굳어버린 어린 시절의 급식우유 덩어리 같기도 한 돌더미를 입 안에 가득 물고 있었다. 도자기 몸매에 옷을 입히는 백토는 순백의 빛깔이었다. 백석산은 백토를 머금어 가끔 순백의 빛깔로 보이기라도 했는지 모른다.

DMZ의 대부들

부부가 쓰는 전선 일기

　라면 '이백냥'의 낱개 값은 250원이다. 이를 끓여주고 4백원을 받는 다면 밑지는 장사다. 그런데도 남편은 3백원으로 내려받으라고 성화를 부렸다. 3천원을 벌기 위해 라면 열 그릇을 끓인다는 것은 여간 번잡 스러운 일이 아니다. 그러나 눈이 내린 이른 아침이면 군인들은 어김 없이 십여 명씩 찾아왔다. 작전도로의 제설 작업을 마치고 들어오는 그들의 모습은 꼭 눈장난을 하다가 돌아온 아이들처럼 천진난만했다. 방한모를 벗어던지며 "아줌마, 라면 열 개!"를 외치는 것이다. 요즘 배 고픈 군인은 없다. 그러나 군인들은 늘 '사제 영양소'에 결핍된 듯했 다. 그 영양소를 섭취하려는 듯 우르르 달려왔다. 매일 눈이 왔으면 좋겠다며 김 솟는 라면 그릇에 얼굴을 묻는 병사도 있었다. 어떤 작대기 하나는 "음, 바로 이 맛이야!"를 외치기도 했다. 솔직히 라면값은 내릴 수 없었다. 대신 '사제 김치'를 듬뿍듬뿍 얹어주기로 했다.

이 부당한 라면값에 대해 중대장이 이의를 제기했다. "도대체 라면 한 그릇에 사백원 하는 집이 어디 있습니까?" 대위는 라면 한 그릇을 시켰다. 그도 "참, 오랜만에 사제 김치를 먹어본다"고 했다. 그리고 천원짜리 지폐를 냈다. "이 값이 공정 가격"이라며…… '전선휴게소'의 라면값은 이렇게 결정됐다. 그리고 지난 겨울 이후 이태째 같은 값을 받고 있다.

역전 라면집은 단무지를 주는데 그것도 간장종지만한 플라스틱 접시에 담겨나와 온통 인스턴트다. 그러나 전선휴게소 라면상엔 포기김치나 총각김치가 아예 대접에 담겨 나온다. 무엇보다도 "국물 좀 더 줄까?"라는 어머니 목소리 같은 그 소리가 덤으로 나와 전선휴게소 라면 맛은 끝내준다. 그 DMZ 물가는 올 연말에도 오르지 않았다.

전선휴게소는 기막힌 명당이다. 한탄강 단애 위에 금강산 전철의 철교가 얹혀 있고 맞은편 언덕은 유서 깊은 '창랑정' 터이다. 그 옛날 금강산 유람객들이 돌아가는 길이 못내 아쉬워 들를 수밖에 없었다던 바로 그 자리다.

전선휴게소는 그 절벽 위에 앉아 있다. 92년 겨울 정연리 김영범(46) 김순희(40) 부부가 지은 넓은 단층집이다. 국도변 새마을휴게소처럼 서너 줄 식탁이 놓여 있고 한쪽 모서리에 상품 진열대가 자리를 잡고 있으며 또 한쪽에는 주방과 방 한 칸을 들인 집이다.

영범씨의 고향은 평강 압동. 전선휴게소에서 한탄강을 따라 북쪽 산모퉁이만 돌면 당도할 수 있는 지금은 남쪽도 북쪽도 아닌 비무장지대 마을이다. 그는 6·25 때 업혀나와 민통선 마을 정연리에서 자랐다. 부인 순희씨는 한 동네에서 자라다 만났다. 그들은 그러니까 민통선 커플이다.

남편은 토성국민학교 9회 부인은 15회 졸업생이다. 한탄강이 불면 업어 건네주던 옛 학교길 오빠가 어느 날 전격적으로 프로포즈해오자 그녀는 주저하지 않았다. 한탄강 갯버들숲이나 평강 오리산 분화구에서 떠내려온 커다란 곰보 바위들은 열애중인 두 사람에게 민통선 개척민들로부터 좋은 엄폐 은폐물이 돼줬다. 영범씨는 자주 "저 언덕 위에 그림 같은 집을 짓고 살자"며 영산홍꽃 같은 불을 지폈다. 순희씨도 "씩씩한 아들을 둘만 낳아 저 언덕을 개척하는 당신을 돕겠다"고 말했다.

민통선 북방 지역 출입이 완화됐다. 남편은 고향 길목의 그 언덕을 사들였다. 부인도 약속처럼 아들 둘을 낳았다. 부부는 옛 김화읍 도창리의 첫 개척민이 됐다. 우리나라 최북단 외딴집 전선휴게소는 그렇게 탄생했다.

전선의 외딴집은 평화스럽지만은 않다. 역삼각형의 빨간 지뢰 표지판을 다닥다닥 달고 허옇게 먼지를 뒤집어쓴 아카시아나무 숲속을 두근대는 가슴을 달래며 달려야 이 집을 만날 수 있다. 한탄강 철교는 그 자리에 그대로 남아 있지만 녹슨 레일은 이미 걷혀진 지 오래이며 금강산 관광 열차 대신 무장 군인이 건너다니며 부라린 눈으로 강바닥을 살피고 있다. 월탄 김근중(月灘 金瑾中)이 지었다는 창랑정도 지금 없다. 육각형 시멘트 누각이 엉뚱하게 장군의 이름을 따 세직정(世直亭)이란 이름을 달고 그 자리를 차지해버렸다. 산비탈을 따라 삐딱하게 서 있는 흉측한 철책선을 배경으로 하고 있어서 이 군대 양식의 구조물은 더 건방져 보였다.

　DMZ는 때로 넓은 벌판을 가로지르며 달려가기도 한다. 세직정 밑에서 한탄강을 건넌 DMZ는 남쪽으로 옛 금강산 철길을 바라보며 황량한 겨울 벌판을 지나간다. 전선휴게소는 이 거친 스크래치풍 그림 같은 언덕 위에 서 있다. 새벽 군인들의 점호 소리나 오성산에서 대남 방송 확성기 소리가 쏟아져내릴 때면 긴장감이야 어쨌든 그래도 사람이 사는 곳 같다. 그러나 전선의 정적만큼이나 지독한 고독감은 없다. 하다못해 시골 이동 점포의 빛바랜 대중가요조차 찾아들지 않는 것이다. 스산한 겨울 바람이 비끔 마당가를 맴돌 뿐 민간인은 찾아오지 않는다. 장로였던 한 사단장이 지은 '전선교회'와 군종병들이 없었다면 전선휴게소는 이웃조차 없었을 것이다.

　부부는 2km나 떨어진 정연리에서 아침에 나와 문을 열고 저녁에 돌아간다. 인근 부대의 대령도 부부의 출퇴근을 만족해하는 눈치였다. 사실 철책선의 코앞에 민간인이 거주한다는 것은 여간 거북한 것이 아니다. 부부는 두 가지 룰을 정했다. 휴게소를 절대로 문닫지 않는다는 것과 하루도 빼놓지 않고 문을 연다는 것이다. 그건 최전방에 휴게소 허가를 내준 철원 군청 직원들이 바라는 바와 같은 것이고 불시에 찾아왔던 병사들을 실망시키지 않는 일이기도 했다. 한편으로는 민통선 주민이 휴게소 사장을, 그것도 금강산 길목의 휴게소 대표를 한다는 게 여간 기분좋은 일이 아니기 때문이다.

　누가 "실속없이 무슨 휴게소냐"고 비아냥거린다면 그 동안 군인들에 든 정도 정이지만 정연교회 집사답게 "주님께서 맡겨주신 일이기 때문"이라고 답변할 준비도 되어 있다. 전선휴게소가 거기 있는 이유는 대체로 그런 것 같았다. 찬 바람결이나 들러가는 전선휴게소의 뉴스는 온통 전선의 소리뿐이다. 무수한 얘깃거리가 생산되지만 군인이 아니면 들어볼 필요조차 없는 시시한 것들이다.

그 시시한 얘기 가운데 DMZ의 일요일 풍경은 고향 생각을 할까봐 아예 일요일을 반납하던 전선 선배들도 배시시 웃음이 나는 대목이다. 요즘 병사들의 일요일은 한껏 자유스러웠다. 그들은 우르르 전선교회를 찾았다. 집 떠난 지 얼마 되지 않는 작대기 하나의 병사들이 더 교회 가기를 좋아했다. 오후 2시 반 정연교회 성낙봉 목사는 이 목마른 심령들을 위로하기 위해 전선 교회를 찾아온다. 그러나 병사들은 하나님 말씀만큼이나 휴게소 진열장에 관심이 있었다.

거긴 '사제'가 있는 곳이다. 사제 비스킷, 사제 깻잎통조림, 사제 새우깡, 사제 닭발, 사제 백도, 사제 꽁치통조림, 사제 고추장, 사제 소시지, 사제 김구이, 사제 번데기통조림…… 그리고 초코파이가 있다. 그러나 무엇보다도 진열장 앞에는 '사람'이 있었다. 군인 사회는 묘하게도 스스로 자신들을 비하하는 나쁜 습관이 있다. 군인과 민간인이 나란히 걸어가면 한 명은 군인이고 한 명은 사람이라는 것이다. 군인이 그토록 선망해 마지않는 사람, 그들에겐 구속받지 않는 자율이 있고 기상과 취침의 엄격한 규율이 없으며 일식삼찬(一食三饌)이라는 먹는 것에 대한 구속이 더욱 없다.

그 사람들 사이에서 군인들은 언제나 어머니나 그리운 누이 친구를 만나보려 하는 것이다. 또 훈훈한 고향 냄새나 캠퍼스의 향기, 어떤 때는 전선 마을의 멋쟁이와 어설픈 눈맞춤만으로도 단박에 압구정동 추억에 빠져들 수 있는 것이다. 어쨌든 DMZ에서 잘 정화된 군인들의 후각은 놀라울 정도로 긴장하고 있어서 가벼운 스킨로션 향만으로도 온갖 상상에 자신을 실어볼 수 있는 것이다.

전선휴게소의 진열장 앞에는 동전이나 천원짜리 지폐가 담긴 큼직한 바구니가 천장에 매달려 등장할 때가 있다. 예배를 끝내는 축도가 채 끝나기도 전에 교회를 박차고 나온 병사들이 한꺼번에 몰려들면 좁은 '사제 진열장'은 거의 아수라장이 될 판이다. 부부는 대개 유복하게 자랐으며 고등교육을 받은 데다 막 하늘 양식을 듬뿍 먹고 나온 병사들의 양심을 추호도 의심하지 않았다. 병사들은 필요한 대로 이것저것 사제품을 주문했으며 계산은 가격표대로 스스로 바구니 속에서 했다. 자유판매의 결산은 비교적 정확했다. 때론 몇백원 어떤 때는 몇천원의 차이가 났지만 부부는 "은행에서도 셈 계산이 틀릴 때가 있지 않느냐"며 개의치 않기로 했다.

중부 전선의 한 고지에 아들을 보내놓고 있는 후방의 어머니들은 추위보다도 집이 그리워 손이 시린 당신의 아들 손을 잡아주는, 전선의 한 어머니가 있다는 사실을 알아야 한다. 유난히 앳되고 심약한 듯한 병사를 전선휴게소의 여주인은 그냥 돌려보내지 않았다. "나도 아들이 곧 군대 가. 남자들이 누구나 거쳐야 하는 게 군대 아니야? 어디 손 좀 잡아보자." 이런 경우 병사는 대개 어머니 얘기나 이모 얘기를 마구 지껄이다 돌아가곤 했다. 커피라도 한잔 타줄 양이면 "늦잠을 자고 등교하는 날은 학교 앞 카페에서 밀크를 듬뿍 탄 카페오레를 천천히 마시며 아침밥을 대신했다"거나 "학교 다닐 때는 한때 날렸는데도 군대에서는 그게 안 통한다"는 등 잠시나마 말상대가 있다는 데 즐거워했다.

역전의 구세대 아버지들은 "잘 먹고 잘 잔다"는 아들의 전선편지를 믿지 않는다. 군대 편지는 반드시 공식이 있다는 고정관념 때문이다. 그러나 이 전선에 아들을 두고 있는 어떤 가정에서는 아주 희한한 아들의 편지를 받을 때가 있다. "저는 아무개가 근무하는 부대 근처에 사는 사람인데 아들이 건강하게 잘 근무하고 있으니 아무 걱정하지 마세요. 전하실 말씀이 있으면 하세요. 전해드릴 테니……" '수신자 부담'이라는 멘트에 이어 난데없이 철원 특유의 구수한 말투가 전화 속에서 흘러나오는 것이다. 이런 경우 전화는 길다. 전선 편지를 잘 믿지 않으려는 아버지도 귀를 기울이게 마련이다.

전선휴게소의 여주인은 깨알같이 어머니의 안부를 적어두었다 병사가 찾아오면 전해주곤 했다. 대부분 DMZ 병사들은 어머니의 메모 편지 행간에 묻힌 이야기를 더 듣고 싶어했다. 그것이 '고향의 순이' 이야기쯤이라는 것은 이미 자식 둔 부모끼리 나눈 것이어서 다 아는 사실이다. 이 때문에 전선의 어머니가 전해주는 메모 편지는 더 읽을 게 많다.

구리에 사는 이재모씨는 옛 근무지를 찾아왔던 몇 안 되는 전우애의 사나이다. DMZ는 그때 그대로였다. 한탄강 언덕 전선휴게소도 그때 그대로였다. 환한 얼굴의 전선휴게소 아주머니의 모습도 그때 그대로였다. "야, 이게 누구야!" 갤로퍼 지프의 문을 활짝 열어제치고 훌쩍 뛰어내리는 아저씨의 활기찬 모습도 예전 그대로였다. 다만 고참을 하나님과 동격으로 취급해주던 졸병들만 고참으로 변해 있었다. 그리고 전선휴게소의 부부만 예전보다 더 많은 전선의 아들들을 두고 있었다.

예비역 이병장은 한탄강으로 내려섰다. 거긴 '금강산 가던 옛 철길'이란 글자를 단 철교가 지나가는 곳이다.

잔뜩 메기 굴을 숨겨논 곰보바위는 더 많아 보였다. 아주머니는 틀림없이 반가운 손님이 찾아오면 늘 그랬던 것처럼 메기매운탕을 끓일 것이다. "우리 아들 올 줄 어떻게 알고 주낙에 밤새 주렁주렁 걸렸드라

팔랑리에는 머리를 뒤로 젖혀야 펀치볼 능선이 보인다. 대암산과 도솔산에서 내려오는 두
길이 멀리서 보아도 커다란 Y자를 그리고 있다.

고" 하면서. 이씨는 가끔씩 떠올리던 그 말을 되뇌었다.

"아주머니, 당신은 DMZ의 대모입니다."

호프집 '카사' 와 수타 자장면

호프집 '카사' 는 마을의 중앙통 2차선 포장 도로변에 자리잡고 있
다. 이 이색 상호에 담겨 있는 별다른 의미는 없다. 카페의 젊은 주인은
"품질 표시인 KS의 뜻도 있고, 생각이 깊은 사람들에게는 카사노바라
든가 카사블랑카를 연상하라는 뜻이 있다"고 말했다. 그러나 KS는 몰

라도 카사노바나 카사블랑카는 너무했다. 강원도 양구군 동면 팔랑리는 면소재지도 못 되는 작은 전선 마을이다. 고개를 바짝 쳐들어야 하늘이 보이는 좁은 골짜기, 월운저수지부터 좇아오다 바로 코앞에서 가로막고 선 민통선과 검문소, 거의 수직으로 해발 1천 미터나 올라간 산기슭과 그 산록을 대암산 도솔산에서 내려오는 두 갈래 길이 어마어마하게 큰 Y자로 찢어놓고 있는 불안한 조망, 고작 촌로들이나 타고 다니는 펀치볼 행 시내버스가 잠시 들렀다 가는 그 마을에서 솔직히 '카사'는 어울리지 않는다. 세월의 때로 자연 채색된 슬레이트를 인 낮고 작은 집들의 무질서한 배치라든가 '가게'를 '가계'로 쓴 상점 간판, 목포 여인숙 따위는 차라리 전선 마을다운 낭만이 있다.

그러나 군가와 바람, 먼지와 무채색 풍경, 그리고 마침 오후 햇살을 받고 있는 웅장한 농협 창고와 간판이 더 큰 미니수퍼 등은 이 마을의 균형을 여지없이 깨뜨리고 있었다.

'상갈의 騎士'라고 자칭하던 카사노바의 방만한 자유주의는 거기에 없었다. 리스본 행 밤 비행기 트랩을 오르다 문득 뒤돌아보는 잉그리드 버그만의 젖은 눈은 영화 카사블랑카의 압권이다. 망명객과 반 나치 투사 피난민 그리고 스파이의 어두운 도시, 카사블랑카의 '카페 아메리카'를 팔랑리에서 연상하라는 카사의 요구는 무리였다.

그러나 카사의 젊은 주인은 자신의 호프집 이름에 팔랑리의 역사를 모두 담으려 했던 것 같다. 전선이 빚어놓은 마을 팔랑리는 언제나 '사제'를 향한 군인들의 욕망이 영내를 뛰어넘어 넘쳐 흐르는 곳이다. 그리고 어수룩하고 셈이 정확치 않은 군인 경제를 찾아 전국 각처에서 몰려든 개척민들이 일궈가는 마을이다.

정말 카사의 유리창가에서 팔랑리 거리풍경을 바라보며 듣는 팔랑리 이야기 속에는 카사노바의 자유주의가 느껴졌고, 카사블랑카의 어두운 그림자도 보이는 듯했다. 「타향살이」의 가수 고복수가 양구에서 살았다는 사실이 팔랑리에서는 뉴스거리가 되지 못했다. 카사에서 만난 사람들은 그가 수복 직후 양구읍 군인 마을에서 다방을 경영했으며, 55년 9월쯤 수복 기념 군민 위안의 밤에 초대돼 「황성옛터」 「짝사랑」 「사막의 한」을 열창하며 가히 가설 무대를 뒤집어놓던 기억을 엊그제 일처럼 되살리고 있었다. 이승만 대통령까지 각부 장관 각군 사령관을 대동하고 다녀갔던 이날 행사는 굉장했던 것 같았다. 카사의 사람들은 그때 강문봉 군단장, 이태극 민사참모, 수복지 개척 선발대장 손모씨가 군민 일동이 주는 은주전자와 은잔을 받았고, 군단 참모들은 은주전자만 받았다는 등 시시콜콜한 것들을 다 기억하고 있었다.

그뿐만 아니었다. 65년 UN데이 아침 방산면 현리에서 날아온 비보는 라디오 뉴스보다도 빨랐다. 부연대장 김두균 중령(당시 40세) 집에 무장 괴한들이 침입해 4세, 6세 된 딸을 포함해 일가족 다섯 명을 대검으로 난자하거나 권총으로 쏘아 죽인 사건이 발생했다. 이튿날 아침에는 펀치볼의 한 아군 초소에 괴한 넷이 출현해 초병 세 명을 납치해가다 총격전이 벌어졌다. 사병 1명은 기적적으로 탈출했으나 1명은 살해됐다. DMZ로 도주한 괴한들은 찾지 못했다. 현리는 그래도 팔랑리보다 전선이 덜 가까운 이웃 마을이고 펀치볼은 팔랑리의 바로 머리맡이다. 도솔산 가파른 산비탈을 타고 쏟아져 내려오는 찬바람은 전선의 공포가 돼 마을을 뒤덮었다.

그래도 사람들은 마을을 떠나지 않았다. 수없이 많은 군인들이 이 군인 마을에 별의별 DMZ 이야기를 쌓아놓으며 스쳐갔어도 카사의 이웃들은 그 마을에 남아 있다. 이 때문에 카사의 창문 밖으로 펼쳐진 보잘것없는 거리엔 이 먼 전선 마을을 찾아오던 개척민들의 표박과 자유, 집을 떠나 너무 멀리 와 있는 군인들의 향수와 동경, 그리고 팽팽한 DMZ 뉴스가 산을 넘어올 때마다 마을을 휘감고 있는 불안과 공포 등이 덕지덕지 달라붙어 있는 것 같았다. 그리고 이 마을 사람들이 낯선 사람을 대할 때마다 경계하듯 머뭇머뭇하는 눈길 속에는 마치 "우리는 당신들과 다른 역사를 간직하고 있다"고 말하는 것 같았다.

중국집 풍미식당 주인 서돈석(57)씨 앞에서 DMZ를 말하는 것은 곤란하다. 팔랑리에서조차 그를 아직도 손으로 국수발을 뽑는 '수타 자장면' 집주인으로 알고 있지만 사실 그는 팔랑리에 대해 모르는 게 없는 터줏대감이다. 양구 천일방에서 수년, 팔랑리에서 한중관을 차려놓고 25년, 그리고 풍미식당으로 상호를 바꿔 2년, 그의 말처럼 그가 뽑아낸 국수발 길이는 155마일 휴전선을 몇 차례 왕복하고도 남을 것이다.

내가 군대 생활하던 시절이 어떻고, 전방 근무하던 때가 어땠었다는 등 낯선 사람들의 무용담을 듣는 그의 눈빛은 마치 그 분야라면 달관했다는 듯 너그러운 웃음을 머금고 있었다.

카페 카사의 역사조차 서씨가 증언자이다. 젊은 주인의 부친은 군인이었고, 이 전선에서 전역해 감자 창고 아래 마을에서 5·16 때까지 당구장을 했으며, 팔랑리에서는 한중관 다음으로 음식점을 차렸다는 등 그는 카사의 내력에 훤했다. "옛날엔 한일식당 육개장 하면 원동에서도 알아줬어요. 군인들이 회식을 했다 하면 지프차가 수십 대씩 떴고, 헌병이 외곽 경비를 했을 정도였으니까." 젊은 주인은 민통선 2세이고, 카사는 한중관이 풍미식당으로 개명했듯 한일식당에서 개종한 신식 업종이라는 것이다.

수복 직후 양구 명물 소리를 듣던 중국집 천일방은 주방장이 더 위엄 있었다. 대머리 주방장은 일단 요리가 나간 후면 홀 한가운데 타오르고 있는 난롯가에서 한껏 한가로운 자세로 궐련을 즐기곤 했다. 작달막한 주인은 그의 그런 여유를 개의치 않았다. 식탁 위의 사기컵을 치우거나 행주질을 하면서도 가능한 한 주방장의 주의를 끌지 않으려는 조심스러움이 역력했다. "처음엔 주방장이 주인인 줄 알았다"는 등 그때를 회상하는 사람을 만나면 서씨는 신이 났다. "내가 그때 대머리 주방장 밑에서 시다 노릇을 하지 않았소. 내가 주방을 맡고 나니 천하를 얻은 것 같았는데, 떡하니 영장이 나온 거라." 충남 대천에서 양구까지 올라와 기껏 중화요리 기술을 터득한 31세 때 서씨는 군대를 갔다. 양구읍에 사령부를 둔 DMZ 부대에서 만 삼 년을 보내고 다시 옛 천일방을 찾아왔다. 그리고 4반세기 전 천일방이 문을 닫자 팔랑리에 한중관이란 그럴듯한 간판을 달고 독립했다. 한중관은 팔랑리에 간판을 단 첫 음식점이며 누가 뭐래도 그는 팔랑리 개척민 1호인 셈이다. 그가 우스갯소리로 내던지는 한마디 한마디가 DMZ의 역사가 되는 것은 그런 이유 때문이다.

사단장 송우림 장군에 대한 서씨의 기억은 유별나다. "내가 중국집을 내지 않으면 장군은 미식 탐구욕을 어떻게 달랬을까?" 하고 서씨가 걱정했을 정도로 그는 청요리에 아주 특별한 미각을 갖고 있었다는 것이다. 장군으로서는 처신에 안 맞을 정도로 자주 찾아와 좁고 어둠침침한 방을 마다하지 않았으며 그 바람에 장군의 재임 기간 전 참모들이 질리도록 유산슬 삭스핀 난자완스와 배갈에 취하곤 했다는 것이다.

"장군의 워카 끈을 누가 맬까?" 금방 폭소라도 터질 것 같은 질문을 서씨는 근엄한 표정으로 받아 대꾸했다. "그야 당번병이 하지요. 우리 식당 같은 데까지 당번병을 데리고 다닐 수는 없으니까 그럴 땐 전속 부관이 하지요. 당연히 그렇게 해야 합니다." 그는 장군의 권위에 도전하는 듯한 그런 질문을 마구 할 수 있는 요즘 세상이 못마땅하다는 표정이었다.

중국집 골방 문지방에서조차 별의 권위를 과시하던 사단장의 워카끈을 매주던 육군 중위, 그 전속 부관이 장군이 되어 찾아온 일도 있었다. 마치 모든 별은 반드시 이 집을 거쳐가야 하는 것처럼 서씨가 연출해놓는 미각은 후임 사단장들에게 어김없이 인수 인계됐다.

허름한 집 매무새를 마다않고 사단장이 가는 중국집이라면 반드시 그럴 만한 이유가 있다. 외출 나온 병사들이 이 집을 무척 흥미로워했을 것은 너무 당연하다. 더구나 이 집은 물씬 향수가 배어 있는 자장면 집이다. 열 명의 병사에게 지금 당장 먹고 싶은 게 무엇이냐고 묻는다면 아마 일고여덟 명은 자장면이라고 대답할 것이다. "그렇게 먹고 싶던 걸 휴가 기간 내내 까맣게 잊고 있다가 부대 정문을 들어서니까 생각나는 거 있지." 군인들의 휴가 귀대 소감으로 그 같은 소리를 듣는 것은 자주 있는 일이다. 그만큼 자장면은 군인들이 동경해 마지않는 음식이다.

군인들, 특히 나이 어린 병사들이 치기에 가까울 정도로 자장면을 동경하는 것은 동심 향수 어머니 등의 단어에 담겨 있는 감정과 깊은 함수 관계가 있다. 대개의 어린이들이 자장면으로 외식 문화를 첫 대면하게 마련이다. 짜지도 맵지도 않으며 오히려 고소하고 부드럽고 향긋한 '된장', 낯선 사람들 틈에서 한껏 우쭐댈 수 있던 자유, 그리고 가족들의 부드러운 시선, 이 때문에 자장면은 모든 어린이의 기호식이 됐는지도 모른다. 그리고 항상 집이 그리운 군인들은 늘 어린 시절과 자장면을 동시에 연상하는지 모른다.

이 때문에 서씨의 한중관은 전선으로 올라가는 병사들이 들렀다 가는 사제 공급처이다. 때로는 면회 오는 부모들을 모시고 가 아버지 시대의 향수를 불러일으켜주는 효도처가 되기도 한다. 그러나 서씨는 삼년 전 한중관을 풍미식당으로 바꿨다. 세상이 변하면서 군인들의 식성도 바뀌었다. 햄버거 세대의 요즘 군인들은 자장면에 대한 진득한 향수가 없는 것 같다.

팔랑리의 군인 경기는 이제 마감기인 셈이다. 자주 문이 닫히는 풍미식당의 커다란 자물통에는 "카사처럼 변신을 하거나, 다른 이웃처럼 재빨리 대처로 떠났어야 했을 것을" 하는 서씨의 만감도 함께 잠겨 있는 것 같았다. 수타 자장면집이라는 명성만으로는 견디기 어려울 만큼 썰렁한 팔랑리 거리의 겨울 바람은 너무 찼다.

DMZ에 기대 살던 카사는 대를 이었고, 서씨는 내일 모레 육순을 바라보게 됐다. 그리고 보면 DMZ는 너무 나이가 들었다.

문 닫힌 광구(鑛口)

반딧불처럼 사라진 문등리

요즘 피서 행태는 전방 지역이라고 해서 다르지 않다. 양구군 방산면 장평리 직연(直淵)폭포도 예외는 아니다. 태풍 더그가 올라오자 악머구리 끓듯 하던 강변이 겨우 모습을 드러냈다.

두어 길 물 속에 가라앉은 콜라병은 직연의 이무기 전설을 비웃고 있었다. 쑥대밭에 묻힌 색 바랜 시멘트 구조물의 흔적은 북한 통치와 6·25가 거쳐간 이 마을의 역사를 담고 있었다. 그러나 그곳에도 별것 아니라는 듯 텐트 하나가 올라앉아 태풍비를 맞고 있었다. 경승지는 말할 것 없고 물이 흐르는 곳이면 어디나 메뚜기떼가 훑고 가듯 쑥밭을 만들어버리는 요즘 피서법은 가까스로 부지하고 있던 전설이나 역사를 너무나도 간단하게 묵은 때처럼 벗겨냈다. 이끼 낀 시멘트 구조물 한 귀퉁이에 작은 팻말 하나라도 세워놓았으면 하는 아쉬움은 그런 이유 때문에 더 남았다.

해방 이듬해. 직연폭포에는 수력 발전소가 건설됐다. 장평 현리 일대에 전깃불을 밝히고 정미소 하나를 돌릴 수 있는 전력을 이 발전소에서 생산했다. 발전소 사장은 정석중(鄭錫仲, 작고, 방산중학교 교사를 지냄)씨.

군 소재지 양구읍에 농어촌 전화 사업 계획에 의해 전기가 들어간 해는 67년이었다. 이보다도 21년 전 첩첩산중에 자가 발전소가 건설돼 불을 밝힌 사실은 신기한 일이다. 그러나 한때 홍청거리던 이 골짜기의 역사를 이해하면 그런 개화쯤은 아주 당연한 일이기도 하다.

발전소는 문등(文登) 형석 광산이 터지면서 몰고 왔던 문등리 계곡 산업화의 산물이다. 직연 발전소보다도 17년이나 앞선 29년 이미 문등리 계곡엔 자가 발전소가 생겨 불을 밝혔고 정석중씨는 그 광산의 전기 기술자였던 것으로 전해지고 있다. 잠깐 문등리를 모방해봤을 따름이다.

직연 수력 발전소를 아는 생존자는 이제 많지 않다. 그러나 "아, 그 발전소요? 심심하면 불이 나가던 그 전기를 우리집에서도 썼지요"라며 자신있게 말하는 촌로들을 만날 수가 있다. 그들은 삼십 년 전인 65년 옛 직연 발전소 그 자리에 세웠던 소계곡발전소를 얘기하고 있었다. "박경원 강원지사가 백미 삼천 가마 값을 주어 세웠다"는 등 정석중씨의 그 발전소와는 한참이나 시차가 있었다. 하물며 문등 형석광을 아는 사람은 찾기 어려워졌다. 형석광이 한창일 때 그도 한창 나이였다면 이제 그는 80~90이 넘는 고령의 나이가 돼 있는 셈이다. 더구나 문등리는 마을 전체가 온전히 DMZ 한가운데 묻혀 반세기 동안 잠들어 있다. 고작 금강산 가는 길목의 큰 마을이었고 여관 술집이 즐비했으며 어은산에서 내다본 밤 풍경은 불바다처럼 휘황찬란했다는 얘기가 전해질 뿐이다.

이 때문에 문등리는 한여름밤의 반딧불처럼 불붙다 사라진 전설의 마을로 남아 있는지 모른다. 형석(螢石 · fluorspar)은 CaF$_2$ 성분의 육면체 또는 팔면체 결정의 광물이다. 이 돌멩이를 가열하면 푸른색의 인광(燐光)이 방출되며 튕겨오른다. 흡사 한밤의 날아오르는 반딧불처럼. 그래서 형석이다. 제철 제동의 용해 원료로 필수 불가결한 광물인가 하면 유리를 부식시키거나 법랑 제조, 납의 전기분해, 광학기기 등에까지 용도가 아주 넓다. 폭발성 때문에 폭탄 원료로 응용되기도 한다.

중국의 절강성 우랄 산맥, 영국의 콘월, 독일의 작센, 체코슬로바키아의 보헤미아, 미국의 일리노이 지방이 주산지다. 많은 나라가 이들 지방에서 형석을 수입해가지만 순수 산업용에 한해 수입량을 공개하는 것이 관행이다. 이 광물이 중요한 전략 물자임을 의미하는 것이다.

우리나라에서 형석은 고작 불소 치약 원료로 알려져 있다. 국내 형석 광산은 제천 덕산의 성암 광산, 영월 주천의 창원 광산, 경북 울진의 달우 광산 정도다. 이들 광산의 매장량은 1,956t밖에 안 될 뿐 아니라 가채량도 864t밖에 안 된다. 그나마 채산성이 맞지 않는다는 이유로 90년대 초부터 생산을 중단하고 있다. 92년말 현재 국내 소요량은 9만6천t. 수입해다 쓸 수밖에 없다. 주식회사 D상역이 태국 크롬톤 광산과 90년 5월 거래를 트더니 92년 한 해 홍콩 태국 일본 중국 등에서 74,017t을 수입해왔다. 이 수입량이 모두 불소 치약 원료로만 쓰이는지는 알 수 없다. 또 제철 · 제강 산업에 쓰이는 형석량이 이 정도 국내 소요량에 포함되는지도 알 수 없다. 다만 중공업 규모에 비해 공개된 소요량이 생각처럼 많지 않다는 사실만은 틀림없다.

어쨌든 동양 최고의 질과 엄청난 매장량에도 불구하고 남북한은 똑같이 DMZ 속에 노다지를 묻어두고 형석을 수입해다 쓰고 있다. 더욱 놀라운 것은 국내 형석 매장량을 1년치 불소 치약 제조용의 10분의 1 정도로 축소해놓고 있다는 사실이다. 문등광의 매장량을 아예 무시하고 있다는 것이다. DMZ를 잃어버린 영토로 보고 있는 것일까? 아니면 해방 전만 해도 무진장으로 토해내던 노다지의 광구를 모두 새까맣게 잊어버리고 있는 것일까? 하긴 문등리는 형석이 토해내는 불꽃처럼 타오르다 사라진 반딧불 같은 도시다.

영조 35년(1759년) 당시 문등리는 75가구 381명이 살던 작은 고을이었다. 그러나 일제 때는 2일, 7일 장을 열었던 꽤 큰 소도시로 변모했다. 1913년에는 일본어 교습소가 생겼고, 1926년엔 두 학급짜리 보통 학교까지 생겼다. 당시 학생 수는 119명. 세 집에 한 집 꼴로 신식 교육을 시켰다면 적어도 360가구가 이미 이 좁은 골짜기에 살고 있었다는 계산이다.

방산면 고방산에서 두타연 건솔리를 돌아 문등계곡 전선(前線)으로 기어가는 널따란 비포장 도로는 지금 흙먼지를 날리며 군용 차량들이 달리고 있다. 문등리에서 이 도로를 받아 백현령과 마패령을 넘으면 내금강의 상소신리(上小呷里), 이어 금강산 전기 철도의 스물일곱번째 역이 서 있는 말휘까지 이어진다. 고방산에서 76km, 한 시간 거리다. 문등리가 중계하던 '금강산 가는 길'이 이미 육십여 년 전에 닦여 그렇게 그 골짜기에 숨어 있는 것이다.

이 산간 도시와 '금강산 가는 길'은 형석 광산 경기가 빚어낸 산물이다. 서울 문등광업주식회사가 광구 등록을 한 해는 1929년이었다. 그러나 형석광은 십여 년 동안 방치됐다. 2차대전은 전략 물자인 형석 수요를 증가시켰다. 일본은 대대적으로 문등 형석광 개발에 착수했다. 문등리는 오백여 명이나 되던 형석광 종업원의 보급 기지가 됐고 고방산-말휘까지 '금강산 가는 길'은 원광의 수송로로 뚫렸다. 백현령 마패령을 넘으면 내금강, 말휘역에서 금강산 전기 철도를 타면 철원에서 서울과 원산으로 갈라진다.

일본은 문등리에 산더미처럼 형석을 쌓아놓은 채 패전했다. 45년 이후 소련군이 진주했다. '금강산 가는 길'은 소위 소련 해방군의 형석 수탈로가 돼버렸다. 광산 시설과 원석은 옛날의 그 길을 통해 어디론가 또 사라졌다.

휴전 후 문등리는 고스란히 DMZ 속에 묻혀버렸다. 북한은 행정 구역 개편으로 아직도 창도군 문등리로 부르고 있지만 상심포(上深浦) 그리고 하심포(下深浦) 그 옛날 한껏 바쁘던 사설우체국 여관 건물 등은 칡덩굴을 뒤집어쓴 채 남쪽도 북쪽도 아닌 DMZ 한가운데 잠들어 있다. 닫힌 형석 광구도 지금쯤 전설의 동굴처럼 풀섶에 묻혀 있을 것이다.

그러나 이 비밀스런 노다지 굴의 위치를 보물 지도처럼 머릿속에 그려놓고 있는 사람은 많다.

DMZ의 군사분계선은 단장의 능선을 넘어 양지말쯤에서 수입천을 건넌다. 광구는 공교롭게 단장의 능선 기슭 군사분계선 남쪽에 웅크리고 있다.

소위 작전권의 이점을 활용해 지난 70년부터 2년 동안 이 광구를 찾아갔던 사람들이 있었다. 그들은 내팽개친 노다지를 캐내 트럭에 싣고 돌아오곤 했다. 어떤 사람들은 본격적인 채광을 했다고 하기도 하고 어떤 사람들은 소련군이 못다 가져간 버럭들을 싣고 나왔다고 말하기도 한다. 은밀히 DMZ를 들락거리던 트럭은 어느 날 슬그머니 자취를 감춰버렸다. 판문점에서 북쪽이 정전 협정 위반이라고 강력히 항의했다는 소문이 돈 것은 그 직후였다. DMZ의 노다지를 북쪽이 방관할 리 없었을 것이다.

금강산 가는 길목엔 요즘 '깊이 잠든 문둥리 어디쯤에 손으로 막 주워담을 만큼 노다지가 널려 있다' 는 전설만 굴러다니고 있다.

북핵 협상중 불거진 우라늄 해프닝

원자력 용어는 으스스하다는 게 특징이다. 우리말로 핵 연료 집합체 골격이라는 게 있다. 그걸 원어로는 스켈리튼(skeleton · 해골)이라고 부른다. 장착했던 원자로에서 핵연료를 해체하는 것은 디스멤버(dismember · 사지 절단), 수송 용기는 코핀(coffin · 관), 임시 저장소는 머그(morgue · 시체 임시 저장소) 등 숫제 해부용 사체 취급을 하고 있다. 원자력 용어에 시체나 죽음 등을 의미하는 것이 많은 이유는 원자탄을 처음 개발할 당시가 2차대전 상황인 것과 무관하지 않다. 당시 위장된 용어를 사용한 것이 그대로 굳어진 것이다. 우라늄은 이 '해부용 사체' 의 원광석이다. 우라늄에 대한 감성적 표현이 친근할 리 없다.

DMZ란 단어가 주는 이미지도 비슷하다. 긴장 도발 단절 지나친 정숙이 가져다주는 불안감, 그리고 작가라 할지라도 '황량한 언덕에 핀 들꽃 한송이' 정도의 표현을 넘지 않는다. 이 때문에 많은 사람들이 우

214

라늄과 DMZ가 일치했을 때 극도의 긴장감을 느꼈던 것 같다.

94년 11월 28일 국방부는 화천 북방 민통선 지역에서 우라늄 광맥이 발견돼 탐사 작업을 벌이고 있다고 밝혔다. 우라늄 광맥이 발견된 곳은 전략상 대단히 예민한 위치이다. 행정구역으로는 강원도 철원군 근남면. 그러나 이 같은 행정구역은 휴전 후 행정구역 개편을 하면서 만들어진 것이고 구체적으로는 김화군 근남면 금성천의 지류가 흘러가는 곳이다. 어쨌든 행정권이 미치지 않아 민간인은 살 수 없는 곳이다. 더구나 기계화 부대가 남하할 수 있는 좋은 루트여서 남북한 화력이 집중적으로 배치된 전략 요충지다.

화천은 전통적으로 우라늄과 인연이 많은 곳이다. 십수 년 전에도 김희복씨(68)가 사내면 광덕산 일대에 대규모 우라늄 광맥이 흘러가고 있다고 밝힌 적이 있다. 그는 대한우라늄광공주식회사를 만들어놓고 향후 150년간 쓸 수 있다는 에너지원을 캐기 위해 스물세 개의 광구를 관리하고 있다. 그는 이십여 년 동안 우라늄을 찾아 헤맨 나름대로 우라늄 전문가이다. 그의 주장대로라면 화천의 우라늄 광은 함량과 총량 면에서도 우수해 "석유는 주지 않았지만 우라늄을 준 것은 하늘이 우리 민족을 버리지 않은 증거"라는 것이다. 김씨는 DMZ 일대에서 우라늄 광맥이 발견됐다는 소식이 전해지자 자신의 광구가 드디어 빛을 보게 되는 좋은 징조라고 말했다.

그러나 DMZ의 우라늄 광맥 발견은 그 파문이 적지 않게 번졌다. "하필 왜 이 때이며 그것도 남북 대치의 현장인 DMZ이냐"는 것이다. 북한에 경수로 지원을 하면서까지 핵 개발 욕구를 가까스로 진정시키는 마당에 난데없는 우라늄 광 개발이 결코 최근 대북·대미 외교에 도움이 되지 않을 것이란 극히 상식적인 정세 진단이 여기저기서 나왔을 것이다. 국방부는 군 작전중 우라늄 광맥을 발견했다고 밝혔다. 그러나 "도대체 야전군이 DMZ 근처에서 우라늄 광맥을 발견할 정도로 작전을 했다면 그게 무슨 작전을 의미하는 것이냐"며 마치 군사 기밀이 송두리째 빠져나간 것처럼 황당한 반응을 보인 것은 해당 부대였다. 급기야 정부는 DMZ 우라늄 광맥을 별볼일 없었던 일로 일축해 버렸다.

상공자원부는 국방부가 우라늄 광맥을 발견했다고 발표한 이튿날인 11월 29일 "철원군 근남면 일대에서 시추 작업을 하다 발견된 이상 물질은 우라늄이 0.01% 정도 함유된 광물이며 경제적 개발 가치는 희박하다"고 밝혔다. 그 발표가 정확한 시료 분석 결과를 토대로 한 것이라면 그 정도 함량으로는 사실 개발 가치는 전혀 없다. 현재 미국에서는 함량이 1%나 되는 사암층 부존 우라늄이 개발되고 있다.

그래도 DMZ 우라늄 광의 개발에 미련을 두는 사람은 많다. 숫제 발표 시기가 묘해 그렇지 한국도 우라늄 부국이 될 것이란 얘기들이 화천 철원 지방에서는 가랑잎처럼 지천으로 굴러다니고 있다. 심지어 "아하! 그래서 육이오 때 미국 콜롬비아 대대가 적근산 일대에서 죽자 사자 싸웠구나!" 라든가 "육이오 때 미국과 중국이 피의 능선, 저격능선 일대에서 한치의 양보없이 땅뺏기에 사생결단을 한 것은 바로 이 일대의 엄청난 우라늄 매장량 때문"이란 해석까지 가세하고 있다.

과연 DMZ 우라늄은 정부 발표와 다른 고품위일까. 우라늄은 과연 향후 우리 민족의 번영을 가져다줄 DMZ가 감춰놓은 또다른 자원이자 보고일까. 그러나 불행하게도 우라늄은 지천으로 쏟아져나온다 해도 당장 써먹을 수 있는 광물이 아니다. 석탄 같은 화석 연료가 아니다. 가공하지 않으면 불에 탈 수도 없으며 더욱 터지지도 않는 돌덩어리인 것이다. 한마디로 우라늄은 원자력 발전 연료이다. 그러나 울진 원자력 발전소에서 우라늄을 연료로 쓰고 있다는 사실은 알지만 이 연료가 어떻게 공급되는지 아는 사람은 많지 않다. 우라늄을 연료화하기 위해서는 대단히 까다로운 과정이 필요하다.

천연 우라늄에 핵 분열을 하는 우라늄-235와 핵 분열을 하지 않는 우라늄-238이 각각 0.72%와 99.28%의 비율로 들어 있다는 사실은 중학 교과서 수준이다. 우리나라 월성발전소는 중수(重水 · Heavy water)를 감속재로 쓰는 가압중수로다. 따라서 천연 우라늄을 원료로 쓴다. 그렇다고 우라늄 원광 덩어리를 그대로 쓸 수는 없다. 채굴된 우라늄 광석은 선광 · 제련의 과정을 거쳐 산화 우라늄 일명 옐로 케이크(Yellow-Cake)로 만들어 원자로에 넣을 수 있도록 성형 가공을 거쳐야 비로소 연료로 쓸 수 있다. 우리나라는 옐로 케이크 제조 기술을 개발한 것은 물론 연산 100톤 규모의 중수로 원전 연료를 만들 수 있는 성형가공공장을 지난 87년 12월에 준공해 88년부터 한전, 즉 월성발전소에 공급하기 시작했다. 그러나 시설이 낡아 유지 보수 비용이 더 먹히기 시작했다. 이 경제성 없는 공장은 93년 1월 1일부터 가동을 중단했다.

결국 화천산 우라늄이 나온다 하더라도 외국으로 가져다 가공해와야 월성발전소가 연료로 쓸 수 있게 되는 셈이다. 천연 우라늄 사용은 효율면에서 무척 떨어지는 방법이다.

우라늄은 핵 분열의 무궁무진한 에너지를 다 소진하기까지 8~15mm 높이 12~20mm펠렛으로 만든 후 길다란 막대봉 속에 20~300개씩 정열시켜 핵 연료봉(Fuel-Rod)을 만들고 다시 하나의 다발(핵 연료 집합체)로 만들어 원자로에 장착한다. 원자로에서 타고난 핵 연료의 재 속에는 다시 사용할 수 있는 우라늄-235와 플루토늄-239가 들어 있는

데 이 플루토늄-239도 핵 분열을 하는 물질이다. 플루토늄-239는 경수로에 그냥 쓸 수도 있지만 고속 증식로에 쓸 경우 열효율을 60배로 늘릴 수 있다. 지구상의 우라늄은 앞으로 50년간 사용할 수 있는 양이 매장돼 있다고 추정되고 있다. 그러니까 고속 증식로를 활용할 경우 3백년 동안은 에너지 걱정을 하지 않아도 된다는 간단한 계산이 나오는 것이다.

더욱 재미있는 것은 원자로에서 한번 타고난 재 속에는 우라늄-235가 천연 상태(0.72%)보다 많은 0.9%가 남아 있다는 사실이다. 이를 꺼내 다시 농축해 쓸 경우 천연 우라늄보다 더 값진 물질을 타고 남은 재 속에서 꺼낼 수 있는 것이다. 원자로에서 한 번 타고난 재는 우라늄-235도 나오고 고속 증식로에서 돌려 효율을 60배나 증가할 수 있는 플루토늄-239도 나와 말이 폐기물이지 이것만큼 값진 것이 없는 셈이다. 바로 이 과정이 사용 후 핵 연료의 재처리다.

농축과 재처리는 핵 연료 주기 중 가장 어렵고 비용이 많이 드는 과정이다. 한마디로 원폭 연료를 생산하는 기술이다. 그걸 미국이 우리에게 가르쳐줄 리는 없다.

국제원자력기구의 94년 5월 우라늄 시장 분석 결과에 따르면 현재 지구상의 농축 설비는 연 47,750 TSWU(농축역무 단위)이다. 미국이 독점하던 독점 우라늄 시장은 80년대부터 시장 확대 경쟁이 치열해졌으나 농축 설비를 보유한 나라는 10개국에 불과하다. 미국은 물론 프랑스 이탈리아 스페인 벨기에 영국 독일 네덜란드 독립국가연합 남아공 일본이 그들 국가다. 이 마당에 북한이 한수 더 떠 재처리 공장을 세워 플루토늄을 생산한다고 했으니 세계가 발칵 뒤집힐 만했다.

우리나라 원자력 발전소는 고리 1, 2, 3, 4호, 월성 1, 2호, 영광 1, 2호,

울진 1, 2호기 등 10기가 가동중이고 영광 3, 4호, 울진 3, 4호기 등 4기가 건설중이다. 이 가운데 월성 1, 2호기를 제외한 12개 발전소가 경수로형이어서 우라늄-235를 2~4%로 높인 저농축 우라늄을 연료로 쓰고 있지만 이 농축 우라늄을 우리 손으로 만들어낼 수는 없다. 만들 수 있을 테지만 핵 확산 금지에 의한 감시 때문에 만들지 않고 있다.

결국 화천산 우라늄이 제아무리 쏟아져 나온다 해도 중수로에도 쓸 수 없고 경수로에도 쓸 수 없으니 무용지물이 될 수밖에 없다. 다만 농축 우라늄을 수입해 성형 가공만 국산화 해 93년말까지 총 1,596다발을 공급, 이중 1,472다발이 현재 원자로에 장전돼 있다.

우라늄도 석유처럼 현물 시장이 있다. 화천 우라늄을 내다 팔면 큰 돈이 될 것이다. 그러나 그런 발상은 우리밀을 생산해 국제 곡물시장에 나가 경쟁하자는 것보다도 무모하다.

93년 현재 세계 원전 용량은 3억3천1백만㎾. 2010년엔 3억9천7백만 ㎾로 증가할 전망이다. 우라늄 정광 소요량도 93년 56,000t에서 2010년 엔 65,000t으로 증가할 전망이다. 알쏭달쏭한 것은 정광 수요는 늘어나는데 생산량이 줄어든다는 것이다. 93년 생산량은 수요의 61%인 34,000t, 2010년엔 더 줄어 41% 수준인 27,000t이 된다는 것이다. 두말할 것도 없이 재고량 때문이다.

현재 지구상에 있는 우라늄 재고량은 약 486,000t. 서방 국가에 160,000t이 있으며 구공산권에 146,000~170,000t이 있으며 핵무기에 장착된 것만도 166,000t(고농축 우라늄으로는 816t)에 이르고 있다. 이 중 전략적 재고를 빼더라도 시장 가용량은 20만t이 된다. 더구나 94년 1월 14일 미국과 러시아는 독립국가연합의 핵무기 해체와 관련, 핵무기에 장착된 고농축 우라늄을 희석하여 민수용으로 쓰자고 최종 계약에

서명했으며 미국은 초기 5년간 매년 10t, 다음 15년간은 매년 30t씩 구입하기로 했다. 이렇게 핵무기 해체에 따라 생기는 13만의 우라늄(고농축 우라늄으로는 637t)이 시장에 재고로 쌓이게 됐다.

93년말 현재 우라늄 현물 시장가는 파운드당 러시아산 7달러, 비러시아산 10달러 수준이다. 결국 현물 시장에 뛰어들 우라늄 정광(精鑛, 선광 작업에 의하여 필요 없는 불순 성분이 제거되고 유용한 성분이 많아져 순도가 높아진 광물) 생산 계획은 무모하다. 앞으로 원전 연료의 안정적이고 자주적인 공급능력을 키우기 위해서는 국내 우라늄 광을 개발해야 할 것이다. 그러나 우리나라는 지난 83년부터 해외 우라늄 광산 개발에 눈을 돌려 92년 최초로 미국 크로우버트에서 26.5t을 생산해 도입하기도 했다.

해외 광산을 개발하면서도 원자력계는 화천 우라늄 광맥 발견이라는 세기적인 뉴스에 전혀 반응하지 않았다. "우리나라도 우라늄이 있다는 상징적인 의미를 두자"는 원자력 연구소의 한 관계자의 말은 흥분한 화천 사람들과 DMZ 병사들을 맥빠지게 했다. 그러나 그 말이 시사하는 내용은 "별볼일 없다"는 뜻 이상도 이하도 아닌 것 같다.

금성천변은 벌써 매섭게 찬바람이 몰아치는 깊은 겨울이다. 한차례 우라늄 소동을 겪고 난 94년 DMZ 겨울은 여느 해처럼 그냥 깊어가고 있다.

그때 남강은 산그림자에
숨어 있었다

동지의 긴 그림자에 묻힌 DMZ

미 국방부가 밝힌 미군 OH-58C 헬기의 북한 불시착 경위는 다음과
같이 요약된다.

1984년 11월 11일

오전 10시 02분 : 춘천 기지(Camp Page) 이륙, 체크 포인트 84를 향해
비행.

오전 10시 26분 : 레이더 접촉 단절.(그러나 저공 비행을 하는 헬기가
레이더에서 사라지는 것은 비정상이 아니다.)

오전 10시 36~37분 : 라디오 교신 "계속 북동쪽으로 항행중."

오전 10시 38분 : 비행 금지선(No Flying Line) 통과 관측.(한국군 12사단.)

오전 10시 40분 : 12사단 전방 초소 헬기 군사분계선 통과 목격, 계통
보고.

오전 10시 43분 : 문제의 헬기로부터 라디오 보고 "체크 포인트 84에
와 있다. 서쪽으로 항행하겠다." (이때 문제의 헬기는
실제보다 17km이탈해 있었다.)

오전 10시 48분 : 불시착 추정.

오전 11시 09분 : 북한 금강군 이포리 불시착 확인.

사고 헬기의 불시착 사실은 이날 오전 10시 40분 한국군 12사단 전
방 초소로부터 헬기 월경(越境) 사실이 보고된 직후부터 긴급 태세에
돌입한 한·미 양국군의 정보 체제가 가동하면서 확인됐다. 북한군의
무선 감청으로 사고 헬기는 이포리 부근 북한군 13사단 23연대본부에
내려 있는 것으로 밝혀졌다.

북한군이 사고 헬기를 2대의 항공기로 유도하며 강제 착륙시켰다
는 비공식 보고도 있었다. 동부 전선 상공으로 발진한 U2기는 이날 오
후 이포리 인근에서 발견된 나뭇가지 등으로 위장된 이상 물체가 문
제의 헬기라는 사실을 확인했다. 헬기의 손상 여부는 판독되지 않았
다. 그러나 승무원은 이미 격리된 상태였다. 이상이 사고에서 확인까지
경위이다.

북한이 사건 5일 만에 조종사의 시신을 인도하는 것을 보면서 DMZ
헬기 사건에 한해 북한이 비교적 신속한 조치를 한다는 엉뚱한 기대
를 한 것은 77년 7월 14일 금강산 남강을 고성 북천으로 착각했던 미
국 CH-47기의 월경 사건을 상기했기 때문이다.

당시 동부 전선에서는 며칠째 영구벙커 구축공사가 진행되고 있었
다. 치누크 헬기들이 간성 앞으로 흐르는 북천에서 골재를 수송했다.

북천은 향로봉에서 발원해 진부령 계곡에서 정동으로 흘러 동해로 유입되는 길이 20.1km의 짧은 강이다. 북쪽으로 건봉령을 넘으면 금강산 기슭의 남강이다. DMZ는 남강을 따라 비스듬히 북동쪽으로 흐르고 있다.

이날 오전 향로봉 후사면의 한 OP를 돌아오던 치누크는 느닷없이 DMZ로 진입했다. 남강을 북천으로 착각했던 게 틀림없었다. 치누크는 한국군의 경고사격을 받고 남강변 북한령에 불시착했다. 북한군은 이 헬기의 항로이탈 실수를 간단없이 유린해버렸다. 그들은 치누크를 이륙시켰다. 그리고 마치 꿩사냥을 하듯 막 고도를 잡던 헬기를 대공포로 격추시켰다. 부조종사 글렌 M 슈안케 준위(28)는 생존했다. 그러나 조종사 조셉 A 마인즈 준위(26)와 승무원 로버트 C 헤인즈(31), 로버트 E 윌즈(22)는 사망했다.

북한은 미국측의 요구에 상상외로 적극적이었다. 피격 사건 57시간 30분 만인 16일 오후 7시 30분 글렌 준위는 세 구의 동료의 주검과 함께 판문점으로 돌아왔다. 당시 송환 협상에서 북쪽 테이블은 예상 밖으로 부드러움을 강조했고 그 진의를 파악하기는 어렵지 않았다. 그들은 헬기 사건을 계기로 미국을 향한 직접 교섭의 길을 노크한 것이다.

17년 후 그들은 아주 비슷한 상황을 맞았다. 스스로 날아들어온 헬기, 그것은 '굴러들어온 떡' 이상의 대미 관계에서의 호재이다. 북쪽이 이번 사태를 향후 대미 관계 전개에 어떻게든 유용한 양념감으로 쓰려고 할 것이란 예측은 조금도 빗나가지 않았다. 북한은 생존 조종사의 송환 문제를 협의하기 위해 고위 미국관리를 평양으로 보내줄 것을 요청했다. 판문점을 무시하고 유엔 주재 대표부 채널을 선택했다. 미국은 토머스 허바드 국무부 차관보를 파견하겠다고 발표했다.

판문점에서 군사 접촉 수준으로 마무리될 것 같던 이 문제는 순식간에 평양·워싱턴 테이블로 격상됐다. '미·북 직거래'를 튼 셈이고 북한은 정치적 목적을 달성한 셈이다. 격추된 헬기의 잔해라고 주장하는 사진이 공개됐다. 그리고 서방 국가들은 보비 홀 준위의 번쩍 든 두 손을 보면서 동해 프에블로호 사건을 연상했다. 그때도 미 해군 승무원들은 손을 든 비굴한 모습으로 카메라 앞으로 걸어갔다.

　어쨌든 연일 핫뉴스가 되며 초미의 관심을 불러일으키고 있는 이 사건은 어떻게 왜 일어났을까? 한·미 연합사는 이번 사건을 지형 숙지 훈련중에 실수로 빚어진 항로 이탈 사고라고 밝혔다. 사고 헬기의 조종사 보비 W. 홀은 66년 7월 4일생이다. 사망한 데이비드 M. 헬논은 보비의 삼촌뻘 나이인 45년 9월 15일생. 두 사람은 지난 11월 30일 춘천 기지에 배속됐다. 이날 비행은 배속 후 첫 비무장지대 일대 지형 숙지 훈련이었다. 거칠게 펼쳐진 동부 전선은 두 사람의 시야를 괴롭혔을 것이다. 이미 한두 차례 폭설을 맞았던 계곡은 아직도 잔설이 비행 금지 표지판을 뒤덮고 있었을 것이다. 실수로 월경했다는 브리핑에 북한측 외에는 아무도 이의를 달지 않았다.

　그러나 낮은 고도에서 지형지물을 내려다보며 날아가는 헬기가 월경을 방지하기 위한 수많은 표식과 지구상에서 가장 견고한 '철책의 국경'을 보지 못했다는 사실을 인정하기 위해서는 DMZ 생태에 대한 아주 정밀한 이해가 필요하다.

　흔히 사람들은 DMZ는 군사분계선을 중심으로 각각 2km씩 후퇴한 남북방한계선이 평행하게 달리며 반도를 횡단하는 너비 4km의 띠라고 생각하고 있다. 그러나 지도에 그려진 그 선과 한국군과 북한군이 설치한 철책의 실제 위치는 많이 다르다. 피아간 철책을 설치한 목적은 적의 은밀한 침투뿐만 아니라 정면 공격으로부터 방어하기 위한 수단이다. 따라서 철책선 위치를 전방 관측이 쉽고 충분히 사계(射界)가 확보된 곳에 선정한다는 것은 초보적인 전술이다. 이 때문에 남쪽의 철책선은 가능한 남방한계선을 이탈하지 않으면서 능선의 북사면에 엎드려 지형이 생긴 대로 들쑥날쑥 꿈틀대며 흘러가는 것이다.

12월 17일은 동지를 나흘 앞둔 날이다. 일남중시(日南中時)의 태양 고도는 낮아질 대로 낮아졌으며 북쪽으로 드리워지는 그림자는 올 한 해 중 가장 길어졌다. 향로봉 북사면은 가팔랐다. 그 골짜기 속에 처박힌 남방한계선의 오전 10시는 아직 해가 들기 이전이다. 더구나 북쪽을 향한 산비탈에 비스듬히 누워 눈을 뒤집어쓰고 있을 주황색 비행금지 표지판은 여기가 어디쯤인가를 식별하는 데 큰 도움을 주지 못했을 것이다.

문제의 헬기는 한국군 초소 80~100피트 상공을 시속 80~100노트 속도로 통과한 것으로 밝혀졌다. 아주 낮은 고도로 매우 빠르게 날아간 셈이다. 1분 남짓한 눈깜짝할 사이에 DMZ를 횡단한 것이다. 더구나 헬기는 군사분계선을 통과한 3분 후에 남방한계선 이남에 해당되는 체크 포인트 84에 접근했다고 교신했다. 그렇다면 DMZ까지는 아직 5~6km가 남아 있다고 착각하고 있었을 3분 전에는 지상의 지형지물에 크게 주의를 기울이지 않았다는 얘기가 된다.

두 사람의 조종사가 처녀 비행지에서 지상 관측에 엄청난 착오를 일으켰을 가능성을 뒷받침할 만한 단서는 또 있다. 그들은 그곳에 같은 방향으로 흐르는 두 개의 강이 아주 근접한 두 계곡 속에 처박혀 얼어붙어 있다는 사실을 미처 깨닫지 못한 것 같다. 헬기의 항적을 역추적하면 이 같은 추리는 아주 그럴듯하다. 헬기는 "여기가 체크 포인트 84"라고 라디오 교신을 한 후 서쪽으로 크게 선회하며 고도를 높여 산을 넘었다. 그리고 5분 동안 비행해 북한 금강군 이포리 부근에 불시착했다.

이포리에서 헬기가 날아온 방향으로 되돌아가자면 해발 600~900m의 잘록한 능선을 넘어야 한다. 영동 영서의 분수령이자 태백산맥의 주능선이면서도 이 산맥 가운데 가장 살집이 빈약한 곳이다. 금강산 남강은 이 앙칼진 산맥 동쪽에서 북에서 남으로 좁은 골짜기를 이루며 흐르고 있다. 헬기가 5분 동안 비행하는 거리는 약 7~10km. 이포리에서 남강까지 직선 거리는 약 10km. 남강은 헬기가 서쪽으로 선회하기 시작한 지점과 일치하고 있다.

미 국방부는 사고 헬기가 체크 포인트 84로 착각한 위치는 실제 지점보다 17km 정도 떨어져 있었다고 밝혔다. 헬기가 서쪽으로 선회하기 시작한 위치에서 남쪽으로 비슷한 거리에는 공교롭게 남강과 아주 흡사한 강이 흐르고 있다. 일명 서화천이라고도 하는 소양강 상류이다. 이포리 북쪽에서 발원하는 소양강은 영동 영서 분수령을 사이에 두고 남강과 평행해 남류하다 돈평에서 성내천을 만나 약간 남서쪽으로 휘어지고 있다. 남강이 삼재령 앞에서 북동쪽으로 크게 휘어질 때까지 어떤 때는 두 강 사이의 거리가 직선으로 5~6km밖에 안 될 때도 있다.

소양강 상류를 횡단한 DMZ는 북동으로 방향을 틀어 삼재령을 넘고 금강산 남강을 따라가며 위도를 더 북쪽으로 끌어올리는 것이다. 소양강 상류의 서쪽으로는 말할 것도 없이 성내천이 DMZ 사이를 흘러오고 있으며 그런 DMZ 풍경을 오른쪽으로 바라보며 해발 800m 정도의 능선을 넘으면 펀치볼(해안분지)이다. 오른쪽으로 가칠봉 대우산을 내려다보며 돌산령을 넘으면 양구 다시 남서쪽으로 내륙의 바다 소양호를 찾으면 헬기의 귀로는 아무런 문제가 없을 것이다.

사고 헬기의 두 조종사가 얼어붙은 남강을 소양강으로 착각했을 것이란 가정은 이런 상황으로 미루어 설득력이 있다. 결국 남강은 동부전선의 오밀조밀한 지형에 서툰 미군 조종사들을 두 번이나 DMZ로 유혹한 셈이다.

금강산댐은 그때 수공 예행연습을 했다

1987년 7월 16일(목요일). 335명의 사망 실종자를 내며 북진하던 태풍 셀마(Thelma)는 간밤에 울릉도 서쪽 동해에서 소멸됐다.

해산[日山]에 걸려 며칠째 북한강 상류를 지정거리던 비구름이 걷혔다. 오전 10시쯤 수동리(현 동촌 2리) 너다리골 김홍렬씨(당시 58세) 집에는 처남댁이 찾아왔다. "잉어값이 얼마나 하겠느냐"는 등 몇 마디의 인사치레를 하다 돌아갔다. 그들은 북한강에서 고기잡이를 하는 어부이자 해산 기슭 손바닥만한 밭뙤기를 부치는 농민들이다.

처남댁은 막 물어구를 지나 산모퉁이 뒤로 사라졌다. 평화의 댐 공사로 파로호 물을 빼자 덩달아 북한강가도 벌겋게 속살이 드러났다. 마치 산중턱에 매달려 있는 듯한 김씨네 바깥 마당에서 처남댁의 뒷모습은 작은 나뭇가지 하나가 흔들리다 사라지는 것처럼 까마득히 내려다보였다.

물어구 모퉁이는 처남네가 단골로 덤장 그물을 치는 곳이다. 보나마나 지금쯤은 처남이 뗏마를 저으며 어제 저녁에 쳐놓았던 덤장을 걷

가뭄으로 벌겋게 살점을 드러낸 북한강 계곡. 1987년 이 계곡으로 원인 모를 물기둥이 내려왔다.

고 있을 것이다. 산모퉁이를 돌아가는 처남댁의 뒷모습을 바라보고 있는 동안 김씨는 까닭없이 가슴이 떨려오는 것을 느끼고 있었다. 주체할 수 없는 불안감이었다. 나중에는 머리카락이 곤두서는 것 같기도 했다. 어디서 난데없는 휘파람 소리가 들리는 것 같기도 했다.

김씨는 자신도 모르게 강 언덕을 뛰어내려가 물어구 쪽으로 발길을 돌렸다. 처남 부부는 태연스럽게 덤장을 걷어내 강기슭에 막 뱃머리를 붙이고 있었다. 처남이 던져준 뱃줄을 잡아 막 말뚝에 묶으려던 순간 그는 또다시 휘파람 소리 같은 것을 들었다. 얼핏 냉기 같은 것이 느껴지던 찰나였다. 강 위쪽에서 벼락치는 소리가 들렸다. 김씨는 얼핏 강건너 바위 위에 서 있던 노송이 두 동강이 나는 것을 보았다. 그리고 비수구미 쪽으로 훤히 뚫린 뱃길이 깜깜하게 막혀 있는 것을 보았다.

"물이다! 물이 서서 내려온다." 처남이 뱃전을 밟고 뛰어내리는 것이 보였다. 순간 배꽁무니가 하늘로 치솟으며 물 속으로 처박혔다. 허겁지겁 강기슭을 달려 오른 세 사람의 발자국을 흙탕물이 집어삼켰다.

30분쯤 후. 넋 나간 세 사람 앞에 북한강은 마치 진흙을 풀어놓은 듯 검붉은 바다로 변해버렸다. 벌겋게 드러났던 강언덕도 사라졌다. 뗏마, 철선, 덤장그물을 집어삼킨 흙탕물 바다 위에는 어디서 흘러왔는지 통나무 판자더미 나무껍질이 가득 떠밀려갔다. 사흘 동안 공포의 바다는 그 모습으로 지속됐다. 드디어 18일 오후부터 물이 줄어들기 시작했다. 북한강은 강기슭 나뭇가지들을 흙목욕을 시킨 모습만 남겨놓고 다시 16일 아침처럼 되돌아갔다.

김홍렬씨는 지금도 너다리골 그 집에서 살면서 북한강의 '그날'을 증언하고 있다. 북한강의 물난리를 증언하는 자료는 화천발전소에도 남아 있다.

그해 7월 15일 화천댐 평균 수위는 148.43m. 문제의 그날 오전 9시 수위는 오히려 전날보다 3cm가 떨어졌다. 북한강 상류 수동리에서 물소동을 겪기 시작하던 오전 10시, 뱃길로 28km 하류에 서 있는 화천댐의 수위는 한 시간 전과 별 변동이 없는 148.42m. 한 시간 후부터 수위는 요동치기 시작했다. 11시 148.45m 낮 12시 149.0m 오후 1시 149.78m 오후 2시에는 드디어 북한강 상류의 이런 날을 예비해 화천댐에 뚫어놓았던 비상 배수로를 통해 물이 넘쳐흐르기 시작했다. 비상 배수로는 화천댐 허리 해발 150m 지점에 뚫어놓았던 직경 5m짜리 다섯 개의 원통 구멍이다. 87년 2월 28일 평화의 댐을 기공하면서 북쪽의 '수공'을 대비해 우선 먼저 착수해 뚫었던 기상천외의 물구멍이다.

평화의 댐 1단계 공사 완료 시기는 서울올림픽의 해인 88년 5월. 북한의 금강산댐이 4억t의 물을 담수할 수 있는 60m의 댐이 축조되는 시기에 맞춘 것이다(87년 8월 20일 오후 4시 한국언론회관에서 열린 「평화의 댐·홍수 조절 기능 좌담회 자료」에서 발췌). 화천댐의 물구멍은 바로 평화의 댐 1단계 공사가 완료되기 전에 완료된 후라도 상류에서 갑자기 늘어나는 물줄기가 빈 파로호를 메우고도 화천댐을 오버플로우할 때를 가정해 뚫은 것이다.

그 가상은 맞아떨어졌다. 그날 오후 2시 현재 화천댐 수위는 150.44m를 기록했다. 그러나 수위는 계속 급상승했다. 151.68m 오후 5시 152.20m 오후 7시 153.02m를 기록했다.

여름의 이른 저녁상을 차릴 무렵 파로호 구만리 선착장 일대는 홍수 때처럼 검붉은 호수가 전개됐다. 이때부터 수위는 완만히 상승했다. 오후 8시 153.35m, 오후 9시 153.65m, 밤 10시 153.72m, 5시 154.76m, 6시 154.81m, 밤 11시 154.12m, 밤12시 154.28m, 17일 새벽 1시 154.42m, 2

시 154.52m, 3시 154.72m, 5시 154.76m, 6시 154.81m, 7시 154.84m, 8시 154.85m, 9시 154.86m. 만 24시간 만에 화천댐 수위는 6.43m가 상승했다. 무려 1,242,400평이나 되는 파로호를 삼층집 높이만큼 끌어올린 것이다. 오전 9시 현재 수위는 네 시간 동안 움직이지 않았다. 오후 1시. 수위는 서서히 가라앉기 시작했다.

화천댐 바로 밑에 흙으로 쌓았던 보조댐이 사라진 사실이 입과 입을 통해 전해졌다. 보조댐은 이른바 완충둑이었다. 화천댐 기상천외의 구멍 비상 배수로를 통해 엄청난 낙차의 물이 떨어질 경우 댐 밑바닥이 파이는 것을 막기 위해 물을 가둬놓고 그 충격을 흡수토록 하기 위한 댐 보호댐이다.

말 만들기 좋아하는 어떤 사람들은 16일 밤 비상 배수로를 통해 흘러나온 통나무들이 이 보조댐을 무너뜨렸다고 했다. 직경 5m 길이 50여m의 이 수로 터널이 포신 역할을 했고 상류 수압을 받으며 좁은 터널을 빠져나온 통나무들이 정확하게 보조댐에 떨어지며 박살냈다는 것이다.

도대체 북한강 상류를 악몽으로 몰아넣었던 흙탕물 더미의 정체는 무엇일까. 우선 분명한 것은 이 흙탕물 더미는 DMZ 북쪽에서 흘러왔다는 점이다. 호수를 가득 메웠던 통나무가 북한산이었고 토목 공사용이라는 것이 확인됐다. 남쪽의 벌목장에서는 도끼로 나무를 자르지 않는다.

그러나 이들 통나무는 대부분 도끼로 잘린 모습을 하고 있었다. 여섯 자, 아홉 자, 열두 자로 통나무를 마름하는 것이 남한 벌목장의 통상적인 방법이다. 그러나 북한강의 통나무는 다섯 자, 일곱 자, 열 자, 열세 자의 기형이었다. 그리고 투박한 꺾쇠나 대가리가 없는 굵은 철사못이 박혀 있는 것이 많았다. 평화의 댐 공사장에서 쓰던 원목일지 모른다고 고개를 갸웃거리기도 했다. 그러나 국민 성금 7백7억원 중 1백52억6천7백만원이 이미 87년 8월까지 평화의 댐 공사에 집행되고 있었다. 당시 정서나 예산 규모로 보아 그토록 조악한 공사가 진행됐다고는 볼 수 없다.

북한강가의 6월 청산은 어디 흠집 하나 없었다. 사람이 떠나간 산기슭에 누덕누덕 붙어 있던 밭뙈기조차 푸른 옷으로 갈아입어 물과 산과 하늘만 있는 색다른 세상 같았다. 너다리골의 김홍렬씨와 부인 신미자씨는 7년 전의 악몽을 입에 올리기조차 숨이 가쁜 듯했다. 그 동안 35호의 반농 반어가들은 스무여 집으로 줄었고 아이들이 없는 대붕국교 수동분교는 폐교돼 있었다. 강산도 변하고 세상도 변했다. 우리 동네에 평화의 댐이 생긴다고 우쭐대던 주민들도 그 동안 '평화의 댐은 바벨탑' 이라는 여론 뭇매에 창피해 죽겠다고 할 정도로 주눅이 들어 있었다.

그러나 7년 전의 기억을 되살려내는 순간 가슴속에 붙들어 매놓았던 하고 싶었던 말들이 마구 튀어나왔다. 김씨 부부는 단호하게 말했다.

"그때 그 물은 김일성이가 보낸 거요. 평화의 댐 기초 공사가 마무리되니까 그걸 쓸어버리려 한 거요."

"난 여기 토박이인데 그렇게 장마지는 법은 없어요. 여기서 금강산은 지척인데 여긴 해가 나고 북쪽만 그런 비가 내린다는 것은 말도 안 돼."

그렇다. 그 무렵 북쪽은 비가 오지 않았다. 7월 15일 오후 4시를 기해 강원도 전역은 폭우주의보가 내렸다. 태풍 셀마는 간밤에 엄청난 비를 뿌리고 16일 새벽 5시 울릉도 서쪽 80km 해상에서 소멸됐다. 태백 211.3mm 삼척 141.0mm 대관령 248.8mm 원주 141.0mm 속초 129.4mm의 비가 내렸다.

태풍권에서 먼 강원 영서 북부 지방의 강우량은 보잘 것 없었다. 양구 지방은 12~14일 비가 오지 않았으며 15일 18.4mm, 16일 35.83mm가 내렸다. 화천 지방도 15일 23.8mm, 16일 새벽까지 33.6mm가 내렸으며 15일 전 3일은 비가 오지 않았다.

북한강의 발원지에 해당하는 북한 금강군 창도군의 강우량은 확인되지 않았다. 그러나 주변 지역의 강우량은 보잘 것 없었다. 원산은 12일 이후 비가 오지 않다가 15일 17.0mm, 16일 16.0mm가 내렸으며 장전은 역시 12일 이후 비가 오지 않다가 15일 20.0mm, 16일 0.9mm가 내렸다. 평강의 강우 사정은 북한강 상류 유역의 강우량을 판단해볼 수 있는 가장 근사치가 될 만하다. 그러나 평강도 7월 들어 9일까지 비가 오지 않았으며 10일 18.0mm, 11일 4.5mm의 비가 내렸고 14일까지 비가 없다가 15일 11.0mm, 16일 26.0mm, 17일 0.6mm의 비가 내렸다. 이 정도 강우량으로 가공할 만한 홍수를, 북한강 주민들이 한번도 본 일이 없는 흙탕물 바다를 상상한다는 것은 무리다.

그렇다면 이 물은 DMZ 북쪽의 어디에 가둬뒀던 물이 일시에 방류된 것이 틀림없다. 말할 것도 없이 혐의는 금강산댐으로 돌아갈 수밖에 없다. '수공 예행 연습'이었을까. 북한의 금강산댐 축조 일지 속에는 몇 가지 석연치 않은 흔적이 있다. 즉 87년 이후 북한은 그들의 가장 의욕적인 사업으로 선전하던 금강산댐에 대해 일체 함구해오고 있다. 그러나 북한은 현재 95년 완공 목표로 금강산댐 공사에 박차를 가하고 있는 것으로 정부 정보국방 관계부처 위성사진 귀순자 증언 등의 자료에서 밝히고 있다. 지난해부터는 7월 27일 소위 '전승 기념일' 행사를 마치고 10만 명의 병력을 투입한 것으로 확인됐다.

88년 8월 건설부의 국회 보고 자료에 따르면 '북한측은 87년 11월 금강산댐의 물막이 댐[假排水路, 저수량 3억t] 공사를 끝내고 댐과 발전소 간 45km의 도수로 터널 공사로 전환했다'고 밝혔다. 본댐 공사는 착공하지 않았다는 것이다. 북한이 금강산댐 공사 방향을 87년에 수정했다면 국회 보고 자료는 사실과 근사치에 접근해 있는 셈이다.

이 대목에서 걸리는 것이 물막이 댐, 즉 가배수로이다. 물막이댐은 본 댐의 기초 공사를 하기 위해 물길을 우회시키는 댐이다. 기초 공사가 끝난 댐 공사에서 물막이 댐은 필요없다. 의문의 87년, 그해 7월 금강산댐의 가배수로는 더이상 소용이 없었을 가능성이 있다. 국제적 시각이 집중된 금강산댐은 증거 인멸의 필요성이 대두됐을지 모른다. 가배수로가 그때 인위적이든 실수든 해체됐을지 모른다. 화천댐 수위를 148.43m에서 154.86m로 상승시키는 데 필요한 물의 양은 약 2억2천만t 이다. 비상 배수로로 방류된 물의 양을 감안하면 금강산댐의 물막이 댐 저수량과 거의 일치하고 있다.

그 후 1년 후 8월 1일 워싱턴 포스트지는 '평화의 댐은 불신과 낭비의 사상 최대의 기념비적 공사'라고 혹평했다. '금강산댐 공사는 시작하지도 않았고 금강산댐도 없으며 물폭탄 위협도 없다'는 현장감 있는 보도로……

금강산댐 증거 인멸의 기도가 바로 이 같은 외부 시각을 기대했던 것이라면 지나친 추측일까.

김일성 장례일에 연출된 상중극

DMZ 북쪽은 상중(喪中)이었다. 북쪽은 비교적 은인자중하는 듯했다. 때론 앙칼지게 어떤 때는 구역질 나도록 능글맞은 억양으로 쏘아대던 대남 확성기 방송은 제법 이성을 찾은 것처럼 들렸다. 김일성 조곡이나 김일성 찬양 가요를 비교적 낮은 톤으로 넘겨보냈다. 총성이나 포성도 멎었다. 초소에 나타나는 북한 병사들의 숫자도 크게 줄어들었다. 그들도 조문을 떠나 평양의 애도 인파 속에 끼어 있는 것일까, 아니면 지하 벙커에서 두문불출 가슴을 치며 울부짖고 있는 것일까. 북쪽은 마치 '지금은 노려보며 신경전을 펼 의사조차 없다'는 표정을 짓고 있었다.

전선의 우리 병사들에게는 그런 북쪽을 자극하지 말라는 명령이 떨어져 있었다. 병사들은 장마로 패어나간 진지를 보수하거나 보급로를 다듬고 있었다. 고지를 올라오는 '황금마차'(노란색의 PX 트럭을 군인들은 그렇게 부른다)조차 대중 가요를 틀지 않았다. 목청껏 확성기를 틀어 전선의 병사들에게 최신 가요까지 배달하던 황금마차는 유난히 가쁜 숨만 몰아쉬었다. 드디어 황금마차는 날개를 폈다. 적재함의 노란 진열장을 양쪽으로 활짝 펴자 그 모습은 영락없이 황금 날개였다. 진지 보수를 하던 병사들이 달려갔다. 그리고는 초코파이 깻잎통조림 그리고 초콜릿 '자유시간'을 샀다.

방금 병사들이 달려왔던 고지에는 청색 깃발이 나부꼈다. DMZ의 청색 깃발은 '지금은 작업중'임을 북쪽 초소에 알리는 시그널이다. '현재 전선의 병력은 작업중이니 별다른 뜻으로 오해 없길 바란다'는 메시지를 북쪽 초소에 전달하고 있었다. DMZ를 넘나들던 확성기 방송

북한군 초소 주변의 구호. 그들은 평소의 모습과는 달리 '애도 기간' 동안 한껏 늘어져 있
는 모습이 자주 눈에 띄었다. 왼쪽의 여자 그림은 임수경.

마저 멈추자 전선은 이내 정적의 바다에 묻혀버렸다.

가칠봉은 대암 도솔 대우 산연봉의 끝에 매달려 막 잠든 침묵의 바
다를 바라보고 있었다. 금강산은 그 바다 건너 멀지 않은 곳에 앉아
있었다. 비로봉과 차일봉이 두 손의 엄지손가락을 맞대어 세운 것처럼
선명히 드러났다. 단장의 능선 사이에 쑤셔박힌 사대리 계곡에서는 저
만치 거리를 둔 두 가닥 철책선만이 기어올라왔다. 그리고 청산의 바
다를 가르며 달려가고 있었다.

기계충처럼 산비탈을 파헤친 북한군의 자급 농장도 연초록색으로
뒤덮여 한껏 풍성해 보였다. DMZ는 '냉전의 휴전'처럼 평화스럽기까
지 했다.

김일성의 십이일장(葬), DMZ는 50여 년을 당겨온 긴장의 끈이 한껏 늘어져 있었다. 다만 철책 위에 슬며시 올라앉은 까마귀 한 마리는 DMZ의 감상을 비웃고 있었다. 고개를 뒤로 젖히고 까만 눈을 내리깔아 전선의 방문객을 무시하고 있었다. 사람의 시선이 귀찮다는 듯 놈은 여유 있게 훌쩍 뛰어올라 철책을 넘었다. 그리고 소리개만큼이나 거드름을 떨며 날개를 편 채 골짜기로 가라앉았다. 일행 몇 마리가 특유의 괴성으로 되고 말고 소리를 지르며 뒤따라갔다. 까마귀떼가 날아간 골짜기 건너편에서는 한 시간쯤 숨을 돌렸던 대남 선전 방송이 또 시작됐다. "남조선 국군 사병들조차 김정일 최고 사령관을 강철의 병장이라 높이 평가하고 있다"고 또 하나의 수령 만들기에 안간힘을 쏟고 있었다. (1994년 7월 13일 펀치볼에서)

DMZ는 북쪽을 향해 열린 유일한 창이다. 그러나 창 저편은 잘 조립해 맞춘 세트에 불과하다. 이 세트를 통해 조금씩 내비치는 북쪽의 내용은 언제나 난해했다.

김일성의 사망 사실은 전 전선의 북측 초소에서도 충격 이상이었을 것이다. 그러나 심리적으로 위축돼 있을 북한군의 동태는 쉽게 감지되지 않았다.

북한의 중앙방송과 평양방송이 특별 방송을 통해 김일성의 사망 사실을 발표한 것은 김의 사망 34시간 후인 9일 정오였다. 한국방송공사 제1TV가 이 사실을 방송한 것은 1분 뒤인 12시 1분 30초쯤.

12시 39분 전군 특별 경계령이 떨어졌다. 오후 1시 전국 경찰에 갑호 비상령이 내려졌고 오후 1시 30분엔 학교를 제외한 전공무원의 비상 대비령이 발동됐다. 국방부가 발표한 DMZ 표정에 따르면 북측도 대단히 순발력 있게 반응하고 있었다.

9일 오후 1시 15분 서부 전선 전방 북측 농장에서는 주민들이 북쪽을 향해 묵념을 하는 모습이 관측됐으며 오후 1시 38분 판문점 북쪽 시범 마을 기정동의 게양대에는 조기가 올라갔다. 그러나 평양의 상황이 전선에 전달되는 속도는 이상할 정도로 느렸다.

11일 밤 대부분 국민들은 TV에 비친 김일성 동상 앞에 운집한 군중들이 오열하는 모습에 넋을 잃었다. 평양 중앙방송이 제공한 만경대 혁명학원 소속 소년들이 김일성 군사종합대학에 서 있는 김일성 동상 앞에서 울부짖는 모습은 압권이었다. 소년들은 군복을 입고 있었다. 가슴을 쥐어뜯거나 땅을 치는 모습, 동상 앞으로 달려나가 얼싸안는 모습, 발버둥을 치는 바람에 커다란 군모가 벗겨져 드러난 빡빡머리를 우리는 놀란 눈으로 바라보았다. 과연 김일성의 카리스마를 실감할 수밖에 없었던 그 장면은 전선의 우리 병사들도 내무반에서 볼 수 있었다.

그러나 그날 중동부 전선 칠성전망대에서 관측된 북쪽의 서운리 집단 농장의 '애도 행사' 는 의외였다. 북한 병사들은 태연히 옥수수밭에서 김매기를 하고 있었다. 흰 셔츠의 군인들이 50여 명은 돼 보였다. 금성천에 뛰어들어 멱을 감거나 그늘에서 쉬기도 했다. 귀대한 그들은 지휘관의 심사를 뒤틀리게 한 게 틀림없다. 민경대 막사 앞에서 그들은 엎드려뻗쳐를 당했고 구타가 시작됐다. 종전에 없던 그쪽 군대의 구타는 90년대 들어와 통제 수단으로 전 전선에 활용되고 있다.

한 장교가 전해주는 북쪽 풍경은 황당하기까지 했다. 북한 병사들은 화목(火木) 작업에 동원되고 있었다. 취사·난방을 전적으로 나무에 의존하고 있는 그들은 봄철 산불이 났던 자리를 찾아다니며 한여름에도 화목 작업을 해왔다. 일단의 병사들은 무엇 때문에 스트레스를 받았는

238

지 느닷없이 치고받기 시작했다. 패싸움은 10여 분간 진행되다 진정됐다.

북쪽 초소에서는 김일성 사망을 알리는 한마디 방송도 흘러나오지 않았고 늘 하던 대로 정규 선전 비방 방송을 짜증스럽게 내보냈다. 사망 6일 만인 14일 칠성전망대 맞은편 DMZ 내의 한 초소에서 조기를 내건 것이 유일한 변화였다.

전선의 표정은 조금씩 달랐다. 중동부 전선 가칠봉 북쪽의 상황은 조금 달랐다. 북쪽 초소는 제법 풀이 죽어 있는 것이 틀림없었다. 가칠봉은 전선다운 맛이 있다. 저만치 있을 것이라고 생각했던 것과는 달리 북측 초소는 너무 가까이 다가와 있었다. 우리측의 전진 초소쯤으로 생각했던 봉우리 세 개는 스탈린 모택동 김일성고지란 이름을 달고 켕길 만큼 바짝 다가서 버티고 있다. 북한 병사들의 움직임은 육안으로도 식별됐다. 두런두런 얘깃소리가 들릴 것 같은 지척의 거리다.

진짜 그들의 말소리가 들려왔다. 전주에 올라간 병사가 동료에게 무슨 연장을 달라는 듯한 몸짓을 하는 순간 두 사람이 주고받는, 내용을 알 수 없는 몇 마디가 곧바로 건너와 귀에 꽂혔다. 산길을 어슬렁거리는 병사 몇 명은 산나물을 뜯는 것 같기도 하고 할 일이 없어 무료해하는 것 같기도 했다. 대공 초소라는 곳에도 몇 명이 사다리형 계단에 걸터앉아 있거나 마주보고 서 있었다. 잡담이라도 하는 것 같았다. 남으로 트인 쇼윈도에 비친 북쪽은 아주 태연했다. 더욱 비상을 내리고 경계 태세를 강화할 것으로 관측됐던 모든 예상은 빗나갔다.

그들은 평양에서 일어난 일을 잘 모르고 있는 것 같기도 하고 그들이 떠받들었다는 수령의 인기가 대단한 것이 아닌 것 같기도 했다. 아니면 사기는 떨어지고 군기도 엉망이라는 추측을 낳게 하기도 했다.

또는 지휘 체계가 일사불란하지 않다는 생각도 갖게 했다.

그러나 그런 추측이 모두 오해와 단견이라는 사실은 무언표로 전달되는 메시지에서 드러나고 있다. '우리는 가만히 있을 테니 건드리지 말아달라.' 북쪽이 정한 애도 기간(8~19일) 동안 쇼윈도를 통해 남쪽과 서방 세계에 그런 내용의 메시지를 전달하고 있는 게 틀림없었다. 그리고 그들은 모종의 준비를 단계별로 처리하고 있었다.

우선 그들은 확성기 방송을 대남 비방에서 선회하여 확고한 김정일 입지 다지기에 할애하고 있었다. 9일 이후 전선의 일부 지역을 제외한 북측 초소에서 울려나온 낮고 결의에 찬 확성기 방송은 한 소리로 일관했다.

'위대한 전력가' '세기의 담력과 강철 의지를 지닌 백전백승의 명장' '팀스피리트 훈련을 벌일 때 준전시상태를 선포, 한치의 땅, 한 포기 풀까지 지킨 명장' '세계 혁명 인민들이 우러러 받들고 있다' '남조선 국군 사병들조차 강철의 명장으로 평가하는 타고난 명장' '김정일 장군을 모신 것은 무한한 기쁨' ……, 김정일을 칭송하는 목소리는 평양의 권력 장악의 수순에 박자를 맞추듯 하루하루 그 강도가 높아졌다.

전선의 우리 병사들이, 먹을 감는 북한 병사들의 여유에 고개를 갸웃거리는 사이 북한 당국은 "남한의 조문단을 맞겠다"고 발표했다. 국회의 조문 파문의 허를 그들은 황망중이라면서도 예리하게 찔렀다. 15일 오전 8시 30분 평양방송은 드디어 포문을 열었다. 김영삼만이 조폭하고 경망스럽게 행동하고 있다며 애도의 뜻을 표하지 않는 김대통령을 비난했다.

조신하는 듯하던 DMZ 북쪽 초소의 태도가 곧 돌변하리라는 예상은 어렵지 않다. 수령을 잃고도 패싸움을 벌이던 치기, 우울한 목소리, 산길을 산책하던 여유 등 쇼윈도에 비친 열이틀은 고도로 연출된 세트플레이가 틀림없었다.

전선을 맥 풀린 연기로 위장해놓고 평양은 한차례 연기까지 하면서 19일 김일성 장례를 치렀다. 그 다음부터 DMZ는 어떤 모습으로 돌변할는지 아무도 예측할 수 없다. 북쪽 초소의 상중극은 다음 막의 줄거리를 전혀 예측할 수 없게 구성했다. DMZ는 잠시 '냉전의 평화'가 환상의 새처럼 날아와 앉았다.

DMZ는 국경이 아니다

용늪은 자연사를 수록한 마이크로 필름

　분단문학의 대표적 작가 전상국씨의 대화 속에는 양구 대암산 고층 습원(용늪)이 자주 등장한다. 고산에 펼쳐진 습원의 생경한 풍경을 그의 소설 속에 담고 싶어하는 듯했다. 그러나 전씨는 용늪을 가보지 못했다. 돌산령을 몇 번씩 넘으면서도 대암산을 오르지 못했다. 거긴 민간인의 출입이 통제되는 민통선 구역이다. 도솔산(1,148m) 대우산(1,179m) 능선을 따라가다 가칠봉(1,242m)에 이르면 바로 철책선이기 때문이다. 그러나 무엇보다 북쪽의 스탈린고지, 김일성고지 등 비슷비슷한 키의 금강산맥 연봉들이 빤히 건너다보이기 때문에 전술상 통제가 불가피한 산이다. 가보지 않았기 때문에 전씨의 상상은 아주 자유롭다. 고산에 펼쳐진 야생화 밭이라든가 산정의 연못, 산오이풀 벌판등 용늪의 목격담을 흥미로워했다.

그렇지만 용늪은 그렇게 동경의 대상만 되는 게 아니다. 전 해병대 사령관 김대식 장군은 용늪의 우울한 추억을 갖고 있다. 귀신 잡는 해병은 도솔산 전투가 빚어낸 신화이다. 도솔산 정상엔 지금도 '도솔산 전투전적비'가 솟아 있다. '해병대 쌓아올린 승리의 산'이란 글귀를 새겨담은 비문을 끝까지 읽어보면 해병 신화의 찬사가 아깝지 않다.

노병의 용늪 추억은 도솔산 전투 뒤에 숨겨진 해프닝 한 토막이다. 대령은 전황을 공중시찰하고 있었다. 느닷없이 미군 조종사가 앞을 가리켰다. 자욱한 포연 사이로 초록 들판이 나타났다. 전투와는 아랑곳 없는 듯 평화스러워 보였다.

호기심 많은 미군 조종사는 불쑥 고산의 '그린'에 헬기를 내려앉혔다. 그러나 다시 이륙하려 하자 그린은 무서운 흡착력으로 헬기의 양력을 잡아당겼다. 늪이었다. 대령은 연대 CP까지 도보로 하산했다.(노병은 전사에는 기록돼 있지 않은 얘기라며 껄껄 웃었다.)

그 전설 같은 늪이 지금 대암산 정상에 펼쳐져 있다. 형체를 겨우 알아볼 정도로 퇴화돼버리고 큰 용늪만 외롭게 남아 있다. 11월에 내린 첫눈 위에 몇 겹씩 눈을 덮고 누워 있다.

대암산의 위치는 동경 128도 17분 북위 38도 13분, 해발 1,304m의 고산이다. 용늪은 정상 남쪽 상봉의 사면에 구릉을 이루며 전개되고 있다. 폭 225m 길이 297m의 달걀 모양의 늪 평균 고도는 1,180m.

눈 속에 묻힌 습원은 팀버 라인(樹帶 한계선)이 구별되지 않는다. 산사초, 가는오이풀 평원도 보이지 않는다. 사천오백 년이나 되는 늪의 역사 속에 묻힌 자연의 경이스러움이 잠시 동면중이다. 찢긴 빌로드

휘장처럼 인간이 만들어낸 생채기도 쌓인 눈이 감싸 드러나지 않았다.

역대 DMZ 학술조사의 백미는 뭐니해도 용늪의 발견이다. 66년 DMZ 학술조사단에 의해 용늪은 고층습원(高層濕原, high-moor)이란 현대적 이름으로 개명했다. 냉랭하고 과습하며 무기염류가 부족하여 물이끼가 자라는 습원이란 뜻이다.

> 문바위 용늪에
> 얼러지 돋거든
> 우리나 삼동세
> 나물 가세
> (……)

양구 지방 민요 돌산령 타령에도 용늪이 등장한다. 대암산 용연(龍淵)기우제를 아직 기억하는 촌로들도 있다. 그러나 대암산 전설은 모두 전쟁이 휘몰아갔다. 학자들에 의해 다시 태어난 용늪은 뜻밖에도 '남한에 유일한 고층습원' 이란 꼬리표를 달았다.

일본의 야마사키 박사는 한 논문에서 '한국은 기후 조건 때문에 고층습원이 생기기 어렵다' 고 밝혔다. 함경북도의 대택(大澤), 백두산의 장지(醬池), 오십리지(五十里池)에 이어 세번째 발견된 대암산 고층습원은 이 때문에 학자들을 더욱 흥분시켰다.

그러나 대암산 고층습원이 모든 DMZ 학술조사의 클라이맥스가 되는 이유는 그 희소성 못지 않게 엄청난 자연의 내용을 담고 있기 때문이다. 습원 아래쪽에는 직경 3~4m쯤 되는 작은 연못이 하나 있다. 꼭 '늪의 눈' 이라 부르고 싶을 만큼 하늘을 고스란히 받아 담은 연못은 항상 맑고 투명하다. 산짐승들의 새벽 샘터가 될 것이라고 주장하는 사람도 있었다. 그러나 그건 상상력을 동원한 이야기일 것이다.

'늪의 눈'은 식수가 될 수 없는 pH 5.8의 지독한 산성수이다. 더구나 칼륨농도 0.53, 칼슘 2.78, 마그네슘 0.45의 유난스레 염류 농도가 낮은 물이다. 수서 생물조차 살지 않는다. 조류(藻類)만 104종이 발견됐다. 연못의 수질은 고층습원의 까다로운 성질을 지적하는 셈이다. 산성 토양에 강한 물이끼가 아니면 살 수 없는 것이다. 이를테면 습원은 물이끼의 '사체'가 조금씩 조금씩 쌓여 이룩한 이탄층(泥炭層)의 별난 땅인 셈이다.

이탄층은 무엇이고 영원히 보존하는 성질이 있다. 바람결에 실려온 꽃가루 하나라도 고스란히 그 형체를 유지시키고 있다. 모든 식물은 꽃을 피우고 꽃가루를 날린다. 그렇기 때문에 고층습원은 대암산이 홀로 키운 나무와 풀의 비밀을 고스란히 담고 있는 것이다. 대암산은 식물구계상 아주 중요한 특색을 지닌 곳이다. 만주 요소, 우수리 요소, 중국계 요소를 지닌 남하(南下) 식물이 남방계 식물과 만나는 곳이다. 습원의 식물 목록은 그 어느 곳보다 더 다양하고 풍부한 셈이다.

대암산 고층습원의 역사를 캐기 위해 85년 충북대 강상준 교수가 첫 구멍을 뚫었다. 물이끼가 쌓여 만든 이탄층의 두께는 140cm나 되었다. 생성 연대는 4,500~5,000년전으로 추정됐다. 이 긴 세월 동안 대암산에서 살았던 식물의 목록이 칸칸이 쌓여 있는 셈이다. 대암산 고층습원은 오천년간 대암산 식물 생태를 담고 있는 마이크로 필름인 것이다. 자연의 걸작품인 것이다.

대암산은 천연기념물 제246호로 지정돼 있다. 고층습원은 다시 천연보호구역으로 지정됐다. 그러나 지정만 해놓고 내팽개쳐버리는 환경정책의 무지는 대암산에서도 여지없이 드러났다. 함부로 사람이 갈 수 없는 곳이면서도 인간의 간섭 때문에 고층습원은 지금 중병을 앓고 있다. 이 습원의 가치를 알 리 없는 군인의 무지와 그 가치를 너무 잘 알고 있는 학자들의 유식이 공모해 이 습원을 유린한 것이다. 작은 용늪이 없어진 것은 순전히 토사 유출이 문제였을 것이다. 습원 한쪽 자락을 밟고 지나가는 작전 도로에서 흘러내리는 토사를 막을 아무런 방법이 없었다.

85년 7월쯤만 해도 작은 용늪은 직경 백여 미터의 습원 언저리가 드러나 있었다. 그러나 2년 후 DMZ 학술조사단이 대암산을 찾아갔을 때 작은 용늪은 자취가 없었다. 마치 묵은 논자리처럼 상수리나무, 물푸레나무가 들어서 있었고 미역취나무덩굴이 기어가고 있었다. 더구나 그 많은 생태학자들조차 간단없이 파괴돼버린 현장을 바라보면서도 아무런 감흥이 없는 듯했다.

대암산의 겨울은 유난히 춥고 길다. 10월 중순부터 내리는 눈은 이듬해 5월 초순에야 멎는다. 긴 겨울을 나는 동안 습원은 아무짝에도 쓸모 없는 땅이다. 오히려 북한의 AN-2기나 글라이더가 기습 침투할 가능성 때문에 경계 임무만 강화될 뿐이다.

어느 지휘관의 기발한 아이디어였을까? 겨울이 긴 산정의 습지, 론 그라운드처럼 매끄럽게 펼쳐진 벌판 – 습원 아래쪽에 둑을 쌓아 물만 채우면 거긴 천연의 아이스링크이다. 사백 미터 링크가 나오고도 남을 우리나라 최초의 고산 스케이트장이다. 대암산 스케이트장은 육개월이나 되는 결빙기 때문에 국가대표 선수들까지 훈련이 가능할 뿐더러 김일성고지의 북한 병사들은 효율적인 국토 이용을 선망하게 될 것이다.

246

습원 아래쪽 찢어진 생채기는 그렇게 해서 생겼다. 스폰지처럼 탄력이 있는 물이끼층의 습원 바닥은 둑으로만은 배수를 감당할 수 없다. 길이 30여m 두께 1m 높이 1.5m쯤 둑이 쌓였을 때야 비로소 습원의 담수가 불가능하다는 사실을 알아차린 것 같다. 첫 DMZ 학술조사단은 이 둑을 발견하지 못했다. 74년 조사 때도 없었다. 85년 강상준 교수 일행이 대암산을 찾아갔을 때 제대 말년이란 한 병사가 "신병 때 고참들이 저 둑을 쌓았다고 하는 소리를 들었다"고 전해주었다.

80년대 자연 파괴의 유적이 된 채 그 둑은 지금 그 자리에 그대로 있다. 허옇게 드러난 둑 가장자리에는 질경이, 참쑥이 포기를 이루며 수북이 솟아 있었다. 습원은 수서생물조차 살기를 거부하고 있었다. 이 지독한 보수 사회의 질서를 비집고 타식물이 들어서면서 누대를 유지하던 균형을 깨고 있는 것이다.

그러나 습원을 유린한 죄는 학자들이 더 져야 한다. 그들은 마치 철저한 조사를 하는 것처럼 철저하게 밟아댔다. 스케이트장 둑을 보며 개탄하던 학자들을 보고 안내 장교는 급기야 개탄하고 말았다. "박사님, 군인은 몰라서 둑을 쌓았습니다. 그토록 학술 가치를 강조하던 습원을 밟아대는 건 학자들입니다."

화분 분석팀은 습원 바닥을 뚫었다. 곤충팀은 습원 곤충을 채집하기 위해, 수서 생물팀은 산성 연못물을 뜨기 위해, 식물반은 습지 생물을 찾기 위해 일시에 습원으로 달려갔다. 마치 백두산 천지에 손을 담가 보려는 한국의 관광단처럼 조사단의 군중심리도 예외는 아니었다. 밟아대기 경쟁을 하듯 하는 습원 탐사는 늘 뒷맛이 개운치 않았다.

고층습원의 피부는 불시착 헬기 조종사가 느꼈던 것처럼 매끄러운 빌로드 자락이 아니다. 축구공만한 둥근 돌기 수천수만 개가 모여 습원의 피부를 이루고 있다. 짧은 여름내 자란 물이끼는 가을이 오면 성장을 다해 썩어버리게 된다. 그러나 분해가 되기도 전에 대암산은 깊은 겨울 속에 묻히게 된다. 이듬해 물이끼는 자신의 썩지 않은 '유체' 위에 싹을 틔워야 한다.

축구공 돌기는 물이끼 유체가 쌓여 빚어낸 산물이다. 이 작은 언덕의 정상은 어느 정도 높아지면 건조해 물이끼가 더이상 자라지 않는다. 다시 언덕 밑의 골짜기가 서서히 융기하기 시작해 정상이 바뀌게 된다. 고층습원은 이렇게 쌓여가고 있다. 아주 까다롭고 정교한 자연의 조작이다. 밖의 세계에 전혀 면역이 안 된 습원 표면은 신발 바닥에 묻혀온 하찮은 토양의 부스러기에도 감염될 수밖에 없을 것이다.

중앙대 임량재 교수는 한 보고서에서 고층습원의 산도 변화 추이를 밝히고 있다. 보고서에 따르면 73년 8월 습원 중심의 산도는 pH 4.1의 강산성 토양이었으나 87년엔 pH 4.8 이상으로 중화돼가고 있었다.

축구공 돌기마다 가득 달고 있던 식충식물 끈끈이주걱도 이젠 대암산 용늪에서마저 희귀 식물이 됐다. 최근 대암산을 다녀온 강원대 조규송 교수는 끈끈이주걱이 눈에 띄지 않았다고 말했다.

그러나 그것도 오래된 이야기다.

대암산 병사는 끈끈이주걱을 보았느냐고 묻자 그게 어떻게 생긴 풀이냐고 되물었다.

남북합작의 걸작품 승일교(承日橋)

시인 신경림의 「승일교」에서는 남과 북이 반반씩 휴전선을 허물고 있었다.

이 다리 반쪽은 네가 놓고
나머지 반쪽은 내가 만들고
짐승들 짝지어 진종일 넘고
강물 위에서는 네 목욕하고
그 아래서는 내 고기 잡고
물길 따라 네 뜨거운 숨결 흐르고

조상님네 사랑 이야기
만주 넓은 벌 말 달리던 이야기
네 시작하면 내 끝내고
초저녁달 아래서 시작하면 새벽별 질 때 끝내고

백두산에서 한라산까지
너와 내가 닦고 낸 길
형제들 손잡고 줄지어 서고

철조망도 못 막아
지뢰밭도 또 못 막아
휴전선 그 반은 네가 허물고
나머지 반은 내가 허물고
나머지 반은 내가 허물고
이 다리 반쪽은 네가 놓고

6·25 이전 북측에 의해 공사가 시작된 후 58년 남쪽에서 완공한 승일교. 내력 뒤에 분단의 아픔과 통일염원이 함께 서려 있다.

　　나머지 반쪽은 내가 만들었듯 (후략)

　한탄강에 걸쳐 있는 승일교는 남북 합작교(合作橋)이다. 사람들은 시인보다도 먼저 '반쪽은 네가 놓고, 반쪽은 내가 만들었다' 는 의미를 이 다리의 이름 '승일교(承日橋)' 에 담아놓았다.

　6·25 전 북쪽이 놓다 만 다리를 수복 후 남쪽이 마저 놓은 유래를 끌어내다 이승만의 承 자, 김일성의 日 자를 합성했다. 남북교 또는 남과 북이 합작해 놓은 다리이니까 합작교 정도로 불렸음직한데도 이 다리는 감히 '李承晩' 과 '金日成' 을 끌어다 붙였다.

　철원 김화 주민들은 인공 치하에서 5일간 노력 공작대로 뽑혀 이 다리 공사에 동원된 사실을 기억하고 있다. 당시 철원농전 토목과장 김명려 교사는 진남포 제련소 굴뚝을 설계한 사람으로 유명했다. 김교사가 설계했다는 이 다리는 모양이 희한했다. 세 개의 교각을 세우고 다리 상부를 아치형으로 연결하고 있었다. "소련에서 도입한 유럽 공법의 신교량"이라고 사람들은 말했다.

장흥리 쪽에서부터 상부 공사를 해오던 중 6·25가 발발했다. 북쪽 부분은 완성되고 남쪽 부분은 미완인 어정쩡한 다리 모습으로 6·25를 치렀다. 54년 수복과 함께 이 다리 상판부엔 미송이 깔렸다. 임시 목조 다리에는 한자로 '承日橋'란 이름이 붙었다. 북쪽은 원래 이 다리를 '한탄교(漢灘橋)'란 이름으로 공사에 착수했었다.

임시 목교는 곧 철거됐다. 정부는 미완의 상단부 구조를 다시 설계했다. 58년 12월 3일 이 다리는 교주에 '승일교'란 한글 이름을 새겨 다시 태어났다. 사실 이 다리의 규모나 탄생 배경을 보면 고작 남북교나 합작교 정도의 이름으로는 성에 차지 않는다.

한탄강은 거친 강이다. 철원 평원 한가운데를 가르며 속살이 뭉텅 드러나도록 파헤치며 내달리고 있다. 이 강엔 그 흔한 강둑도 갯버들 여울을 가로막고 건너는 보(洑)도 없다. 전혀 길들여지지 않은 모습으로 대평원을 마구 파헤치며 자유분방하게 마루를 찾아가고 있다. 이 때문에 강안(江岸)은 어디서나 가마득한 절벽이다.

27만 년 전 그 옛날 평강 오리산에서 분출한 용암은 평강고원을 뒤덮고 철원평야를 지나 전곡까지 흘러갔다. 용암이 분출할 때마다 현무암 판은 층층이 쌓여가며 드넓은 용암 대지를 만들어놓았다. 한탄강은 용암 대지의 연약한 틈새를 비집으며 깎아내렸다. 이 때문에 한탄강 기슭은 단애의 유곡이다.

승일교는 이 양쪽 단애에 걸터앉아 있다. 길이 120m, 높이 35m, 폭 8m의 웅장한 다리이다. 더구나 밋밋한 다리가 아니다. 어떤 사람은 한 국판 콰이강의 다리라고도 부른다. 사실 깎아지른 절벽 사이를 가까스 로 건너가고 있는 이 다리는 콰이강의 다리를 연상하고도 남을 만하 다. 언젠가는 6·25나 광복절을 기해 누군가 번지 점프를 시도해도 좋 을 만큼 강바닥은 늘 앙칼진 바위와 휘몰아치는 물살을 담고 위를 쳐 다보고 있다.

그러나 2개의 큰 아치, 26개의 작은 아치로 이어진 미려한 곡선은 다리 미학의 극치로 일컬어지고 있다. 요즘 가끔 이 다리 밑을 래프팅 보트가 지나가고 있다. 세느 강에 놓였다면 미라보 다리보다 더 아름 다웠을 것이라고 감탄하더라도 누구도 부정하지 못할 만큼 넋을 빼놓 고 있다.

남쪽 따로 북쪽 따로 놓은 승일교는 자세히 보면 '짝귀 다리'이다. 북쪽이 놓은 커다란 아치형 상단부는 16개의 작은 아치를 떠받치는 14 개의 작은 교각이 서 있다. 그러나 남쪽의 큰 아치에는 6개의 기둥이 8 개의 아치를 받치고 있다. 아기자기한 북쪽의 모습에 비해 남쪽은 성 글고 투박하지만 무게가 있다.

승일교를 건너면 거칠 것이 없다. 옛 철원읍, 묘장면, 인목면, 마장면 에 이르면 궁예의 옛 도성이 잠든 봉천원이고 그 뒤로 평강고원은 끝 간 데 없어 하늘에 맞닿아 있다. 이 바람결 같은 북행로를 월정리에서 DMZ가 억지로 가로막고 있다. 이 때문에 승일교는 남과 북이 함께 놓 았다는 의미를 더 강조하고 있다. '반쪽은 네가 놓고 나머지 반쪽은 내 가 만들었듯, 휴전선 그 반은 네가 허물고 나머지 반은 내가 허물자'는 염원을 담고 있다.

이 다리가 가르쳐준 통일의 방법을 사람들은 '承日橋'란 이름에 옮겨놓은 것이다. 그러나 누가 이 적극적이고 강렬한 이미지의 이름에 알레르기 반응을 일으켰을까. 지금 승일교는 '昇日橋'로 개명돼 있다. 어거지로 짜깁기한 설화는 화강암에 새겨져 엉거주춤한 모습으로 다리 옆에 서 있다.

소위 '昇日橋' 비문은 이렇다.

이 다리는 북괴가 강제 노력 동원으로 절반 정도를 구축하고 남침하였으며, 휴전 이후 우리가 완공한 것으로서 6·25 당시 이곳 한탄강을 도강, 민족의 염원인 국토 통일을 위하여 북진하던 중 빛나는 전공을 세우고 장렬하게 전사한 고 박승일 연대장의 애국충정을 기리기 위해 제5군단장 이성기 장군이 1958년 12월 3일 이 다리를 완공, 당시 연대장의 이름을 따서 '승일교'라 명명한 것이다.

박승일 대령은 1920년 9월 12일 함남 북청군 후장면 부동리에서 태어나 육사 1기로 임관, 6·25 동란 기간 중에 보병 제8연대장과 5연대장으로 영월 전투와 평양 탈환 전투에서 불멸의 공을 세우고 이곳 한탄강을 건너 계속 북진, 1950년 11월 26일 평남 덕천지구에서 중공군과 격전중 31세를 임기로 조국 수호에 몸바쳤다.

－ 인전 신덕선 쓰다

建立 一九八五年 十月 一日. 第五軍團長 第六師團長"

한탄강 중류 경기도 연천에서 관인으로 건너가는 옛 섭례나루에는 '근홍교'라는 다리가 있다. 관인교 운천교 또는 한탄교 등의 이름이 붙었음직한 이 다리가 근홍교가 된 내력을 아는 사람이 많지 않다. 군인들은 이 다리를 놓으며 6·25 당시 한탄강을 도강해 전공을 세웠던 고 고근홍 대령의 이름을 따다 다리 이름을 붙였다.

승일교는 근홍교의 전통을 고스란히 이어받은 군인들이 개명한 이름이다. 통일이 아직도 요원한데, 감히 김일성의 이름자 하나가 다릿발에, 더구나 사람들의 가슴속에 각인된다는 것을 추호도 용납할 수 없다는 뜻이었을 것이다. 또는 북한이 설계해놓다 만 그 다리를 우리 손으로 고쳐 쓰는 것도 자존심 상하는 일인데 이름까지 빌어다 붙일 수는 없다는 논리였을 것이다. 50년에 이미 전사한 박승일 대령은 54년에 겨우 상판에 나무를 깔아 통행할 수 있던 이 다리를 건너지 않았다.

이 다리를 목청껏 고증해준 향토 사학자 김영배씨나 이 다리 설계자 김명려씨를 증언한 전 김화 읍장 박호희씨도 박대령을 알지 못했다. 그런데도 억지로 찍어다 붙이듯 이 다리에 박대령이 등장했다. 입에서 입으로 옮겨지며 세월이 지어놓은 이름 '承日橋'가 '昇日橋'가 된 내력 속엔 그런 이유들이 숨어 있을 것이다.

이 다리를 바라보고 살아온 주민 정서는 통일에 대한 염원을 그 이름에 투영하고 있었다. 스스로 그 다리를 건널 수 있음으로서 남과 북의 이질성을 극복하는 것처럼 보였다. 그러나 이데올로기를 기반으로 하는 체제 한편에서는 대립과 분단의 현실을 그 이름에 고착하고 있었다.

'통일 염원의 다리'는 고성 북천에도 있다. 간성읍과 거진읍을 연결하는 폭 6m 길이 214m 높이 5m의 이 다리를 사람들은 '합축교(合築橋)'라고 부른다. 17개의 교각 중 남쪽의 9개는 6·25 전 북쪽에서, 북쪽의 8개는 수복 후 남쪽에서 세웠다.

48년 6월에 착공한 이 다리는 '강원도 인민위원회'가 주민 동원으로 놓다 6·25를 맞았다. 59년 육군 야전 공병단이 나머지 공사를 착수해 60년 9월 20일 준공했다. 그리고 북천교로 명명했다. 그러나 남북이 '함께 쌓은' 이 다리를 고성 사람들은 여전히 합축교라고 부르고 있다.

합축교에 기대어 최근 4차선 다리가 신설됐다. 합축교는 인도로 전락해버렸다. 북천 은어잡이가 한창인 요즘 사람들은 유적이 돼버린 합축교 밑에서 뙤약볕을 피하고 있다.

Munhakdongne Publishing C

DMZ는 국경이 아니다

초판인쇄·1995년 8월 5일
초판발행·1995년 8월 10일
지은이·함광복/펴낸이·강병선
펴낸곳·도서출판 문학동네
주소·110-521 서울시 종로구 명륜동 1가 31-9
출판등록·1993년 10월 22일 제22-188호
전화번호·765-6510~2, 743-2036/팩스·743-2037

값 5,500원

ISBN 89-85712-51-9 03810
✱ 잘못된 책은 바꿔드립니다.